John G. Bennett

Eine spirituelle Psychologie

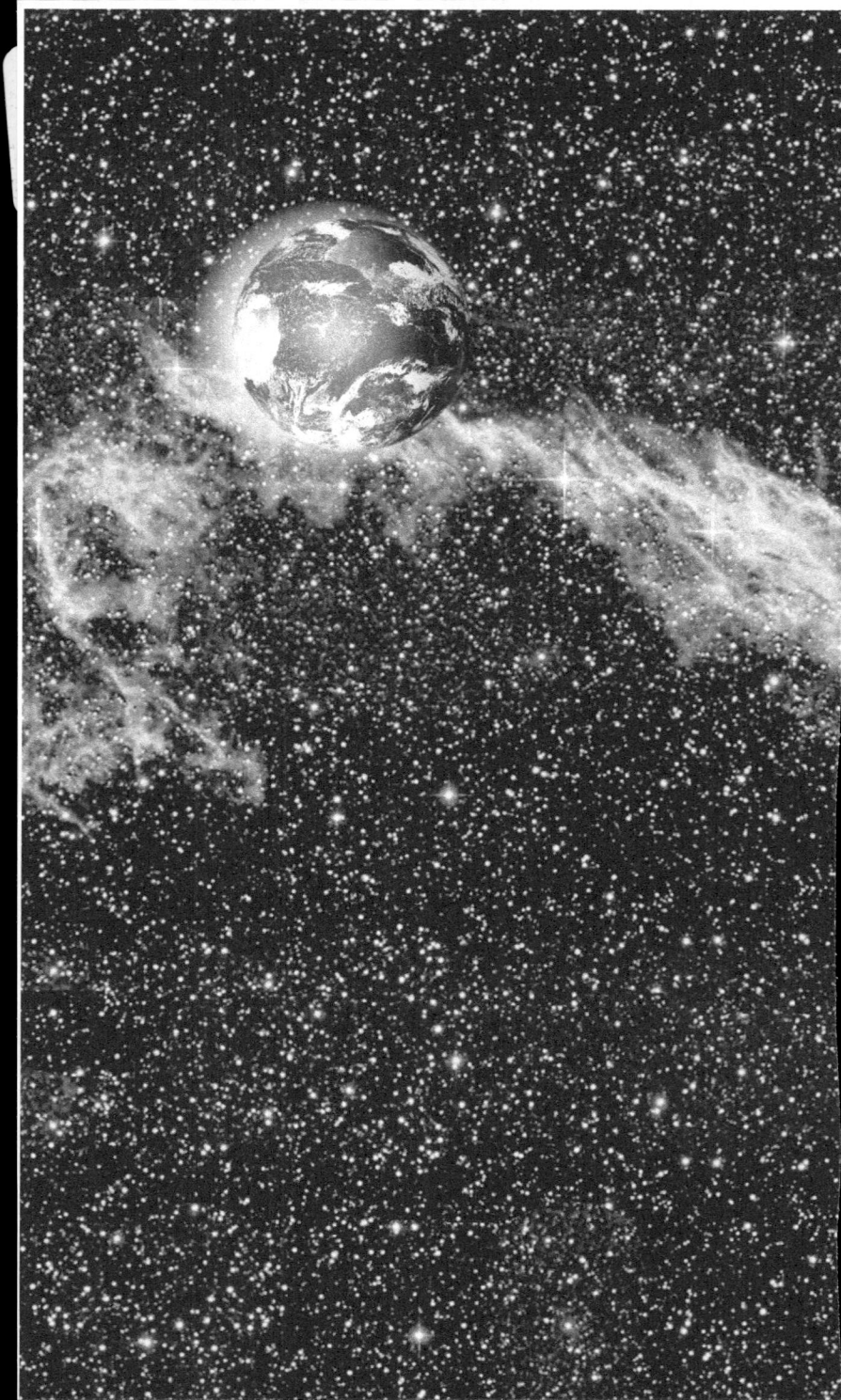

John G. Bennett

Eine spirituelle Psychologie

Die Suche nach der
Wirklichkeit

Aus dem Englischen
von Gabriele Kuby und
Robert Cathomas

Chalice Verlag

Die Originalausgabe erschien
1964 bei Hodder and Stoughton, London, England
unter dem Titel *A Spiritual Psychology*

Eine erweiterte Neuausgabe erschien
1974 bei CSA Press, Lakemont, Georgia, USA

Die deutsche Erstausgabe erschien
1977 beim Verlag Bruno Martin,
Südergellersen

© dieser überarbeiteten Übersetzung,
basierend auf der englischen Neuausgabe von 1974,
Chalice Verlag, Zürich 2007
www.chalice.ch
Alle Rechte vorbehalten

Umschlagillustration und Frontispiz: Alois Alexander
Buchgestaltung: Robert Cathomas
Herstellung: Books on Demand GmbH
Printed in Germany

ISBN 978-3-905272-69-7

Inhalt

John G. Bennett in seinem Arbeitszimmer in Coombe Springs um 1960.

Kompromisslose Integration

Einleitung von Anthony Blake

1964 HATTE ICH DAS PRIVILEG, AN JENEM SEMINAR TEILZU-
nehmen, aus dem das vorliegende Buch entstanden ist. Es war das
erste Sommerseminar, das ich in Coombe Springs besuchte, dem
Hauptsitz von John G. Bennetts Institut und Zentrum seiner
Arbeit. Ich war noch ein junger Mann und fand alles sehr beein-
druckend. Mr. Bennett gab jeweils am Morgen einen einführen-
den Vortrag zum Thema des Tages. Anschließend verrichteten
wir praktische Arbeiten, übten Movements (von Gurdjieff entwor-
fene Tänze) und widmeten uns dem Latihan (einer von Bapak
Subuh übermittelten Meditationsübung). Abends versammelten
wir uns dann wieder zum Austausch unserer Gedanken und
Beobachtungen und, um Mr. Bennetts Kommentaren und Ideen
zu lauschen. Wir hatten den Eindruck, Teil einer Offenbarung zu
sein.

Bennett vermittelte uns das Gefühl, dass wir die Wirklichkeit
selbst erforschten. Sein Denken schlug in vielen von uns Wurzeln
und inspirierte uns in den nachfolgenden Jahren, mit wachsender
Zuversicht nach immer neuen Bedeutungszusammenhängen und
Erkenntnissen zu suchen. Es wäre schwierig, genau zu definieren,
was »Bennetts Arbeit« heute bedeutet, denn sie lebt eher in einer
bunten Palette von Individuen weiter als in irgendwelchen Institutionen.

Der 1879 geborene John G. Bennett verfügte über eine atembe-
raubende Breite an Erfahrung und Wissen. Als Folge einer Ver-
wundung im Ersten Weltkrieg hatte er seine erste Vision einer
Wirklichkeit jenseits »dieser Welt«. Er durchlief eine wechselvolle
Karriere im militärischen Geheimdienst und anschließend in der
industriellen Forschung und Entwicklung, bevor er sich vollzeit-
lich der Schaffung von »Bedingungen für das Werk« widmete. Er
beherrschte mehrere Sprachen und lieferte wichtige Beiträge zur
zeitgenössischen theoretischen Physik. Nachdem er in der Türkei
den außergewöhnlichen spirituellen Lehrer G.I. Gurdjieff kennen-
gelernt hatte, akzeptierte er diesen als seinen wichtigsten Führer,
blieb jedoch stets auch für andere Wege offen. So lernte er vom
Sufismus in der Tradition der Khwajagan, den »Meistern der
Weisheit« aus Zentralasien, und von der Methode des Subud, das

in Indonesien von Bapak Subuh verbreitete wurde. Auch war er dem von Hasan Shushud gelehrten »Weg der absoluten Befreiung«, *Itlak Yolu,* sowie der »New wave« des Naqshbandi-Sufismus um Idries Shah stark verbunden. Im Christentum fand er Führung in den Ordensregeln des heiligen Benedikt, und schließlich nahm er den katholischen Glauben an. Im Buddhismus praktizierte er die Meditation, wie sie vom ehrwürdigen kambodschanischen Mönch Bhante gelehrt wurde, der im Alter von 107 Jahren verstarb. Im Hinduismus stieß er auf die praktischen Lehren des Shivapuri Baba, einem weiteren »Methusalem«, der 137 Jahre alt wurde. Bennett war vertraut mit den Arbeiten von Khrishnamurti, Maharishi Mahesh Yogi, Rudolf Steiner und Alice Bailey. Sein Leben lang forschte er nach einer wahrhaft »harmonischen Entwicklung« des Menschen als Ganzem und folgte dem Ausspruch Gurdjieffs: »Nehmt das Verstehen des Ostens und das Wissen des Westens – und dann sucht!«

Kürzlich erinnerte mich sein Sohn Benedict daran, dass Bennetts Art, andere auf ihrer spirituellen Suche zu führen, sehr stark geprägt war von seiner Erfahrung in der Leitung einer Forschungsabteilung. Sein »Management-Stil« erlaubte der individuellen Kreativität einen großen Spielraum. Sein Verdienst bestand in der Schaffung von Rahmenbedingungen, die einer Vielzahl von Beiträgen Platz boten. Er bewahrte sich seine experimentierfreudige Haltung, was im Bereich der Spiritualität nicht sehr verbreitet ist, wo feste Autoritätssysteme vorherrschen. Zudem förderte er die Meinungsvielfalt. Unzählige Menschen, die keinesfalls seine ›Anhänger‹ waren, sondern anderen Traditionen und Lehren folgten, suchten dennoch seinen Rat. Dies ist auch der Grund, weshalb wir heute Bennetts stärksten Einfluss bei einigen recht unterschiedlichen Individuen finden, die ihre eigenen, unabhängigen Beiträge liefern.

Die Beschreibung der »Rahmenbedingungen«, der theoretischen Grundlagen, war John G. Bennett sehr wichtig. Ziel seines Hauptwerks *The Dramatic Universe,* an welchem er über zwanzig Jahre arbeitete, ist die Entwicklung einer Handvoll »Arbeitshypothesen« über die innerste Beschaffenheit der Wirklichkeit. Ich hatte die Ehre, ihm beim Schreiben der letzen beiden Bände dieses Werks zu assistieren, und wurde Zeuge seiner nie versiegenden Kreativität und seiner Bereitschaft, alles wieder und wieder neu zu durchdenken.

Seine ersten beiden Bücher jedoch – *Crisis in Human Affairs* und *What Are We Living For?* – widmeten sich dem offensichtlichen Wertevakuum der zeitgenössischen Gesellschaft. Bennett versuchte darin, eine rationale und leicht zugängliche spirituelle Sicht der Realität zu entwerfen. Wir dürfen nicht vergessen, dass die meiste Zeit seines Lebens in Perioden radikaler Umbrüche fiel: die beiden Weltkriege, der Aufstieg der modernen Technologie, das Entstehen grundsätzlich demokratischer Gesellschaften, kreative Neuaufbrüche in den Künsten und Wissenschaften sowie das Kollabieren institutioneller Autoritätssysteme, einschließlich jener der Kirchen. Die alte Welt war vergangen, aber niemand schien zu wissen, was mit der neuen anzufangen sei. Manche sehnten sich in die »gute alte Zeit« zurück und wollten die traditionelle Ordnung der Dinge wieder herstellen. Andere trieben in den globalen Strömungen von Wirtschaft und Technologie. Bennett versuchte, Vergangenheit und Zukunft zu verbinden. Als Kind seiner Zeit erachtete er die Aussöhnung von Wissenschaft und Religion als eine dringende und wichtige Aufgabe. Wahrscheinlich aus diesem Grund bekannte er sich zum Prinzip der kompromisslosen Integration.

Dieses Prinzip ist nicht offensichtlich. Wir leben noch immer in einer Welt, die dominiert wird von unzähligen Versuchen, eine ›Kern‹-Wirklichkeit zu etablieren – ein grundsätzlichstes oder allerletztes Wissen. Solche Versuche kollidieren und konkurrieren überall miteinander. Jeder sieht sich selbst als althergebrachtes Autoritätssystem und drängt sich allen anderen auf. Sämtlichen »alten« Wissenssystemen geht es letztlich darum, die Kontrolle über das Denken der Menschen zu gewinnen; und dieses Anliegen ist fester Bestandteil ihrer Konstruktion. So ist es noch heute, trotz der wachsenden Zahl von Beweisen für die Unzuverlässigkeit und Inkompetenz all der Autoritäten und »Experten«. Gurdjieff warnte davor bereits vor langer Zeit, zum Beispiel wenn er seinen Vater mit den Worten zitierte: »Wenn du deinen Glauben verlieren willst – geh' zu den Priestern.«

»Kompromisslos integrieren« bedeutet nicht, einfach alles zu akzeptieren. Die Aufgabe der Integration bleibt ein Entdeckungsprozess. Für Bennett war diese Integration kein – sozusagen äußerliches – Zusammenfügen von Bruchstücken, sondern eine Verwirklichung im Innern. Er selbst unternahm eine solche Integration, und sie brachte ihn in endlose Schwierigkeiten. Zunächst nahm sein Versuch die relativ oberflächliche Form einer »Systematisierung« dessen an, was er von Gurdjieff erhalten hatte. In den Vierzigerjahren war er sicher, dass sich Gurdjieffs Ideen – mit Hilfe der von ihm begründeten sechsdimensionalen Lehre von den Rahmenbedingungen – in die modernen Wissenschaft integrieren ließen und dass er zuerst die Intellektuellen und anschließend die breitere Öffentlichkeit davon überzeugen könne. Während jener Zeit versuchte er, in Südafrika eine Zufluchtsstätte vor dem Chaos in Europa zu errichten, wurde aber vom großen Staatsmann Jan Smuts von seinen Plänen abgebracht. Von da an führte ihn seine Suche auf einen stärker nach innen gerichteten Weg, dem er zuerst alleine folgte und ihn anschließend mit anderen teilte. Er gründete das »Institut für vergleichende Studien der Geschichte, der Philosophie und der Wissenschaften« zur Erforschung »der Einflussfaktoren auf Fortschritt und Rückschritt von Individuen, Gruppen und Gesellschaften«.

Andere folgten seiner Suche. An jeder Weggabelung gingen einige mit ihm weiter, andere verließen ihn, wieder andere schlossen sich ihm an. Im Gegensatz zu vielen anderen Gurdjieff-Exponenten zog Bennett Menschen von unterschiedlichem Hintergrund und Temperament (oder »Typus«) an. Trotzdem war er während der frühen Fünfzigerjahre bekannt für seine Strenge und sogar Härte, mit der er »den Kampf mit sich selbst« propagierte. Doch schließlich gestand er sich ein, dass das, was er tat, nicht funktionierte. Gurdjieff hatte ihn gelehrt, an sich selbst zu arbeiten und sein eigenes »Ich« zu erwerben, doch Bennett konnte keine Anzeichen einer derartigen Wirklichkeit in sich erkennen. Mit der Zeit entfernte er sich von der Idee des »Ich« als einer zentralen Autoritätsfigur oder einem Meister und entwickelte sich hin zu neuen Vorstellungen von Ganzheit.

1957 tauchte Subud auf, und Bennett[1] nahm eine zentrale Rolle bei dessen weltweiter Verbreitung ein – mit eindrucksvoller Wirkung. Die Übung des Latihan im Subud besteht in der Hingabe, nicht in der Anstrengung. Es muss jedoch angemerkt werden, dass weitere Gurdjieff-Lehrer mittlerweile ebenfalls andere östliche Lehren aufgegriffen hatten. Kenneth Walker hatte sich dem Vedanta zugewandt und Dr. Francis Rolles der Transzendentalen Meditation (und es geschieht noch heute häufig, dass sich

---

1. John G. Bennett: *Concerning Subud.* University Books, New York, 1959.

Anhänger von Gurdjieffs Ideen schließlich östlichen Lehren und Methoden zuwenden). Aber für Bennett war Subud eine Offenbarung. Er legte alle Gurdjieff-Übungen beiseite und widmete sich voll der Assimilation dessen, was dieser neue Weg zu bieten hatte. Nach vier Jahren erkannte er jedoch, dass die Übung des Subud viele unerwünschte Nebenwirkungen mit sich brachte und an sich unvollkommen war. Was es tatsächlich brauchte, so schloss er, war eine Kombination von aktiven (zum Beispiel den Gurdjieffschen) Übungen und passiven (zum Beispiel jener des Subud). Nur eine solche Kombination vermochte das ganze Wesen anzusprechen. Aber niemand schien zu wissen, wie diese beiden Seiten unserer Natur zu integrieren sind.

Zu dieser Zeit wuchs für Bennett die entscheidende Bedeutung der Religion. Durch Subud war er mit dem für seine gregorianischen Gesänge bekannten Benediktinerkloster von St. Wandrille in Kontakt gekommen und zum Katholizismus konvertiert. Er unterschied die geistige, aber noch immer natürliche Wirkung des Subud von der übernatürlichen Wirkung als Gegenstand des Glaubens. Wenn geistige Übungen wie diejenige des Subud das »innere Wesen« ansprachen, adressierte das Übernatürliche den »Willen«. Jeder Mensch bestand also aus drei Aspekten: dem Funktionellen oder Materiellen; dem Wesen, was im Inneren das Geistige ist; und dem Willen, in dem das Übernatürliche seine Wirkung entfalten kann. Wie es auch Rudolf Steiner getan hatte, sah Bennett Christus als Verkörperung der Heiligen Versöhnenden Kraft, weder aktiv noch passiv. Darin glaubte er, Gurdjieffs tiefsten Einsichten zu folgen. Es wird weit herum anerkannt, dass eine von Bennetts revolutionärsten Ideen darin bestand, sich Gott als Wille, und nicht als ein Wesen zu denken. So konnte er in einem Zug Gott als wirklich und dennoch als nicht existierend erklären.

Eine ganz andere, ebenfalls offene Frage, betraf den historischen Prozess der Beeinflussung der menschlichen Evolution. Sein ganzes Leben lang war Bennett davon überzeugt, dass das Eingreifen höherer Mächte in Angelegenheiten des Menschen eine Realität sei. Er glaubte, dass wir ohne eine Verbindung zu diesem Eingreifen unseren Weg nicht finden könnten. Mitte der Sechzigerjahre – nach dem Sommerseminar in Coombe Springs, das Grundlage dieses Buches ist – sprach er sehr viel von der Notwendigkeit der »Kommunikation mit höheren Intelligenzen«

und machte damit Gurdjieffs Aussagen über »höhere Einflüsse« und seine Versicherung eines stetigen historischen Wirkens verschiedener »Bruderschaften« wieder in neuer Form populär. Solche Überlegungen brachten Bennett in Kontakt mit Idries Shah während eines für ihn traumatischen Lebensabschnitts, in den auch ein weiteres Nahtoderlebnis fiel und der ihn in der festen Überzeugung zurückließ, er habe seine eigene Verbindung zu den höheren Mächten. Schließlich unternahm er ein bemerkenswertes Experiment in Form von »Kursen in beschleunigter Transformation«, die so ziemlich jedermann schockierten; doch in Gesprächen – auch mit mir – gab er zu, dass seine eigentliche Aufgabe darin läge, eine neue Form des Gottesdienstes zu finden. Er sagte schlicht: »Es sind übernatürliche Energien am Tun, und wir müssen mit ihnen in Verbindung treten.« Er unternahm den Versuch, ein neues geistliches Bild der absoluten Natur zu entwerfen, das die neue Generation ansprechen würde, doch fand er keinen Weg, dieses über die Idee hinaus zu realisieren. Daher sollte sich seine Suche nach dem Weg des Übernatürlichen für andere nicht verwirklichen lassen.

So stellt denn das vorliegende Buch eine Zwischenetappe seiner Suche dar. Es entstand zu einer Zeit, als er sich mit den praktischen Problemen jener Menschen beschäftigte, die er als »psychokinetisch« bezeichnete (die also aufgrund einer Interaktion ihrer materiellen und ihrer geistigen Natur innerliche Veränderungen oder Bewegungen durchleben), und jener Menschen, die er »psychotelisch« oder »verwirklicht« nannte (die ihre beiden Naturen integriert haben und in übernatürliches Tun involviert sind). Bennett hatte starkes Mitgefühl mit psychokinetischen Menschen, die »zwischen Stuhl und Bank« – zwischen dem Materiellen und dem Geistigen – sitzen und die Schmerzen dieses Widerspruchs in ihrem Innern erleben. Er erkannte, dass es für solche Menschen keine angemessene Führung gab. Die bestehenden Wege in Form von verschiedensten Lehren und Gurus waren untauglich. Allen diesen Angeboten fehlte es an einer dem individuellen Prozess angemessen Intelligenz. Sie waren alle viel zu sehr damit beschäftigt, ihr eigenes System zu propagieren, und keines schien fähig, Berater zu entwickeln, die wirkliche Hilfe hätten anbieten können. Bennett hatte erlebt, wie dies sowohl in der Gurdjieff-Arbeit als auch im Subud der Fall war.

Was *Eine spirituelle Psychologie* bietet, ist ein Grundraster, in welchem sich aufzeigen lässt, was mit Menschen auf der Suche geschieht. Hier müssen wir die Frage der Psychotherapie ansprechen. Bennett selbst besaß wenig Erfahrung auf diesem Gebiet, obwohl er großes Interesse zum Beispiel am Werk von C.G. Jung hatte. Das Fach als solches verändert sich rasch und befasst sich, besonders seit kurzem, auch mit der Spiritualität. Zu Bennetts Zeit jedoch war dies noch längst nicht der Fall. Daher seine Einschätzung, die Psychotherapie könne sich im Grossen und Ganzen nur mit der materiellen Natur des Menschen beschäftigen. Man trifft noch immer recht häufig auf Menschen, zum Beispiel Leute aus der Gurdjieff-Arbeit, die von der Redensart überzeugt sind: »Komm zuerst mit dir ins Reine, mach eine Psychotherapie, bevor du mit der Transformation fortfährst!« Leider ist dies unrealistisch. Im psychokinetischen Menschen geht es nolens volens sowohl um die materielle als auch um die geistige Natur. Was in der einen passiert, beeinflusst, was in der anderen geschehen mag.

Die Rolle der Psychotherapie besitzt noch einen weiteren wichtigen Aspekt, und zwar in Bezug auf die Art und Weise, wie Menschen geholfen wird. Hierzu zählt die Tatsache, dass der Psychotherapeut nicht unbedingt behauptet, auf einer höheren Stufe zu stehen als sein Klient. Dies steht im Kontrast zu Bennetts eigener Position. Im Laufe seines Lebens sprach er mit Tausenden von Menschen über ihre Probleme und entwickelte eine entsprechend große Erfahrung. Und doch geschah dies in den meisten Fällen aus dem Blickwinkel eines im Prozess weiter Fortgeschrittenen, der mehr zu erkennen vermochte. In der Praxis ist es uns aber schlicht unmöglich, uns auf die Verfügbarkeit einer solchen Person zu stützen. Es mag noch nicht einmal unbedingt wünschenswert sein. Viele fühlten, zum Beispiel bei Khrishnamurti, ungefähr so: »Es ist schön und gut, wenn er uns auffordert, in der Verwirklichung voranzuschreiten; aber er beginnt ja nicht dort, wo wir stehen!« Ein krasseres Beispiel ist ein »Heiliger« oder ein psychotelischer Mensch, der *darshan* gewährt und eine innere Energie überträgt, was die Empfänger aber nicht befähigt zu verstehen, was in ihnen geschieht.

In der Psychotherapie gibt es Verhaltensregeln, einen neutralen Rahmen für die Interaktion, der beiden Seiten eine Zusammenarbeit im Prozess ermöglicht. In den Interviews mit Bennett war man sich immer bewusst, mit jemandem von einer »höheren Seinsebene« zusammenzusein. Dies mag teilweise die Folge unbewusster Annahmen gewesen sein; das Resultat war jedenfalls, dass die »Regeln« von Beginn an Bennetts eigenen waren. Wahrscheinlich war Bennett sich dessen bewusst. Es besteht kein Zweifel, dass er sich nicht nur größte Mühe gab, seine Autorität anderen nicht aufzuzwingen, sondern es auch zu vermeiden suchte, sich wie ein »Wesen einer höheren Stufe« zu benehmen. Er versuchte nicht, seine eigenen Fehler zu verbergen oder als etwas Besonderes zu erscheinen. Dennoch bestimmte seine Lebensgeschichte, dass sich die »Linie der Autorität« durchsetzen sollte. Gurdjieff selbst hatte die Einrichtung von »Arbeitsgruppen« immer an die Bedingung der Gegenwart eines »Lehrers« als absolute Autorität in der Gruppe geknüpft. Dies hat zu sehr unglücklichen Konsequenzen geführt, einschließlich des Auftretens von Sekten, die von einer charismatischen Persönlichkeit abhängen.

Erst seit den Fünfzigerjahren und dann wieder in jüngster Zeit entstanden neue Ideen über die Arbeitsweise von Gruppen. Die Frage, die heute diskutiert wird, lautet: Wie können Menschen zusammenkommen, um beim Finden ihres Weges zusammenzuarbeiten – ohne einer einzelnen Person Autorität zuzugestehen? Dies hat beträchtliche Konsequenzen für das vorliegende Buch. Bennett zeigt uns ein Modell der Verbindung unserer materiellen und geistigen Naturen – jedoch nur für das Individuum! In der Praxis jedoch spielen sich unsere Suche, unsere Erfahrung und unsere Übungen in einer »Gemeinschaft von Selbsten« ab, nicht in der Isolation. Die kollektiven Umstände, in denen wir uns befinden, können zu einem großen Maß bestimmen, wie viel zu verwirklichen uns möglich ist. Wir müssen darüber sprechen, wie wir zusammen sind, wenn wir auf unserer Suche vorankommen wollen. Also müssen wir auch adressieren, wie wir über die feineren Ebenen dessen kommunizieren können, was wir erleben. Seltsamerweise war dies nie ein wichtiges Merkmal der Methoden, die in spirituell orientierten Gruppen Anwendung finden. Aus diesem Grund neigen solche Gruppen dazu, in alte Modelle autoritätsbasierter Führung zurückzufallen.

Wenn wir *Eine spirituelle Psychologie* einfach als Teil der »fortlaufenden Arbeit« lesen, und nicht als endgültige und vollständige Lösung, werden wir dem Buch am besten gerecht. Bennetts Offenheit und Aufrichtigkeit in Bezug auf seinen eigenen Platz im spirituellen Prozess waren außergewöhnlich. Er pflegte lächelnd zuzustimmen, dass man ihn als »heiligen Mann« betrachten könne, wies aber gleichzeitig darauf hin, dass »auch solche Fehler machen«. In diesem Sinne ist sein Geist heute noch immer bei uns. Bennett ermöglichte uns, die menschliche Komplexität der Suche richtig einzuschätzen, und vermittelte uns die Zuversicht, dass auch »einfache« Menschen wie wir, jeder auf seine eigene Art, eine bedeutsame Rolle spielen können. Damit eröffnete er für uns die Aussicht auf einen »westlichen Weg«, einen Weg, geboren aus den traumatischen und vielschichtigen Erfahrungen einer sich rapide verändernden Welt, aber inspiriert von Ideen menschlicher Gleichheit und Kooperation anstelle von Hierarchie und Autorität. Beim Blick auf die heutige Welt in Aufruhr sehen wir das bösartige Wiedererstarken von Fundamentalismus und ethnisch motiviertem Hass, und wir müssen lernen, die Vorzüge dessen zu schätzen, was Karl Popper die »offene Gesellschaft« genannt hat: eine Gesellschaft, in welcher die Leute hinterfragen können, was geschieht, und versuchen, diese Menschheit kennenzulernen, die wir mit unserer Existenz auf demselben Planeten gemeinsam bilden.

Die Leserinnen und Leser werden finden, dass sich der größte Teil des vorliegenden Buches einer Darstellung der »materiellen« Seite unserer Natur widmet; verhältnismäßig wenig wird zum eigentlich »geistigen« Aspekt gesagt. In gewisser Weise ist dieses relative Schweigen angemessen. Das Geistige liegt im Prinzip »jenseits des Verstandes«. Andererseits ist dies ein Vermächtnis aus den Tagen Gurdjieffs, als das Reden über »höhere Dinge« verpönt war. Erst nach dem Auftauchen von Subud konnte man Bennett von Gott sprechen hören!

Noch ausweichender und kürzer werden die Aspekte des Übernatürlichen und des Willens behandelt. Der Schrei des gekreuzigten Jesu: »Vergib ihnen, denn sie wissen nicht, was sie tun!« ist von revolutionärer Schärfe, weil dies genau unser eigener Zustand ist. Unsere natürliche Wahrnehmungsfähigkeit ist ein Schleier. Doch ist mir in meiner Erinnerung noch sehr lebendig, wie ich Bennett eine Frage stellte – die mir damals während des Seminars als die Wichtigste aller möglichen Fragen überhaupt erschien – über die Grundlage unserer wahren Gleichheit. Ich hatte sie für das »Wahre Selbst« in seinem Symbol gehalten. Er entgegnete, unsere Gleichheit liege ausschließlich im Willen. Diese Antwort hat mich seither unablässig inspiriert. Sein »Wille« war meilenweit jenseits unserer üblichen Vorstellung von »Willenskraft«. Er war von der Essenz der »versöhnenden Kraft« gemäß Gurdjieffs Lehre, also der »eigentlichen Stellvertreterin Seiner Endlosigkeit«. Weder stimmte Bennett zu, noch verneinte er. Darin wurde seine Vision von Christus als der kosmischen Individualität etwas unmittelbar Konkretes. Was anfangs unendlich weit entfernt geschienen hatte, zeigte sich tatsächlich als überall am Werk.

Dies ist die unterschwellige Botschaft der Hoffnung, die in diesem Buch eingeschlossen ist. Wir steigen durch Klärung zum Zentrum unseres Wesens auf und verwirklichen dieses durch Reinigung. Was wir dort finden, ist lediglich, was wir mit allen Menschen gemeinsam haben. Einige von uns werden gerufen, um einen manchmal »heroischen« Kampf des Leidens und Suchens zu durchstehen, doch steht dieser nicht höher als irgendeine andere Form des Lebens. Was wir an Bennetts Ehrlichkeit und Breite der Vision preisen können, ist, dass sie uns das Tor zu dieser Verwirklichung aufstoßen.

Schließlich müssen wir noch etwas zum zentralen Thema der Führung sagen. In seiner Einführung zur Ausgabe von 1974 – die wir hier neu aufgelegt haben – spricht Bennett von vier Wegen des Einflusses oder der Führung. Der erste ist jener einer kurzen, aber direkten Übertragung von einer mehr zu einer weniger verwirklichten Person. Der zweite besteht im Anschluss an eine Tradition, die ein *baraka* weitergibt, das seine eigene Wirkung hat. Der dritte wird von einem Lehrer verkörpert, der – wenn es richtig unternommen wird – sehr wenige Schüler annimmt und ihnen seine volle Aufmerksamkeit widmen kann. Der von Bennett als der »Vierte Weg« bezeichnete, basiert auf dem Dienst an der Menschheit; für ihn war es der von Gurdjieff aufgezeigte Weg. Der Vierte Weg bedarf einer »Schule« unter Leitung von jemandem, der versteht, was getan werden muss. Was getan werden muss, hängt von Zeit, Ort und den Umständen ab, und keine Schule des vierten Weges ist dauerhaft.

Bennett selbst schulterte eine Vierte-Weg-Aufgabe mit der Gründung seiner Internationalen Akademie für lebenslanges Lernen. Ein wichtiger Aspekt dieser Schule war der Versuch, das »Verhältnisproblem« zu lösen, das darin besteht, dass nämlich relativ wenige Menschen wirklich sehen, während viele das Bedürfnis haben, an dieser Vision auf eine intelligente Weise teilzuhaben. Im Unterschied zur Praxis typischer »Gurdjieff-Gruppen«, die sich jahrzehntelang treffen, versuchte er, dies in nur zehn Monaten zu erreichen. Es braucht nicht betont zu werden, dass er die Orthodoxie einmal mehr schockierte.

Allen Roth hat kürzlich einen Erlebnisbericht über seine Zeit als Student der Akademie geschrieben.[2] Ich selbst war sowohl Student als auch »Lehrer« und nach Bennetts Tod im Jahr 1974 intensiv an der Kursleitung beteiligt. Ich wurde Zeuge davon, wie viel durch Verdichtung in einen gegebenen kurzen Zeitrahmen erreicht werden kann – soviel, wie es über einen längeren Zeitraum nicht möglich gewesen wäre. In diesem Sinn war es ein Stück angewandter Forschung. Während fünf Jahren absolvierten rund einhundert Menschen jährlich diese Ausbildung.

Bennett beabsichtigte, das Experiment durch die Schaffung einer »psychokinetischen Gemeinschaft« auszubauen. Kurz vor seinem Tod wurde zu diesem Zweck ein Grundstück in den Vereinigten Saaten gekauft und eine entsprechende Organisation gegründet. Die Absicht bestand darin, eine funktionierende soziale Struktur mit Führung als festem Bestandteil zu schaffen. Nach seiner Auffassung müsste ein Repräsentant der »verwirklichten« Klasse der Menschheit, ein Initiierter, unerlässliches Mitglied der Struktur sein. Ebenso bräuchte es Ratgeber, die zu unvoreingenommener Anleitung fähig wären. Einigen war klar geworden, dass das Experiment in Sherborne gerade darum unvollständig geblieben war, weil seine »Schulabgänger« noch immer nicht wussten, was sie eigentlich taten.

In Anbetracht von Bennetts Behauptung, man müsse der Bedeutung der »verwirklichten« oder psychotelischen Klasse der Menschen Rechnung tragen, können wir verstehen, was auf dem Spiel stand. Wollte man dies wirklich berücksichtigen, bedurfte man einer sozialen Organisation mit einem aktiven Austausch zwischen jenen, die suchten, und jenen, die bereits gefunden hatten. Ebenso, wie psychokinetische Menschen oft skeptisch sind in Bezug auf psychostatische (mit all den sie begleitenden Gefahren des Elitarismus), so kann es für solche Menschen schwierig sein, sich mit jenen zu verständigen, die sehen. Ein wichtiger Aspekt dieses Problems besteht darin, dass die psychokinetische Person möglicherweise nicht wahrnehmen kann, wer denn zu jenen gehört, die sehen. Eine weitere Schwierigkeit ist, dass Menschen,

2. Allen Roth: *Sherborne: An Experiment in Transformation.* Bennett Books, Santa Fe 1999.

die eine gewisse Form von »Erleuchtung« hatten, noch immer in einer partiellen Sichtweise der Realität verhaftet sein können, und dies – aufgrund des ungehinderten Einflusses der höheren Energien – sogar noch stärker als zuvor. Bennett hat immer wieder darauf hingewiesen. Mehr als einmal war er höchst schockiert, auf »Heilige« zu treffen, die voll von Vorurteilen geblieben waren.

Sein Experiment einer psychokinetischen Gesellschaft hätte gut zur Dämmerung einer neuen Ära der spirituellen Suche werden können. In seinem Herzen hatte er schon lange den Wunsch zu einem solchen Versuch gehegt. Es war ein großer Traum der »kompromisslosen Integration«, welche die gesamten Möglichkeiten des Menschen mit einbezog.

Wie auch immer, wir müssen zum Thema der »höheren Intelligenz« zurückkehren. In seiner Einführung zum vorliegenden Buch bekräftigt Bennett seine Ansicht, dass tatsächlich eine Klasse von Wesen existiert, die diese Rolle in Bezug auf die Menschheit übernehmen und für die er den Begriff »Demiurg« (das bedeutet »Arbeiter«, und nicht bloß »Engel« oder »Botschafter«) verwendete. Seltsamerweise sagte er, das seien dieselben Wesen wie Gurdjieffs »heilige Individuen« – seltsamerweise, denn in Gurdjieffs System gibt es tatsächlich eine Klasse höherer, für den Unterhalt der Welt zuständigen Wesen, welche er »Engel« oder »Erzengel nennt«, doch diese sind deutlich unterschieden von den wahren »heiligen Individuen«, die mit der Individualität beschäftigt sind. Wir stehen vor einer unangenehmen Zweideutigkeit. In verschiedenen Traditionen wird genau unterschieden zwischen den kreativen Mächten, welche die Evolution durchdringen, und den »mitfühlenden Mächten«, die die Obhut über die Seelen bewahren. In seinem Innersten mit dieser Zweiteilung ringend, konzentrierte sich Bennett – wie weiter oben beschrieben – auf den Entwurf eines neuen geistlichen Bildes der absoluten Natur. Dies ließ ihn ökologische Ideen, alternative Technologien und dergleichen, ja beinahe schon »grüne Politik«, bereitwillig annehmen. In der heutigen Welt ist das Bild aber noch viel komplexer. Vorstellungen von ökologischem Gleichgewicht und wirtschaftlicher Autarkie sind aufgrund ihres beschränkten Horizonts stark in die Kritik geraten.

Heutzutage glaubt man, dass der »bewusste Dienst am Leben auf der Erde« großer Investitionen in die Erforschung der Frage bedarf, was denn die Biosphäre tatsächlich sei, über die wir im

Moment noch kaum etwas wissen. Bezeichnenderweise haben einige Leute, die von Bennetts Ideen tief beeindruckt waren, solche Investitionen nicht gescheut, und deren Beiträge zu dieser neuen Wissenschaft sind heute weltweit führend. Ohne Zweifel hätte sich Bennett, wenn er noch lebte, selber stark in dieses Projekt involviert! So aber blieb er in den Ansichten seiner Zeit gefangen.

Das Thema der Führung ist also nicht nur eine Frage der »Obhut über die Seelen«. Es geht auch um das Wissen darum, was zu tun ist. Falls der Vierte Weg auf der Mitarbeit am Dienst an der Menschheit basiert, schließt dies den Dienst am Planeten, den Dienst an der Grossen Natur, mit ein. Um diesen Dienst erfüllen zu können, wird von uns verlangt, dass wir wissen, was wir tun. Im Gegensatz dazu lag das Hauptresultat des Sherborne-Experiments in der Konzentration der Teilnehmenden auf ihr »persönliches Heil« – wie es auch bei fast allen Gurdjieff-Nachfolgebewegungen der Fall war. Ohne Zweifel hätte Bennett Edward O. Wilson zugestimmt, welcher schrieb, dass »Biophilie«, Liebe des Lebens, für wahres Verständnis unabdingbar sei. Bennett bemühte sich sehr, den Leuten zu vermitteln, dass wir nicht nur die verschiedenen »Klassen« der menschlichen Gesellschaft integrieren müssen, sondern dass diese Gesellschaft in das größere Ganze allen Lebens auf der Erde integriert werden muss.

Ob man es nun als Erfolg oder als Fehlschlag wertet, das Sherborne-Experiment war genau das: ein Experiment in einem sehr westlichen und praktischen Sinne. Tatsächlich kann ein Experiment nicht scheitern; und Bennett selbst beschrieb das Geistige als das, was jenseits von Fehlschlag und Erfolg liegt. Was sicherlich erreicht wurde, war das In-Frage-Stellen aller traditionellen Methoden, Menschen auf der spirituellen Suche Führung zu geben. Wir müssen uns daran erinnern, dass selbst Gurdjieff seine eigenen Versuche, das, was er verstanden hatte, anderen Menschen im persönlichen Kontakt weiterzugeben, für gescheitert erklärt hatte und dass dies der Grund war, weshalb er auf das Schreiben zurückgriff. Dies beleuchtet das gesamte Spektrum der problematischen Beziehung der Menschheit zu den höheren Mächten. Viele unter uns mögen die Wirklichkeit solcher Mächte spüren und sogar glauben, dass uns flüchtige Blicke auf sie gewährt werden; doch die Tatsache bleibt bestehen, dass sie (ob innerhalb oder außerhalb von uns) »jenseits des Bewusstseins« liegen und wir uns ihrer einfach nicht sicher sein können. Schon allein deshalb sind die höheren Mächte notwendigerweise bedeutungsvoll. Die Führung, die wir suchen, stammt aus einem »gegenwärtigen Augenblick«, der nicht beschränkt ist durch unsere Art psycho-organischer Existenz.

Bennett behauptet, wir seien involviert in die Übertragung der Verantwortung für den Planeten von der höheren Intelligenz auf uns selbst. Wir müssen »erwachsen werden«. Es kann gut sein, dass die offensichtliche Abwesenheit der höheren Mächte von unserer Erfahrung ein Merkmal dieser Übergangsphase ist. Wenn wir diese verantwortungsvolle Rolle übernehmen sollen, müssen wir die höhere Intelligenz in uns selbst verwirklichen. Dies hat auch einen Einfluss auf die Rolle der »verwirklichten Wesen«. Wir müssen einsehen, dass erleuchtete Männer und Frauen uns nicht die Antworten geben können, die wir für uns selbst entdecken müssen. Was wir von ihnen erhalten können, ist etwas, das tief in unserem Unterbewussten arbeitet. Daher müssen wir darauf vorbereitet sein, vom Standpunkt unserer nicht zu unterbietenden Unwissenheit aus zu operieren. Was wir uns zu Bewusstsein bringen können, hilft uns nur kurzfristig.

Was uns Bennett gegeben hat, so glaube ich, ist ein Beispiel dafür, wie man Menschen auf ihrer Suche zusammenbringen kann, so dass etwas in ihnen und durch sie geschaffen wird. Die Wirklichkeit der Lehren, Methoden und Aufgaben liegt in uns. Die Rolle Bennetts in Sherborne und zuvor andernorts war es, kraftvolle Konzentrationen der Menschheit entstehen zu lassen. Er schuf Räume der Begegnung. Darin war er ein Prophet des neuen Zeitalters, das nicht mehr nach Gewissheit verlangt, sondern fähig sein wird zur Zuversicht, dass das, was notwenig ist, offenbart werden wird, wenn es benötigt wird – doch nur für den nächsten Schritt.

ANTHONY BLAKE
1999

Vorwort

DIE VORNEHMSTE QUALITÄT DES MENSCHEN IST SEIN WILLE, die unvergängliche Wirklichkeit jenseits der Wandlungen und Zufälle dieser sterblichen Welt zu entdecken. Diese Qualität meine ich mit dem Wort »spirituell«. Der Geist des Menschen ist sein Wille. Das ist die Lehre des Thomas von Aquin und der Schlüssel zum Verständnis unserer menschlichen Natur. Die Seele ist ein Kunstgebilde, das Ergebnis unserer Lebenserfahrung. Ob die Seele vergänglich oder unsterblich ist, ist offen, hängt davon ab, ob unser Wille, das heißt unser Geist, von ihr Besitz ergriffen hat. Wer den Willen im Menschen leugnet, leugnet den Geist; wer den Willen bejaht, bejaht auch den Geist – ob es ihm bewusst ist oder nicht.

Da der Wille durch die Tat lebt, muss eine spirituelle Psychologie eine praktische Psychologie sein. Mehr noch, sie muss eine Do-it-yourself-Psychologie sein, womit ich sagen will, dass wir unseren Willen finden und aus ihm leben müssen, und nicht erwarten dürfen, dass uns ein Anderer diese Arbeit abnehmen könnte. An diesem Punkt unterscheidet sich eine spirituelle Psychologie vom größten Teil der klinischen Psychologie.

Das vorliegende Buch hat deswegen eine praktische Zielsetzung. Es will Menschen, die auf der Suche nach der unvergänglichen Wirklichkeit sind, helfen zu lernen, wie sie »an sich selbst arbeiten« können. Gegenwärtig betreiben wir eine Schule in Sherborne House[3] in der Nähe von Cheltenham, England, die die Techniken anwendet, die in Coombe Springs entwickelt wurden.[4] Es ist eine Methode, die vor allem auf Georg Iwanowitsch Gurdjieff (1866– 1949) zurückgeht, aber aus anderen Quellen erweitert und über lange Jahre erprobt wurde. Sie hat sich als erfolgreich erwiesen,

---

3. Die International Academy for Continuous Education (Internationale Akademie für lebenslanges Lernen) beendete ihren letzten zehnmonatigen Kurs 1976. Siehe: Allen Roth: *Sherborne: An Experiment in Transformation.* Bennett Books, Santa Fe, 1999 (Anmerkung des Herausgebers).

4. John G. Bennett und seine Frau Elisabeth hatten 1946 auf dem Landsitz Coombe Springs in England das Institute for the Comparative Study of History, Philosophy and the Sciences (Institut für vergleichende Studien der Geschichte, Philosophie und der Wissenschaften) gegründet. Im Laufe der Jahre wurde es zu einem Zentrum für Gruppenarbeit, und neben der kleinen Gemeinschaft von festen Bewohnern, besuchten Hunderte von Menschen das Institut an Zusammenkünften und Sommerschulen. 1966 wurde das Institut aufgelöst und Coombe Springs verkauft (Anmerkung des Herausgebers).

nicht nur, wenn sie unter Anleitung angewendet wird wie in Sherborne, sondern auch für Menschen, die ohne einen Lehrer an sich arbeiten. Ihnen kann dieses Buch nützlich sein; und um seinen Gebrauch für die Praxis zu erleichtern, will ich einige Hinweise dazu geben.

Bei einem einwöchigen Kurs, den ich im Sommer 1962 in Coombe Springs durchführte, begann der Tag jeweils mit einem Vortrag, in dem die grundsätzlichen psychologischen Ideen dargestellt und Anweisungen gegeben wurden, wie sie in der eigenen Erfahrung zu überprüfen seien. Am Abend trugen wir unsere Beobachtungen zusammen und diskutierten sie. Das vorliegende Buch enthält die Niederschrift jener Vorträge und wichtige Ausschnitte aus den Diskussionen.

Dementsprechend schlage ich dem Leser vor, das Buch kapitelweise zu studieren. Jedes Kapitel enthält einen der Vorträge. Bis zur Lektüre des nächsten sollte eine Woche verstreichen, angefüllt mit Bemühungen, den Hinweisen zu folgen und die vorgetragenen Ideen und Einsichten mit der eigenen Erfahrung zu verbinden. Lesen Sie am Ende der Woche die Diskussion und vergleichen Sie sie mit Ihren eigenen Ergebnissen. Dann wiederholen Sie das Experiment noch eine weitere Woche lang, um den Wert dieser Ideen sowohl theoretisch als auch praktisch zu überprüfen.

Erst nach diesen zwei Wochen sollte der Leser und Studierende zum nächsten Kapitel übergehen und in gleicher Weise bis zum Ende des Buches verfahren. Das Ergebnis sollte sein, dass die praktischen Übungen zu einem nicht-verbalen Bewusstsein der Tiefen des eigenen Wesens führen, die Ihnen bisher nicht erreichbar waren.

Wenn Sie dabei auf Fragen und Probleme stoßen, können Sie mir schreiben.[5]

JOHN G. BENNETT
Sherborne House, 1974

---

5. John G. Bennett starb am 8. Juni 1974 im Alter von 77 Jahren. Fragen können gerichtet werden an: Bruno Martin, Postfach 1123, D-21394 Kirchgellersen, Deutschland, www.gurdjieff-work.de (Anmerkung des Herausgebers).

Einführung

auf der Suche nach einer befriedigenden Antwort auf die Frage:
»Was ist der Sinn und Zweck meines Lebens, und wie kann ich ihn
erfüllen?« Sicher wird dieses Buch die Frage nicht zu jedermanns
Zufriedenheit beantworten. Ich kann nur die Antwort geben, die
mir selbst genügte: Wir Menschen werden gebraucht, um das
Gleichgewicht der Energien im Sonnensystem aufrechtzuerhalten
und seine geistige Evolution zu fördern. Wir existieren, um der
Natur zu dienen, und nicht nur, um sie zu gebrauchen. Wenn wir
den Zweck unserer Existenz bewusst erfüllen, werden wir zu ›wirklichen‹ Wesen; tun wir es nicht, so bleiben wir ›Gespenster‹, die in
einer Traumwelt leben. Haben wir dies einmal verstanden, so muss
es unser Ziel sein, uns zu dem Leben zu befähigen, das die Große
Natur für uns vorgesehen hat.

In der Vergangenheit wurde die Menschheit durch Hoffnung
auf himmlische Erlösung oder durch Furcht vor ewiger Verdammnis auf diesen Weg gelockt oder getrieben, aber der Grund war
nicht offenbar. Als nun die Versprechungen und Drohungen ihre
Wirkung verloren, sahen die Menschen keine Veranlassung mehr
für die Anstrengungen und Opfer, außer für ihr eigenes Wohl-
ergehen und das ihrer Nächsten. Jahrhundertelang hatten sie ihre
Lebensumstände als Gott-gegeben betrachtet und waren damit zufrieden. Heute ist das anders. Seit dem achtzehnten Jahrhundert
haben die Menschen im Westen die Gewissheit, dass Gott im
Himmel thront und auf der Erde alles zum Besten stehe, einge-
tauscht gegen die Ansicht, der Mensch lebe auf der Erde und in
den Himmeln laufe alles nach Plan. Zu Beginn des zwanzigsten
Jahrhunderts schrieb Algernon Swinburne seine *Hymne an den
Menschen* mit ihrem Refrain: »Ehre dem Menschen auf dem
Gipfel, denn der Mensch ist der Herr der Dinge...« Wir haben das
Vertrauen in Gott verloren und sind zunehmend dabei, auch das
Vertrauen in den Menschen zu verlieren.

Eine neue Quelle des Vertrauens ist entstanden: die große
menschliche Institution. Ihre krasseste Form ist der kommunisti-
sche Staat, aber wir begegnen dieser Haltung auch in dem
Glauben, dass Regierungen, Kirchen, Konzerne oder gut organisierte Interessenverbände Stabilität garantieren könnten, zumindest während unserer Lebenszeit. Wissenschaft, Wirtschaft, Com-

puter und die Waffen der Macht haben Jupiter mit seinem Blitz und Donner ersetzt. Auf diese eigenartigen Götter richtet die Mehrheit ihr schwankendes Vertrauen und sieht mit Schrecken auf jene, die die Institutionen abschaffen wollen. Durch Jahrtausende hat die Menschheit die Lösung ihrer Probleme von Institutionen erwartet. Es wurde angenommen, der Mensch sei eine bekannte, feste Größe, dessen Lebensbedingungen von der Organisation der Gesellschaft abhingen. Heute sind vor allem die Behavioristen die Vertreter dieser Position. Sie erklären den Menschen ausschließlich als Produkt seiner Umwelt; er wird als plastisches, gestaltloses Geschöpf geboren und vollständig von der Gesellschaft, in der er aufwächst, geformt. Diese Ansicht ist in ihrem Extrem neueren Datums, aber sie steckt auch in der alten Anschauung, dass die soziale Ordnung in ihrem Wesen gut sei. Bis zum siebzehnten Jahrhundert wurden nur die Institutionen der Kirche und des Staates als wichtig angesehen und in geringerem Maß die Gilden der Kaufleute und Handwerker. Dies galt nicht nur für die christliche Welt, sondern auch für die weiten Gebiete Asiens und Afrikas, wo der Islam herrschte, und ganz besonders für China, wo die Suche nach der idealen Regierungsform sowohl Sache der Philosophen als auch der Herrscher war.

Die Heiligkeit des Individuums wurde als gegeben akzeptiert, aber nur innerhalb einer anerkannten sozialen Ordnung. Das Alte und Neue Testament, der Koran, die Bhagavad-Gita und die Analekten des Konfuzius stimmen darin überein, dass die Institutionen als Gott-gegeben respektiert werden müssen. Neue, vom Menschen gemachte Institutionen unterschiedlichster Art sind seit Anfang des neunzehnten Jahrhunderts aufgetaucht. Eine davon ist die Aktiengesellschaft, die zu den Finanzgroßmächten unserer Tage wurde. Eine andere ist die Weltorganisation, die mit der Internationalen Postunion 1856 begann und sich zu den Vereinten Nationen mit all ihren Zweigen weiterentwickelte.

Wenige stellen in Frage, dass Institutionen für das Funktionieren der menschlichen Gesellschaft notwendig sind, aber viele haben angefangen, daran zu zweifeln, ob sie die menschliche Wohlfahrt fördern oder es je tun werden. Mit dem Verlust des Vertrauens in die Institutionen geht die Furcht vor ihrer Macht einher, nicht nur wie früher vor ihrer militärischen, politischen und ökonomischen Machtausübung, sondern vor ihrem direkten Einfluss auf die menschliche Psyche. In seinen Büchern *Jenseits von*

Freiheit und Würde und *Macht und Unschuld* weist Burrhus F. Skinner auf eine neue Bedrohung hin, der wir gegenüberstehen: der Gebrauch von Macht, um das Individuum seiner inneren Freiheit zu berauben. Er stimmt darin mit einer Menge anderer Soziologen und Psychologen überein, die sonst ganz andere Ansichten über die Natur des Menschen und dessen Aussichten für die Zukunft vertreten. Der Behaviorismus hat in den letzten Jahren vielleicht an Boden verloren, aber er stellt immer noch eine Bedrohung dar, die viele für ernster halten als die äußeren Gefahren von Krieg, Umweltverschmutzung, Erschöpfung der Rohstoffe und weltweite Hungersnot.

Gegen den Behaviorismus steht eine ›Bewegung zur Entfaltung des menschlichen Potenzials‹, die von der unbeschränkten Entwicklungsmöglichkeit des Individuums und der menschlichen Rasse insgesamt ausgeht. Mit ihr ist die Suche nach neuen psychischen und religiösen Erfahrungen verbunden. Millionen experimentieren mit verschiedenen Formen der Religionen und östlicher Spiritualität. Millionen versuchen es mit halluzinogenen Mitteln und sonstigen Drogen. Keines dieser Experimente hat zu überzeugenden Ergebnissen geführt. Ideen und Methoden, Lehrer und Schriftsteller haben über Nacht Berühmtheit erlangt und sind ebenso schnell wieder verschwunden. Ein Merkmal all dieser Bewegungen ist, dass sie sich gewöhnlich um einen harten Kern überzeugter Anhänger etablieren und aus der Fluktuation einer wachsenden Zahl von Suchenden, die zeitweilig an Zulauf gewinnen, sich aber früher oder später wieder abwenden, die Illusion von Wachstum nähren.

Wir leben in einer Gesellschaft tiefer Widersprüche und Konflikte. Drei Hauptströmungen können unterschieden werden. Einmal gibt es jene, die Veränderung fürchten und sich ihr widersetzen; ihre Idee vom Fortschritt besteht darin, immer mehr vom Gleichen haben zu wollen, und das mit immer größerer Sicherheit. Dann gibt es jene, die Veränderungen wollen, sie aber in äußeren Errungenschaften sehen. Sie hoffen auf eine neue Welt durch Wissenschaft, Technologie und die Macht der Organisation. Diese Gruppe reicht von den Behavioristen bis zu Science-Fiction-Anhängern. Die meisten von ihnen halten mit Swinburne den Menschen für den Gipfel der Schöpfung. Die dritte Strömung ist auf die Entfaltung des menschlichen Potenzials gerichtet; zu ihr gehören so viele und oft widersprüchliche Richtungen, dass man mit Sicherheit nur eins sagen kann: Ihre Grundlage ist die Annahme, dass die Lösung der menschlichen Probleme im Menschen selbst und nicht in seinen Institutionen gesucht werden muss. Wir können zwei Richtungen unterscheiden: Eine kann man Transformatismus nennen. Diesen Begriff gebrauchte Ouspensky 1938, um seine eigene Lehre zu bezeichnen. Das vorliegende Buch hat Transformatismus zum Thema, und ich will hier nur seine zentrale Bedeutung festhalten: Der Mensch ist ein unvollständiges Wesen mit grenzenlosem Potenzial zur Entwicklung oder Transformation; das Schicksal des Menschen ist von seiner Fähigkeit zur Selbstvervollkommnung abhängig. Der zweiten Richtung liegt eine negative Anschauung des Menschen zu Grunde: Er ist ein Nichts, der durch den bloßen Prozess des Lebens zu etwas wird. Die gegenwärtige Version dieser zweiten Richtung ist der Existenzialismus. Er kennt nur die *condition humaine,* womit das gemeint ist, was uns widerfährt, nicht das, womit wir geboren werden. Für den Existenzialisten ist »Essenz« ein bedeutungsloses Wort. Für ihn gibt es kein menschliches Wesen, keine menschlichen Instinkte. Der Mensch sei das, wird behauptet, was er aus sich macht. Sartre, der Apostel des Existenzialismus, sagt: »Zuallererst existiert der Mensch, begegnet sich selbst, verschmilzt mit der Welt und definiert sich hinterher (…), am Anfang ist er nichts. Erst später ist er etwas, und dann wird er sein, zu was er sich macht.« Eine solche Glaubensüberzeugung kann zu tiefem Pessimismus führen wie bei Sartre selbst. Dieser Pessimismus ist ein Charakteristikum unserer Zeit; bislang hat er jene noch nicht ergriffen, die nach außen auf die Errungenschaften des Menschen blicken und seine innere Leere ignorieren.

Bis in die Sechzigerjahre herrschte allgemein Optimismus hinsichtlich der Zukunft. Die Anhänger aller drei Strömungen waren zuversichtlich, dass ihre Lebenseinstellung Erfolg haben und sich schließlich durchsetzen würde. In den letzten Jahren hat sich das dramatisch verändert. Nur professionelle Optimisten können noch vorgeben, den Weg in die Zukunft klar vor sich zu sehen. Die politische, ökonomische und finanzielle Struktur der Welt erfüllt uns nicht mehr mit Vertrauen. Bisher hat es immer einen Feind gegeben, dem wir die Schuld zuschieben konnten. Jetzt müssen wir sehen, dass alle der Zukunft ebenso hilflos wie alarmiert gegenüberstehen. Niemand glaubt ernsthaft, dass wir keine Kriege und Revolutionen mehr erleben werden. Soziale Reformen haben so-

ziale Wohlfahrt nicht erreichen können. Sozialpolitik schoss wie
ein Pilz aus dem Boden, und ihr Zusammenbruch war eines der
spektakulären Ereignisse der Sechzigerjahre. Behavioristische
Wissenschaft, Urbanstudien, programmiertes Lernen, administra-
tiver Wohlfahrtsstaat, kompensatorische Sozialtechniken – all
diese vielversprechenden Ansätze haben sich als Sackgassen erwiesen. Die junge Generation hat sich von den Drogen dem politischen Protest zugewandt, von der Politik dem Pop und von dort
der spirituellen Suche. Nichts funktioniert mehr, und niemand
weiß warum. Das ist ein merkwürdiger Zustand in einem Zeitalter, das sich seines pragmatischen Realismus' rühmt und auf die
Errungenschaften von Wissenschaft und Technologie verweist, um
seinen Anspruch aufrecht zu erhalten, dass der Mensch alles erreichen kann, was er sich vornimmt.

Offensichtlich ist das Problem tiefer und schwieriger als die meisten annehmen. Die äußere Welt des Menschen hat sich in den
letzten tausend Jahren bis zur Unkenntlichkeit verändert, aber sein
Wesen ist nicht minder rätselhaft und problematisch als je zuvor.
Während wir im Westen die Herrschaft über unbelebte Dinge er-
langten, behielt der Osten seine Aufmerksamkeit für die menschliche Zwangslage. Als Ergebnis ist dort das Wissen über den Menschen sehr viel größer als bei uns. Soweit es die Kenntnisse vom
Menschen angeht, sind wir ein ›unterentwickeltes Land‹, und wir
versuchen aufzuholen, indem wir psychologische Methoden aus
dem Osten entleihen, so wie der Osten von uns die Technologie
übernimmt. Wir machen den gleichen Fehler, indem wir versuchen, fremde Techniken zu benutzen, ohne sie zu verstehen. Wir
versuchen, Menschen im großen Maßstab zu verändern [Englisch:
human engineering], ohne den Menschen zu verstehen.

Wir berücksichtigen nicht den ganzen Umfang des menschlichen Potenzials. Man sagt, der Mensch sei wie ein Eisberg: Nur ein
Achtel sei an der Oberfläche sichtbar. Oft haben auch jene, die an
die menschliche Vervollkommnung glauben, naive und oberflächliche Vorstellungen davon. Der unsichtbare Teil des Menschen ist nicht nur die Quelle seines Potenzials, er hat auch ständi-
gen und unberechenbaren Einfluss auf den sichtbaren Menschen.
Wenn wir mit »spirituell« den Teil des Menschen meinen, der sich
der gewöhnlichen Beobachtung und Analyse entzieht, dann verstehen wir unter »spiritueller Psychologie« das Studium des Menschen als Ganzes: des möglichen und des bekannten Menschen zu-

sammen. Ich glaube, dass die wesentlichen Versuche, den Menschen zu verändern, gescheitert sind, weil sie den geistigen Teil des Menschen vernachlässigt haben.

Dies erklärt nicht, warum auch die verschiedenen ›spirituellen‹ Bewegungen scheitern. Dieses Buch versucht, darauf eine Antwort zu finden und einen Weg anzubieten, der den Notwendigkeiten unserer Zeit entspricht. Es beruht auf mehr als fünfzig Jahren der Suche und des Experimentierens seit meiner erstmaligen Erfahrung, dass ich außerhalb meines Körpers existieren konnte, als ich am 21. März 1918 an der Westfront beinahe den Tod fand. Ich verstand damals ein für alle Mal, dass es im Menschen etwas gibt, das weder dem Verstand noch dem Körper zugerechnet werden kann, und den Bedingungen von Zeit und Raum nicht unterworfen ist. Seitdem habe ich diesen Faden durch viele Länder und mit Hilfe vieler Lehrer und Weisen weiterverfolgt. Ich hatte das seltene Glück, auf meinem geistigen Weg außergewöhnlichen Männern und Frauen zu begegnen. In eigener Erfahrung habe ich mich davon überzeugt, dass der Zugang zur geistigen Welt nicht das Vorrecht einer besonderen Religion oder Lehre ist. Selbst bei obskuren Sekten wie den Drusen, den Jeziden und den Ahl-i-Haqq habe ich Männer getroffen, die unzweifelhaft auf dem spirituellen Weg weit fortgeschritten waren. Das gilt auch für neuere Bewegungen wie Subud. Den stärksten Einfluss auf mein Leben hatte George I. Gurdjieff, und viel von der Psychologie, die in diesem Buch entwickelt wird, habe ich von ihm gelernt.

Ich möchte mit der wichtigen Unterscheidung zwischen psychischen Erfahrungen und geistiger Entwicklung beginnen. Unser Bewusstseinszustand pendelt gewöhnlich zwischen Schlafen und Wachen. Nur sehr selten haben wir Momente oder gar Perioden eines erhöhten oder erweiterten Bewusstseins, in denen wir uns und die Welt ganz anders wahrnehmen, als wir es gewohnt sind. Diese Zustände sind sehr aufregend und lassen uns hoffen, über die Begrenzung unseres gewöhnlichen Lebens hinauszukommen. Solche Momente können bei extremer Belastung oder Todesgefahr spontan auftreten. Sie sind durch Drogen und andere künstliche Mittel herbeizuführen. Sie können auch durch Übungen erreicht werden wie Fasten, Meditation und Schlafentbehrung. Sie können unter dem Einfluss emotionaler Erregung von vielen Menschen gemeinsam erlebt werden, vorausgesetzt, ihre Aufmerksamkeit ist auf die ›andere Welt‹ gerichtet. Alle diese Bewusstseinsveränderungen

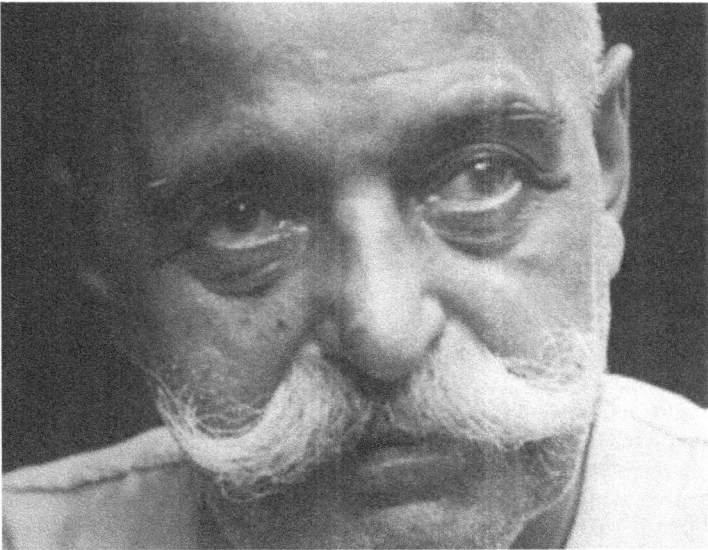

Georg Iwanowitsch Gurdjieff (1866–1949).

können auf Veränderungen im Nervensystem und im Stoffwechsel des Blutes zurückgeführt werden. An sich haben sie keine geistige Bedeutung. Das heißt nicht, dass solche Zustände nicht unter rein geistigen Bedingungen auftreten; aber wichtig ist, dass es sich nur um Symptome handelt, die durch eine Vielzahl von Ursachen ausgelöst werden können. Die wahre geistige Entwicklung des Menschen vollzieht sich jenseits seines Bewusstseins. Sie ist »supramental«, um den ausgezeichneten Begriff des großen indischen Nationalisten und Yogis Sri Aurobindo Ghose zu gebrauchen. Kosmisches Bewusstsein fesselt die Vorstellung westlicher Sucher, seit Bucke sein unvergessliches, aber naives Buch geschrieben hat.[6] »Gottes-Verwirklichung« ist ein anderes Schlagwort, das mit Vorsicht gebraucht werden sollte. Es gibt Zustände, die auf geistigen Fortschritt hinweisen, aber sie sind nicht das Ziel unseres Strebens. Es ist ein schwerwiegender Fehler, einen Zustand mit einer erreichten Stufe zu verwechseln, welche in der Sufi-Terminologie mit den Begriffen *hal* und *makam* unterschieden werden.

6. R.M. Bucke: *Die Erfahrung des kosmischen Bewusstseins.* Freiburg 1976.

Wir können hohe Bewusstseinszustände erleben und dennoch genauso bleiben, wie wir vorher waren. Die Verwechslung von Bewusstseinszuständen mit der Transformation des Seins hat ernste Folgen. Da wir nach der Erfahrung höherer Bewusstseinszustände streben, wird mitunter unwissentlich angenommen, der Wert einer Bewegung könne danach beurteilt werden, inwieweit sie solche Zustände bei ihren Anhängern auszulösen vermag. Eine weitere Folge ist die Annahme, es sei gleichgültig, auf welchem Weg man zu höheren Bewusstseinszuständen gelange, psychedelische Drogen eingeschlossen. Solche Annahmen verraten unsere Ignoranz gegenüber dem spirituellen Leben. Spiritualität ist in erster Linie der Bereich von Wille und Sein. Es geht nicht darum, die »Pforten der Wahrnehmung« aufzuschließen, wie Aldous Huxley und viele andere angenommen haben. Huxley war eine tragische Figur. Ich begegnete ihm zum ersten Mal 1933, als er regelmäßig zu den Treffen Ouspenskys in London kam. Zum letzten Mal trafen wir uns kurz vor seinem Tod, als er seine Frau, sein Augenlicht, sein Zuhause, seine Bibliothek und vor allem seine Hoffnung verloren hatte, den Sinn des Lebens verstehen zu können. Sein Leben steht für den Zwiespalt der menschlichen Existenz auf einer sehr hohen Ebene. In *Schöne neue Welt* war er einer der Ersten, die uns sagten, dass ›Erfahrung‹ allein eine Sackgasse sein kann. In *Insel* zeigte er, dass das Leben mehr zu bieten hat als Einblicke in die Welt der immerwährenden Philosophie; aber es war ihm nicht möglich, das Opfer zu bringen, das von denen verlangt wird, die zu Bürgern jener Welt werden wollen. Das ist das Risiko des Intellektuellen. Für intelligente Menschen ist es besonders schwer, die Lehre von der »supramentalen« Entwicklung zu akzeptieren. Sie stürzen sich in die schwierigsten Theorien wie den Monismus der Vedanta – was Huxley jahrelang getan hat –, aber sie können den Glauben nicht aufgeben, dass die Wahrheit dem Intelligenten eher zugänglich ist als dem Einfältigen. Sie können die Tiefe in dem Ausspruch von Christus nicht erkennen: »Ich preise Dich, Vater, dass Du dies vor Weisen und Klugen verborgen und es Kindern offenbart hast.« Das »Kind« kann Sein erkennen, während die Klugen in Gefahr sind, im Wissen stecken zu bleiben!

Die eigentliche Suche des Menschen ist die nach substantiellem Sein. Wir sind Schatten oder Gespenster mit dem Potenzial, zu wirklichen Wesen zu werden. In jedem Zeitalter haben immer nur wenige die Beharrlichkeit, Zielgerichtetheit und Sensibilität der

Wahrnehmung, um das höchste Ziel zu erreichen. Sie sind die geistigen Riesen. Aber auch diejenigen mit weniger Potenzial können wirkliches Sein erlangen, wenn sie die Notwendigkeit stark genug empfinden und einen Weg entdecken oder gezeigt bekommen.

So weit bewegen wir uns auf orthodoxen Bahnen. Alle Religionen und alle spirituellen Lehren sind sich darin einig, dass der Mensch zur Transformation fähig ist und dass diese von seinem Glauben und seiner Entschlossenheit abhängt. Dabei bleibt es dann gewöhnlich. Die Antworten auf die Frage: »Warum sollen wir Transformation erstreben, und warum ist sie für uns möglich gemacht?« sind nicht länger befriedigend. Die hinduistisch-buddhistische Lehre der Befreiung von der Qual der Existenz bedeutet jenen wenig, die sich an der Existenz festklammern, weil sie sich keinen anderen Zustand vorstellen können. Die christlich-islamische Doktrin von der Wiederauferstehung im Zustand der Seeligkeit oder Verdammnis hat ihre Glaubwürdigkeit verloren. Wir lachen über die russische Propaganda, die den Bauern sagt, dass die Astronauten jenseits des Himmels Gott nicht gefunden haben; aber wir sind noch immer so sehr von den herkömmlichen Zeit- und Raum-Begriffen konditioniert, dass wir glauben, Nirwana oder der Himmel oder irgendeine wirkliche Existenz müssten »irgendwo« sein. Es hilft uns auch nicht weiter aus der Behauptung, Energie und Materie seinen austauschbar, den Schluss zu ziehen, dass es keine Materie gibt, sondern nur eine »geistige Energie«. Die moderne Physik kann uns helfen – aber auf andere Weise: Indem sie uns von der Idee befreit, dass Raum und Zeit ein Behälter sei und alles Existierende »in« Raum und Zeit existiere.

Zur Erkenntnis, dass wir Raum und Zeit überwinden müssen, die physische Welt eingeschlossen, um irgendetwas zu verstehen, gelangte ich vor mehr als fünfzig Jahren, etwa zu der Zeit, als ich Gurdjieff in Konstantinopel zum ersten Mal begegnete. Ich verstand, dass unsere Existenz in Raum und Zeit nur ein Schatten des Seins ist, das wir durch Transformation erreichen können. Der Schritt von der mathematischen Physik zu Gurdjieffs Kosmologie bereitete mir keine Schwierigkeit. In meiner ersten Unterhaltung mit ihm im Palast des Prinzen Sabaheddin in Kuru Cheshme am Bosporus sprach ich mit ihm über meine Erkenntnis, dass die Dimension der Ewigkeit nicht weniger real sei als die von Zeit und Raum. Seine Antwort veränderte die Richtung meines Lebens vollständig: »Was nützt es, das zu *wissen,* wenn Sie es nicht *sein* können? Natürlich gibt es höhere Dimensionen, doch sie nützen uns nichts, wenn wir nicht in ihnen leben können.« Ich fragte natürlich, wie das zu erreichen sei. Seine Antwort öffnete mein Verständnis für die Idee der Transformation des Seins. Ich sah deutlich, dass ich mein Wissen von der Welt beliebig erweitern konnte und dennoch derselbe Mensch bleiben würde, wenn ich keinen Weg fände, mich zu ändern. Ich kannte mich bereits gut genug, um die Vorstellung von »Wissen ohne Sein« unerträglich zu finden.

So begann meine Suche nach der Wirklichkeit. Sie hat mich von Land zu Land, von Lehrer zu Lehrer geführt. Sie hat mich mit den verschiedensten Bewegungen, Gruppen und Gemeinschaften zusammengebracht, von denen eine jede etwas Wertvolles zu geben hatte. Aber der Faden, der mich durch all diese Jahre geführt hat, war das ›System‹ oder die Lehre von Gurdjieff. Ihm verdanke ich den Großteil dessen, was heute für mich zum gültigen Verständnis des »Sinns und der Bedeutung unseres Lebens« geworden ist.

Gurdjieff selber begann seine Suche im Alter von elf Jahren und reiste kreuz und quer durch Afrika, Europa und Asien. Er fand Schulen der Weisheit in Turkestan und Tibet, die ihm in mehreren Fällen für längere Perioden den Zugang gestatteten, so dass er ihre Lehre in sich aufnehmen konnte. Ich habe Gurdjieffs Lehre zu ihren Ursprüngen zurückverfolgt und bin zu der Überzeugung gekommen, dass er dem Westen das Material gebracht hat, aus dem eine neue Welt geschaffen werden kann.

Zwanzig Jahre lang studierte ich mit Gurdjieff und Ouspensky, und weitere zwanzig Jahre experimentierte ich mit großen und kleinen Gruppen von Suchenden in Coombe Springs, einem großen Haus in der Nähe von London. Eines dieser Experimente lieferte das Material zu dem vorliegenden Buch. Die Coombe-Springs-Periode dauerte von 1944 bis 1966. In den Jahren 1948 und 1949 verbrachte ich all meine verfügbare Zeit mit Gurdjieff in Paris und New York. Er bestimmte mich zu seinem »Stellvertreter in England« und betraute mich mit den verschiedensten Missionen. Der größte und wichtigste Teil meiner eigenen spirituellen Psychologie kommt von Gurdjieff, aber ich bin überzeugt, dass wir alle zu einer eigenen Vorstellung vom »Menschen, der Welt und Gott« kommen müssen. Die Steine des Mosaiks kommen uns von den verschiedensten Quellen zu; sie werden durch unsere eigene Suche zusammengesetzt und durch unsere eigene Arbeit gefestigt.

Das Weltbild, das wir schließlich akzeptieren, muss – auch wenn es nicht neu ist – unser eigenes sein, in eigener Erfahrung erprobt und gelebt werden.

Das spirituelle Leben ist sehr viel schwieriger als das materielle Leben, denn wir arbeiten in einem Medium, von dem neun Zehntel außerhalb der Reichweite unserer gewöhnlichen Erfahrung liegen. Deswegen brauchen Menschen auf dem geistigen Weg alle Hilfe, die sie bekommen können. In unserer Zeit ist es nicht einfach, wahre geistige Führer zu finden, die die Nöte und Bedürfnisse des modernen Menschen verstehen.

Die heilige Theresa, Reformerin der Karmeliter und große Mystikerin, spricht in der Selbstdarstellung ihres Lebens mehr als einmal von den »Führern, die, ohne etwas von dem spirituellen Leben zu wissen, sowohl Seele als auch Körper erschöpfen und den Fortschritt verhindern.« Sie sagt an einer anderen Stelle, dass „jene, die den Weg des Gebets gehen, stärker der Führung bedürfen als andere, und je spiritueller sie sind, desto mehr sind sie der Förderung bedürftig.«

Diese Worte einer der spirituellsten Heiligen haben mich oft fragen lassen, wo geistige Leitung in unserer Zeit gefunden werden kann. Es hat große Führer gegeben, wie den heiligen Johannes vom Kreuz, die für jene, die den geistigen Weg eingeschlagen haben, inspirierte Instruktionen hinterlassen haben. Aber diese Bücher sind für Mönche und Nonnen geschrieben, die einen anderen Weg gehen als der Laie, der in der Welt lebt. Und dennoch gab und gibt es viele, die von geistigen Kräften stark angezogen werden, und daher, wie die heilige Theresa meinte, dringend Führung brauchen. Religiöse Literatur gibt es im Überfluss; aber das ist nicht notwendigerweise das Gleiche wie spirituelle Literatur. Es gibt Bücher über die Psychologie religiöser Erfahrung, seelsorgerische Psychologie, aber ich habe nicht viele gefunden, die sich mit den besonderen Problemen jener befassen, die es dazu treibt, nach der Wirklichkeit hinter der Form zu suchen; die selbst in ihrem äußeren Leben nicht mit erfolgreichem Handeln zufrieden sein können, sondern danach streben, ihr Tun auf unvergängliche Werte zu richten, jenseits von Erfolg und Misserfolg.

Das ist es, was ich unter »spirituellen« Menschen verstehe. Sie mögen religiös sein oder glauben, dass sie ihr Ziel ohne Religion erreichen können. Spiritualität ist nicht mit Religion identisch. Der Künstler, der in seiner Kunst nach einer Qualität sucht, die diese Welt nicht geben kann, ist ein spiritueller Mensch, selbst wenn er die Religion leugnet. Ein religiöser Mensch, der sich damit zufrieden gibt, das, was man ihn gelehrt hat, nach besten Kräften zu erfüllen, ist vielleicht ein viel besserer Mensch als der erste, aber als solcher nicht spirituell.

Ich will versuchen zu erklären, was ich mit dem Wort »spirituell« meine. Dies ist eigentlich unmöglich, denn es ist das Wesen der Spiritualität, dass sie nicht auf Wissen oder irgendeine verbale Formulierung reduziert werden kann. Am direktesten lässt sich vielleicht sagen, dass Geist [Englisch: *spirit*] die Essenz oder Wesensqualität allen Seins darstellt. Er kann »das Ideal« hinter dem Tatsächlichen genannt werden; aber die Wörter »essentiell« oder »wesenhaft« treffen besser, weil sie auf sein Gegenteil hinweisen: das Existierende, das heißt die messbaren und dem Wissen zugänglichen Elemente unserer Erfahrung. Oder wir gehen von der Unterscheidung von Materie und Geist aus. Wir haben eine falsche Vorstellung von Materie, weil wir gewohnt sind, sie uns als das vorzustellen, »woraus die Dinge gemacht sind«. Zwar wissen wir nicht, was Materie ist, aber zweifellos wissen wir viel über Materie. Wir haben heute einen ganz anderen Begriff von Materie als, sagen wir, vor hundert Jahren. Im neunzehnten Jahrhundert verstand man unter Materie Kombinationen von Molekülen, und die Wissenschaftler glaubten, darüber beinahe alles zu wissen, was es zu wissen gibt. Heutzutage bedeutet Materie für die meisten Energie; aber für Wissenschaftler, besonders für Atomphysiker, ist sie zu einem Mysterium geworden. Weder Materie noch Energie bedeuten für einen theoretischen Physiker dasselbe wie vor dreißig oder vierzig Jahren.

Wir können uns also damit trösten, dass »Geist« zwar schwer zu definieren ist, es aber mit der Materie nicht viel leichter ist. Es für Physiker klar geworden, dass die Materialität relativ ist; und wahrscheinlich sind viele Merkmale, die bislang als »geistige« betrachtet wurden – wie Empfindung, Denken und sogar Bewusstsein –, nur verschiedene Zustände oder Kombinationen der Materie.

Vielleicht denken Sie, ich hätte nun einen so großen Teil unserer Erfahrung zum materiellen Bereich gerechnet, dass nur noch wenig für den geistigen Bereich bleibt – doch das Gegenteil ist der Fall. Die nicht-materielle Welt ist so reich wie die materielle. Sie ist der Bereich der Qualität und der Werte. Werte haben ihre eigenen

Unterscheidungen: Schönheit unterscheidet sich von Güte, Eleganz von Wirtschaftlichkeit, Wahrheit von Richtigkeit; allgemein gesprochen: Jeder Wert ist einzigartig. Alle ihre endlosen Kombinationen und Ableitungen machen die Gesamtheit dessen aus, was ich das »Reich der Werte« genannt habe.

Sein Inhalt ist der Geist. »Geist« meint also die Totalität aller Formen von Werten, das heißt aller möglichen Qualitäten.

So wie ich glaube, dass die Materialität relativ ist, so glaube ich auch, dass die Spiritualität relativ ist. Das Lied eines Vogels im Frühling, der Glanz eines herbstlichen Sonnenuntergangs, eine gute Tat, großmütig ausgeführt, ein Bild, das wir als wirkliches Kunstwerk erkennen, irgendeine Arbeit, die richtig ausgeführt und zu Ende gebracht wird, »das Zittern der Seele vor den Toren des Paradieses« – sie alle sind Träger geistiger Qualität, aber weder handelt es sich um dieselbe Art noch um dieselbe Ordnung von Spiritualität.

Vielleicht wenden Sie gegen die Unterscheidung zwischen Geist und Materie ein, dass alles, was ich aufgeführt habe, Eigenschaften der Materie seien. Das Bild eines großen Meisters und eine armselige Kleckserei seien beide nur Farbe und Leinwand. Der Unterschied liege nur in unseren Gedanken und Gefühlen, die ja nichts anderes als Zustände der Materie sind. So schrumpfe schließlich doch alles zu Materialismus zusammen.

Dazu ist zu sagen, dass es vom Standpunkt des »Wissens« so aussieht; aber Wissen ist nicht alles. Wir »wissen« nicht, welches das wahre Kunstwerk ist; wir beurteilen seine Qualität mit einer Fähigkeit, die etwas ganz anderes als Wissen ist. Die Materie erfassen wir durch Wissen, aber geistige Qualitäten erkennen wir durch Urteil.

Wenn das nicht klar ist, dann lassen Sie uns wenigstens darin übereinstimmen, dass wir Qualitäten erkennen können, wenn wir sie sehen. Ich möchte nur noch für eine Idee Ihre Zustimmung haben: nämlich dass Qualitäten eine eigene Wirklichkeit haben, ob sie nun mit materiellen Formen verbunden sind oder nicht. Zum Beispiel ist »Güte« wirklich und bleibt wirklich, selbst wenn es in der ganzen Welt keine Person und kein Ding gibt, das gut ist. Natürlich können Sie das alles absurd finden und es als baren Unsinn zurückweisen; doch um was ich Sie bitte, ist, darin übereinzustimmen, dass an der »Idee« nichts Absurdes oder Unlogisches ist, dass spirituelle Qualitäten eine eigene Realität haben, welche ganz verschieden von der materiellen Realität ist. Auf Grund dieser Idee möchte ich noch, dass Sie sich vorstellen, dass spirituelle Qualitäten relativ sind; man kann von einer »höheren« und einer »niederen« spirituellen Qualität sprechen.

Bevor wir weitergehen, muss ich Ihnen noch eines sagen: Alle geistigen Qualitäten bilden eine eigene Welt oder Welten, die wir der Einfachheit halber »Geist« nennen wollen.

Vielleicht denken Sie, was das alles mit der heiligen Theresa oder dem »geistigen Leben« zu tun hat. Sie würden das ohne Weiteres verstehen, wenn Sie ihre Lebensbeschreibung und ihre Schriften lesen würden. Mit geistigem Leben meint sie die Suche nach der Vervollkommnung der Qualität, die eine Pflicht zu einer »innerlichen Tat« macht. Diese Suche ist kein Zwang. Wir können unsere Pflicht erfüllen ohne jene besondere Gewissenhaftigkeit, die uns nach etwas suchen lässt, das über die bloße Erfüllung von Notwendigkeiten hinausgeht. Vielleicht kann ich es Ihnen noch deutlicher machen. Angenommen, Sie reden mit einem Freund über Spiritualität und er sagt: »Ich habe keine Zeit für diesen ganzen Unsinn. Ich versuche, meine Pflicht zu tun, als Vater und guter Bürger. Ich gehe zur Kirche, weil ich das für richtig halte, und soweit es in unserer gegenwärtigen Zeit vernünftig ist, halte ich mich an die Gebote. Wenn ich sonst noch etwas täte, würde ich meine offenkundigen Pflichten vernachlässigen, die meine ganze Zeit und Energie beanspruchen«. Sie könnten zu Ihrem Freund nicht sagen, dass er ganz und gar Unrecht hat, dass es hinter all diesen Pflichten etwas Subtileres gibt, nach dem er vielleicht auch sucht. Es wäre nicht fair und in seinem Fall vielleicht nicht einmal wahr. Doch für Sie ist es möglicherweise anders, und Sie spüren mit aller Schärfe, dass Sie mit Problemen konfrontiert sind, von denen er nichts weiß. Solche Probleme, wenn sie echt sind, sind spirituelle Probleme. Es sind die gleichen, denen sich die heilige Theresa ausgesetzt sah, bis sie ihre Lösung fand oder gezeigt bekam.

Die Sache ist die, dass Menschen, die mit solchen Problemen der »Qualität an sich« Schwierigkeiten haben, Führung brauchen. Es genügt für sie nicht zu wissen, »was« sie tun sollen. Das »wie« macht ihnen Schwierigkeiten. Deswegen kann ihnen gewöhnliche Psychologie nicht helfen. Darauf komme ich später noch zurück. Hier genügt es festzuhalten, dass ich mit »spiritueller Psychologie« das Studium des Menschen meine, das auf der Annahme beruht, dass Geist »wirklich« ist und somit auch das geistige Leben. Es ist möglich, Leute zu beobachten, welche durch spirituelle Fragen beunruhigt werden, so als stimmte irgendetwas mit ihnen nicht und als müssten sie »geheilt« werden. Es ist sogar möglich, dieses vom religiösen Standpunkt aus zu tun; wir nennen es dann »seelsorgerische Psychologie«. Sie werden später sehen, warum ich seelsorgerische Psychologie von der spirituellen Psychologie unterscheide als zwei ganz verschiedene Wege, das menschliche Problem anzugehen. Erich Fromm, den ich Ende der Vierzigerjahre in Mexiko traf, hat meine Aufmerksamkeit auf die Unterscheidung zwischen Seelen-Krankheit und Welt-Krankheit gelenkt. Die eine sucht nach Bestätigung, dass es Hoffnung für einen selber gibt, die andere verlangt Hoffnung für die kranke Welt. Es gibt die Psychologie der Anpassung, und es gibt die Psychologie der Vervollkommnung. Die wahre spirituelle Psychologie sucht nach einer glücklichen Lösung aller Probleme, der persönlichen, der sozialen und der kosmischen.

Das Bedürfnis für eine spirituelle Psychologie erschien zu der Zeit, als viele Wissenschaftler sich von der menschlichen Psychologie abwandten, um das tierische Verhalten zu studieren, als besten Weg, um den Menschen kennen zu lernen. Die Ethologie, eine der neuesten wissenschaftlichen Disziplinen, hat innerhalb eines Jahrzehnts unser Verständnis des Tierlebens verändert. Worte wie »brutal«, »bestialisch«, »tierische Instinkte« eignen sich nicht mehr, um andere Tiere vom Menschen zu unterscheiden. Die großartigen Untersuchungen von Wissenschaftlern wie Farley, Mowat und Muri haben gezeigt, dass das Leben eines Wolfsrudels in vieler Hinsicht geordneter und ›menschlicher‹ ist als unsere Gesellschaften. Tinbergen und Kohler haben gezeigt, wie sehr sich die Mentalität der Menschenaffen von unserer alten Vorstellung vom »Affenverhalten« unterscheidet. Einige Ethologen, besonders Konrad Lorenz, haben den tierischen Ursprung der menschlichen Aggression und anderer Kennzeichen des Menschen und seiner Gesellschaften betont. Aber indem sie ganz richtig die tierische Komponente der menschlichen Natur betonen, haben die Ethologen die spirituelle Komponente aus dem Blick verloren, die wir mit den Tieren nicht teilen. Das heißt nicht, mit Kant übereinzustimmen, wenn er sagt: »Das Ziel ist der Mensch. Wir können fragen, warum Tiere existieren; aber zu fragen, warum der Mensch existiert, ist eine bedeutungslose Frage.« In Vorträgen über Ethik nahm Gurdjieff genau den entgegengesetzten Standpunkt ein und sagte, dass es nur eine bedeutende Frage gibt: »Warum existiere ich?«. Wenn diese Frage von Wert ist, dann muss die Antwort deutlich von einem Ort kommen, der jenseits von uns liegt. Dieser »Ort« ist der spirituelle Bereich. »Jenseits unserer selbst« heißt, dass wir diesen Bereich mit unseren Sinnen und den gewöhnlichen Mitteln der Untersuchung und logischen Folgerung nicht erreichen können. Das Paradox des Menschen besteht darin, dass er ein geistiges Wesen hat, aber es nicht kennt und nicht kennen kann. Eine spirituelle Psychologie berücksichtigt die geistige Natur des Menschen, ohne seine tierische Natur dabei zu vernachlässigen. Sie studiert ihn als ein einheitliches Ganzes, das der Beobachtung und dem Denken nur teilweise zugänglich ist.

Sie mögen fragen, ob ich mich für kompetent halte, eine »spirituelle Psychologie« zu schreiben. Gott bewahre! Nicht ein Mangel an Erfahrung würde mich vom Schreiben abhalten. Im Gegenteil, weil ich so viel gesehen habe, bin ich dazu gekommen, meine Unwissenheit in diesen Fragen zu erkennen. Ich habe eine sehr lange Erfahrung mit spirituellen Fragen; mein Interesse an ihnen geht mindestens sechzig Jahre zurück. Vor fast fünfzig Jahren begann ich, spirituellen Fragen in Gruppen nachzugehen, und habe es ununterbrochen fortgesetzt. Während dieser Zeit bin ich mit Tausenden von Männern und Frauen zusammengekommen, die wirklich oder nur in ihrer Einbildung auf der geistigen Suche waren und mit mir über ihre Probleme gesprochen haben. Diese Erfahrung hat mich eines gelehrt: nämlich dass das Geheimnis des Menschen ein Geheimnis bleibt. Wir können uns zu einem gewissen Grad mit Erfahrung helfen und noch mehr mit Freundlichkeit, aber das Geheimnis bleibt. Schritt für Schritt bin ich im Laufe der Jahre zu gewissen Schlüssen gekommen, hauptsächlich als Ergebnis meines Studiums der Methoden von Gurdjieff. Ich habe erkannt, dass es eine wohl definierte Struktur gibt, die die materielle mit der geistigen Seite der menschlichen Natur verbindet und die Relativität der Materie wie des Geistes berücksichtigt. Materie kann in groben oder feinen Aggregatzuständen existieren. Die gröbsten umfassen die sichtbare Materie und die feineren Empfindung, Denken und Bewusstsein. Geistige Relativität beinhaltet eine Rangordnung der Werte. Wenn es keine »Ebenen« in der geistigen Welt gäbe, wäre nichts da, wonach man streben könnte, weder Erfolg noch Versagen im geistigen Leben. Ich halte diese

Vorstellung einer zweifachen Relativität für neu auf dem Gebiet, und sie hat sich bei der Behandlung meiner eigenen Probleme und der von anderen Menschen als hilfreich erwiesen. Ich habe auch gesehen, wie irreführend eine Psychologie sein kann, die nicht erkennt, dass »Wille« eine Wirklichkeit hat, die ganz verschieden von Materie und Geist ist, und dass er nicht in derselben Sprache erfasst werden kann. Weil ich selbst in diesen Ideen geistige Hilfe gefunden habe, mache ich hier den Versuch, eine »spirituelle« Psychologie zu schreiben.

Bevor ich weitergehe, möchte ich die bereits getroffene Unterscheidung zwischen spirituellen und theologischen Fragen etwas vertiefen. Gegenstand der Theologie ist das Übernatürliche. Jede Psychologie, sei sie spirituell oder nicht, befasst sich mit dem Natürlichen. Geist und Materie sind gleichermaßen natürlich: Das heißt, sie sind nicht Gott, wobei wir natürlich glauben mögen, dass sie Gottes Schöpfung sind. Eine übernatürliche Aktion ist der direkte Eingriff Gottes in die Schöpfung, die in ihrer Wirkungsweise von keiner Kreatur verstanden werden kann. Sie unterscheidet sich ebenso von einer »geistigen« Aktion wie von einer »materiellen« Aktion. Sie kann sich in und durch die Natur ereignen, unterscheidet sich aber von natürlichen Vorgängen durch die Tatsache, dass sie ein vollständiges Geheimnis ist und weder in Kategorien von Naturgesetzen noch von geistigen Qualitäten erklärt werden kann. Wenn wir von Zeit zu Zeit einer Aktion gegenüberstehen werden, von der wir glauben, dass sie übernatürlichen Ursprungs sei, will ich versuchen, mich zu erinnern klarzustellen, dass dies, streng genommen, außerhalb des Bereichs jeglicher Psychologie liegt. Wenn eine übernatürliche Aktion direkt durch Gott vollzogen wird, so kann nur Gott wissen, was sie ist, und wir entsprechend nur dann, wenn Gott es uns offenbart. Mit anderen Worten, alles, was mit dem Übernatürlichen zusammenhängt, kann einzig und allein durch Offenbarung erkannt werden. Da ich nicht behaupte, derartige Offenbarungen gehabt zu haben, kann dieses Buch nur von natürlichen Dingen handeln, sofern ich es nicht für notwendig halte, mich auf offenbare Quellen zu beziehen.

Auch wenn ich das Gerüst meiner spirituellen Psychologie fast ausschließlich Gurdjieff verdanke, so stammt ihr Inhalt großenteils aus anderen Quellen. Seit 1924 bin ich vom Wert buddhistischer Psychologie überzeugt, so wie sie in den *Pali Pitakas* entwickelt wird. Ich lernte Pali unter der Anleitung von Rhys Davies, die mit ihrem Ehemann diese alten Texte der Englisch sprechenden Welt zugänglich gemacht hat. Das zentrale Dokument ist die *Sramana Phala Suttana*, die *Große Predigt über die Früchte des Lebens eines Sramana*. Als ich es zum ersten Mal im Original studierte, war ich überzeugt, darin eine objektive Darstellung der geistigen Entwicklung und Meditation zu finden. Die vier *jhanas* oder Zustände höheren Bewusstseins sind zum integralen Bestandteil meines eigenen Verständnisses des spirituellen Weges geworden. Ich habe auch Sanskrit studiert, um in den Geist der Veden und Upanishaden einzudringen, einschließlich der Bhagavad-Gita. Vier Jahre später begegnete ich einem großen Yogi, dem Shivapuri Baba, der damals hundertfünfunddreißig Jahre alt war. Seine dreifache Schulung des Körpers, der Seele und des Geistes ist die Zusammenfassung der praktischen Psychologie der Upanishaden und diente mir dazu, einige der fehlenden Glieder in Gurdjieffs System zu füllen.

Noch mehr als von der vedischen Religion und dem Buddhismus habe ich vom Islam gelernt. Jahrelange Aufenthalte in islamischen Ländern und die Begegnung mit vielen Sufis und Derwischen haben mich zum einen davon überzeugt, dass der Sufismus die Hauptquelle der Lehre Gurdjieffs ist, und zum anderen, dass der Sufismus eine sehr lebendige Bewegung ist und der Welt viel von dem geben kann, was sie heute braucht. Am meisten habe ich von dem unorthodoxen Sufi Hasan Shushud gelernt, ein Nachkomme des großen Konevi, der ein Weggefährte von Jalaluddin Rumi war. Durch Hasan Shushud erfuhr ich von den Khwajagan, jener außerordentlichen Sufi-Schule, die vom elften bis zum sechzehnten Jahrhundert bestanden hat und deren heutige Nachfolger die Naqshbandi sind, der größte aller Sufi-Orden, gegründet von Bahauddin von Bukhara im vierzehnten Jahrhundert.[7] Hasan ist ein Exponent der »Absoluten Befreiung«; das verbindet ihn mehr mit dem Buddhismus als mit dem orthodoxen Mystizismus der Sufis oder Lehrern wie Muhyiddin Ibn Arabi und Jalaluddin Rumi. Ich habe von Hasan praktische Übungen gelernt, deren Grundlagen Atemkontrolle und Fasten sind und die über alles hinausgehen, was ich von Gurdjieff empfangen habe.

Ich hatte auch das Glück, häufig mit Sayed Idries Shah zusammenzutreffen, der sowohl als Schriftsteller als auch als prak-

---

7. Vgl. John G. Bennetts nachgelassenes Werk: *The Masters of Wisdom.* London, 1977. Deutsch: *Die Weisheit der Propheten,* Südgellersen, 1993.

tischer Psychologe seine Spuren in der westlichen Welt hinterlässt. Er ist durch seine Bücher so bekannt, dass ich nichts hinzuzufügen brauche. Ich möchte allerdings betonen, dass er einer der nachdrücklichsten Warner vor der Gefahr ist, die der Zukunft der Menschheit durch das *human engineering* droht.

Von 1957 bis 1961 war ich ganz mit Subud beschäftigt. Diese geistige Bewegung hat einen Sanskrit-Namen – denn »Subud« ist die Abkürzung für *susila budhi dharma,* was »gute geistige Disziplin« heißt. Dennoch stammt Subud in seinem Wesen aus dem Sufismus. Sein Gründer, Bapak Muhammad Subuh kam 1957 auf Einladung einer kleinen Gruppe von Gurdjieff-Schülern nach England. Sie waren an seiner Lehre interessiert, weil sie viel mit Gurdjieffs System gemeinsam zu haben schien.

In praktischer Hinsicht besteht Subud aus einem einzigen Element: dem *Latihan.* Das ist eine geistige Übung, die durch eine Kraft bewirkt und gelenkt wird, die nicht in materiellen Begriffen gefasst werden kann. Es handelt sich nicht um etwas, was dem Wissen zugänglich ist, wie etwa – zumindest theoretisch – Energietransformationen.

Das Latihan besteht aus zwei Teilen: die Öffnung, oder der Kontakt, und die regelmäßige Praxis. Die Öffnung entsteht ein für allemal durch den einfachen Akt des »Bittens und Empfangens«. Jeder, der den Kontakt wünscht, kann den Akt der Öffnung nach einer Probezeit von drei Monaten vollziehen, sofern dem nichts entgegen steht, wie etwa geistige Störungen. Der Kontakt wird

Bapak Subuh und John G. Bennett 1957.

durch jemanden hergestellt, der ihn bereits empfangen hat; es findet also eine Art Übertragung von Einflüssen statt. Die Übung des Latihan soll ohne irgendwelche lenkenden Gedanken, Wünsche oder Anstrengungen gemacht werden. Es ist ein Willensakt, der allein durch die Absicht geschieht. Die Absicht ist auf die Bereitschaft gerichtet, sich dem Dharma zu unterwerfen. Die Bedeutung von Dharma kann als das objektiv Richtige interpretiert werden.

1962 kam ich zu dem Schluss, dass das Latihan in seiner Wirkung zu begrenzt ist, um eine vollständige Lebensweise zu ermöglichen. Das wurde durch die Beobachtung bekräftigt, dass jene, die es mit Enthusiasmus und Überzeugung praktizierten, zu einer Einengung ihres Horizonts und ihrer Treue neigten. Subud wurde zu einem Kult oder bestenfalls einer Muslim-Sekte. Ich war nicht an Dogmen interessiert, sondern an Methoden. Als Methode funktioniert das Latihan, allerdings auf sehr spezielle Art: Es öffnet Kanäle, die vom äußeren zum inneren Teil des Selbsts führen. Dies sollte nicht mehr als ein oder zwei Jahre beanspruchen. Im Normalfall kann das Latihan innerhalb von sechs bis zehn Monaten seine Wirkung voll entfalten. Länger weiterzumachen, ist unproduktiv und schließlich sogar hemmend. Ich kann das Latihan besonders denen empfehlen, die intellektuell überaktiv und emotional verschlossen sind.

Eine andere Bewegung, der ich mit großem Interesse und Sympathie gefolgt bin, ist die Transzendentale Meditation, die Maharishi Mahesh Yogi in den Westen brachte. Ich begegnete ihm das erste Mal 1959, war aber damals so sehr mit Subud beschäftigt, dass ich seine Meditation nicht praktizierte. Viele meiner Schüler wurden eingeführt, und ich konnte den Erfolg beobachten, besonders bei jenen, die nervös, überaktiv und ungeduldig waren. Sie wurden in ihrem täglichen Leben ruhiger und sehr viel effizienter. Auch war die Verbesserung ihrer Gesundheit unverkennbar.

Ich beschloss schließlich, mich selbst initiieren zu lassen, und praktizierte Maharishis Meditation als Teil meiner eigenen Übungen. Ein Mantra wird still in der Brust wiederholt, ganz ähnlich wie das Gebet des Herzens der russisch-orthodoxen Mönche. Es ist eine Bedingung der Initiation, dieses Mantra niemandem mitzuteilen. Die Methode der Transzendentalen Meditation ist viel sanfter und kontrollierter als Subud. Sie ist nun in der ganzen Welt bekannt, und ihr Wert als natürliches und wirksames Mittel, psychologische Spannungen zu lösen und den Meditierenden für die

Realität der spirituellen Welt zu wecken, wird sogar von jenen anerkannt, die von Berufs wegen skeptisch sind. Ein erheblicher
Vorteil der Transzendentalen Meditation ist, dass sie allein oder in
Gruppen praktiziert werden kann und ohne große Vorbereitung
zu vermitteln ist. Sie eignet sich deshalb gut für eine weite Verbreitung.

Andererseits scheint auch sie eine begrenzte Methode zu sein,
die im Normalfall nicht alle Teile der menschlichen Natur erreicht. Insbesondere kann ich nicht erkennen, dass sie den Willen
stärkt oder das gegenseitige Verstehen zwischen den Ausübenden
besonders fördert. Dennoch hat sie großen Wert innerhalb der
modernen Welt. Wir sind überorganisiert und verspannt, und es
fehlt uns an Glauben. Nur wenige sind bereit, sich den harten
Forderungen totaler Transformation zu unterwerfen. Millionen
fühlen das Bedürfnis nach einer spirituellen Betätigung, die im
Rahmen ihrer Aufnahmefähigkeit liegt. Transzendentale Meditation ist echtes Handeln. Ihre Hauptwirkungen sind physiologisch.
Der Maharishi selbst beschreibt sie als eine Wiederherstellung des
Nervensystems. Dies ist bewundernswert, denn es unterstreicht die
essentielle Einheit des Menschen: unser Nervensystem birgt die
Tiefen unseres Seins in sich. Die Realität des Menschen ist eins
und unteilbar. In meinen Gesprächen mit Maharishi, den ich sehr
bewundere, machte er mir deutlich, dass ihm der Unterschied zwischen natürlichen und spirituellen Einwirkungen auf die menschliche Natur wohl bewusst ist.

Wenn wir Subud und die Transzendentale Meditation als
natürliche Vorgänge betrachten, die den Kontakt mit spirituellen
Kräften vorbereiten, wie beurteilen wir dann Bewegungen, die aus-
drücklich behaupten, sie beruhten auf der unmittelbaren Aktion
von Gott selbst in der Seele des Menschen? Ebendies nimmt die
Pfingstbewegung für sich in Anspruch, von der es heißt, sie breite
sich schneller aus als alle anderen Bewegungen in der Welt. Nachdem ich diese und ähnliche Aktionen bei mir selbst und anderen
beobachtet habe, kam ich zu der Überzeugung, dass es sich um
eine bedeutsame, jedoch unschuldige Selbsttäuschung handelt.
Jede spirituelle Aktion hat ihren Ursprung ›jenseits des Verstandes‹, und es ist keineswegs leicht, die Ebene zu erkennen, von
der sie ausgeht. In den meisten Fällen erkennen die Menschen entweder nicht, dass eine Aktion supramental ist, oder schreiben sie
einer viel zu hohen Ebene zu. Beinahe alle geistigen Aktionen

haben ihren Ursprung in unseren eigenen supramentalen Bereichen. Es kann gelegentlich und zufällig geschehen, dass eine spirituelle Macht jenseits des Menschen auf ein Individuum einwirkt. Eine unmittelbare Göttliche Aktion aber würde weit über das hinausgehen, was Menschen ertragen können.

Eine Folge dieses Missverständnisses ist, dass Leute ganz aufrichtig und ehrlich Behauptungen über einen Lehrer, eine Bewegung oder eine Methode aufstellen, die nicht stimmen können. Auf diese Weise entstehen Widersprüche und Konflikte. Übertriebene Hoffnungen lassen ungerechtfertigten Pessimismus oder sogar Ablehnung an ihren Platz treten. Spirituelle Menschen kommen in den Ruf, unrealistisch und unzuverlässig zu sein. Dies ist besonders tragisch in einer Zeit wie der gegenwärtigen, in der die Menschheit einen verzweifelten Bedarf an spiritueller Anleitung und Hilfe hat.

Dies sind ausreichende Gründe dafür, sich mit spiritueller Psychologie zu befassen, aber sie geben keine Garantie, dass solch ein Studium zu verlässlichen und wiederholbaren Resultaten führt. Nur materielle Phänomene wiederholen sich mit einer Regelmäßigkeit, die sich wissenschaftlicher Untersuchung erschließt. Jede spirituelle Aktion ist einzigartig, und wenn sie von einer hohen Ebene kommt, ist sie immer unberechenbar und unwiederholbar. Dieses elementare Prinzip sollte sich jeder einprägen, der sich mit dem Studium des Menschen beschäftigt. Das Versäumnis, dies zu begreifen, ist verantwortlich gewesen für eine Menge fruchtloser »Forschung« auf dem Gebiet psychischer und spiritueller Phänomene.

Wenn wir eine spirituelle Aktion verstehen wollen, müssen wir die Fähigkeit entwickeln, sie in uns zu erfahren und als solche zu erkennen. Von innen her gesehen folgt sie Gesetzen, die so bestimmt sind wie Gravitation und Entropie. Von außen betrachtet scheint der Vorgang willkürlich und irrational. Dies bedeutet nicht, dass der menschliche Verstand spirituellen Vorgängen vollkommen hilflos gegenüberstünde. Wir können beachtliche Einsichten gewinnen, wenn wir ein Arbeitsmodell für unser Denken haben und wissen, wie wir Experimente und Beobachtungen durchführen können, ohne die Erwartung, zu wiederholbaren Ergebnissen zu gelangen. Der Zweck dieses Buch ist nicht, den Leser zu belehren, sondern ihm zu helfen, für sich selbst zu lernen, indem er seine eigenen Experimente macht.

Meine Beobachtungen der Arbeit spiritueller Lehrer in vielen Ländern führten mich zu dem Schluss, dass verschiedene spirituelle Wirkungsweisen unterschieden werden müssen:

1. Die kurze Begegnung; sie wird in Indien *darshan* genannt. Männer und Frauen, die den Ruf eines Heiligen oder Weisen erlangt haben, erlauben Fremden, sie für ein paar Augenblicke zu besuchen oder sogar einige Stunden oder Tage in ihrer Anwesenheit zu verbringen. Die Wirkung ist manchmal überwältigend. Viele berichten, dass ihr Leben durch einen Besuch bei Sri Ramana von Tiruvanna dauerhaft verändert wurde. Was mich betrifft, so nahm mein Leben eine völlig neue Richtung nach einem Abend mit Gurdjieff im Oktober 1920. Der Effekt kann plötzlich sein, durch einen Blick oder eine Berührung oder durch Frage und Antwort. Das Ergebnis ist nur selten dauerhaft; die große Mehrheit der Besucher von Heiligen und Weisen fühlt sich erhoben und ermutigt, aber ihr Leben bleibt unverändert.

2. Die Institution, mit eigenem Ideengebäude und Anhängerschaft. Ihre Wirkungsweise ist oft mit einem Ritual verbunden – religiös oder nichtreligiös. Viele Menschen kommen unter den Einfluss einer Institution, die behauptet, Gnade zu vermitteln, oder wie die Sufis sagen: *baraka*. Die Wirkungsweise geht über bloße Lehre oder Disziplin hinaus. Sie erfordert Glauben sowohl auf Seiten derer, die geben, als auch auf Seiten derer, die nehmen. Es ist eine wirkliche Aktion, aber für sich nicht ausreichend, um Menschen tatsächlich zu transformieren. Die Arbeit müssen wir selbst tun, und dafür brauchen wir menschliche Hilfe. Im Allgemeinen versagen Institutionen darin, die notwendigen Anforderungen zu stellen und die erforderliche Hilfe zu geben. Zusammen mit dem Niedergang des Glaubens sind dies die Hauptgründe, warum Kirchen und andere religiöse Institutionen jene nicht länger anziehen können, die Anleitung und Unterstützung suchen.

3. Lehrer: Priester, Gurus, Scheichs, spirituelle Führer. Sie besitzen Wissen, das gewöhnliche Leute aus Faulheit oder Mangel an Gelegenheit nicht selbst erlangt haben. Lehrer arbeiten mit Individuen und Gruppen. Der Kontakt zwischen Schüler

und Lehrer ist nur dann eng, wenn sich der Lehrer auf eine kleine Zahl von Schülern beschränkt. Ist das nicht der Fall, so ist der einzelne Student kaum besser dran als die Anhänger einer institutionellen Religion. In mancher Hinsicht – besonders in Bezug auf die Übermittlung von Gnade – sind sie sogar schlechter dran. In der »Persönlichkeit« des Lehrers finden sie einen scheinbaren Ersatz für das *baraka,* das von jenseits des Individuums kommt. Früher oder später wird die Unzulänglichkeit der Quelle deutlich, und der Schüler bleibt auf dem Trockenen. Es ist heutzutage sehr schwer, einen echten Lehrer zu finden. Ich werde oft gefragt, wie ein Suchender seinen Lehrer erkennen kann. Erstens, sollte man nie einen impulsiven Entschluss fassen. Wenn man das Gefühl hat: »Ich hab's gefunden; er ist mein Lehrer«, sollte man abwarten und prüfen. Wenn der Impuls richtig war, ist nichts verloren. Dann muss man sich daran erinnern, dass die erste Anforderung an einen Lehrer dessen Freiheit von Eigennutz ist. Niemand sollte die Position des Lehrers für sich beanspruchen, solange er persönlichen Gewinn anstrebt, sei es in Form von Geld oder Macht. Er muss sowohl über theoretisches als auch über praktisches Wissen verfügen; doch dies allein macht noch keinen Lehrer. Er muss eine Stufe der Selbsterkenntnis und Demut erreicht haben, auf der höhere Energien ohne Verzerrung durch ihn hindurchfließen können. Dies kann man an seinen Schülern erkennen. Der wahre Lehrer stellt sich aus dem Weg und lässt die Energien direkt auf die Schüler wirken, so dass sie von ihm frei sein können. Der falsche Lehrer macht seine Schüler von sich abhängig.

4. Der so genannte Vierte Weg; dessen oberstes Ziel die Erfüllung einer Aufgabe zum Wohle der Menschheit ist. Hier ist direkte Lehre zweitrangig, und man kann sogar sagen, dass es keine Lehrer dafür gibt. Die Anforderungen des Vierten Weges sind sehr streng. Sie können mit den Worten »Dienst, Opfer und Verstehen« bezeichnet werden. Dies ist meine Interpretation von Gurdjieffs Formel »bewusste Arbeit und absichtliches Leiden«. Eine echte Schule des Vierten Weges muss Kontakt mit einer höheren Quelle haben, von der sie ihre Kraft und Führung bekommt. Diejenigen, die in sie eintreten, müssen bereit sein, ein Leben »in der Welt, aber nicht

von der Welt« zu führen. Es wird selten von ihnen gefordert, anders als andere Leute zu *erscheinen,* aber sie müssen anders *sein.* Der Leiter einer solchen Schule muss die Aufgabe erkennen, die vor ihm liegt, und auch seinen Platz innerhalb der gesamten spirituellen Aktion seiner Zeit. Er muss fähig sein, seine Schüler so auszubilden, dass sie erst ihre Rolle innerhalb der Aufgabe der Schule erfüllen lernen und später fähig werden, je nach ihren Kräften, ihre Arbeit im Rahmen des Vierten Weges selbstständig zu initiieren. Gurdjieff war, soweit mir bekannt ist, der Erste, der den Begriff »Vierter Weg« einführte, um die Tradition eines nicht-institutionellen Dienstes an der Menschheit und die Ausbildungsmethoden, die damit einhergehen, zu bezeichnen. Seiner Aussage nach alterniert der Vierte Weg zwischen Konzentration und Expansion, gemäß den Bedürfnissen der Welt. Die Geschichte der Menschheit zeigt eine sehr langsame Evolution in Zyklen verschiedener Länge. Wir können Epochen von zwei- bis dreitausend Jahren bis zum Ende der Eiszeit zurückverfolgen, die vor etwa zehn bis zwölftausend Jahren anzusetzen ist. Jede derartige Epoche ist durch ein Wertesystem charakterisiert, das beinahe universal in allen Teilen der Welt akzeptiert wird. Es gibt noch größere Zyklen von zehn- bis zwölftausend Jahren, die jeweils durch eine große Katastrophe gekennzeichnet sind, in der ein großer Teil der Menschheit umkam, die aber in der menschlichen Evolution zu einem außerordentlichen Fortschritt führten. Solch ein Ereignis geschah vor über zwölftausend Jahren, und es gibt viele Anzeichen dafür, dass ein Ereignis dieser Art wieder bevorsteht. Wenn dies so ist, dann muss eine ungeheure Vorbereitungsarbeit geleistet werden. In solchen Zeiten wird der Vierte Weg äußerst aktiv, und die Gelegenheiten für die eigene Transformation steigern sich enorm, verglichen mit gewöhnlichen Perioden.

Persönlich fühlte ich mich immer zum Vierten Weg hingezogen. Zuerst verstand ich nicht viel mehr, als dass es notwendig war, einem Lehrer zu dienen. Mehr als vierzig Jahre diente ich meinen Lehrern Gurdjieff, Ouspensky und dann wieder Gurdjieff. Nach Gurdjieffs Tod diente ich Subud und dann Shivapuri Baba. Dann traf ich Idries Shah, und als ich von der Wichtigkeit seiner Mission überzeugt war, machte ich es mir zur Aufgabe, ihm zu helfen. Schließlich traf ich einen Mann, der den Dienst anderer weder verlangte noch brauchte. Obwohl selbst auf einem sehr hohen Niveau der Verwirklichung, bestand er darauf, mir zu dienen. Dies war Hasan Shushud, der mehr ist als ein Derwisch oder Sufi, denn sein Weg ist jenseits aller Wege. Es ist der Weg der absoluten Befreiung von jeglicher Konditionierung. Mit seiner Hilfe erkannte ich meine eigene Aufgabe und empfing die Mittel sie durchzuführen.

So kam es, dass ich im Alter von vierundsiebzig Jahren hier in Sherborne House, wo ich diese Einführung schreibe, eine Schule gründete. Das Ziel meiner Arbeit ist klar. Die Welt braucht vorbereitete Menschen, die aus eigener Initiative handeln können und zu bewusster Arbeit und absichtlichem Leiden fähig sind. Ich habe mir die Aufgabe gestellt, alles, was ich erhalten habe, an jene weiterzugeben, die fähig sind, es aufzunehmen.

Bevor ich diese Einführung beende, möchte ich eine spirituelle Psychologie in den Zusammenhang der menschlichen Bestimmung im Allgemeinen stellen. Kants Unfrage, »Warum existiert der Mensch?«, wird für uns zur zentralen Frage. Gurdjieff formuliert es mit den Worten: »Was ist der Sinn und Zweck des Lebens auf der Erde, und im Besonderen des menschlichen Lebens?« Merkwürdigerweise sehen wir nicht, dass dies die wichtigste Frage überhaupt sein muss. Wenn wir irgendein kompliziertes Maschinenteil sehen, fragen wir sofort: »Wofür ist das? Welche Arbeit hat es zu tun?« Wir betrachten menschliche Institutionen und fragen uns: »Was ist ihr Ziel und Zweck?« Das Leben auf der Erde ist ein Mechanismus von einzigartiger Schönheit und Komplexität. Wir behaupten nicht mehr, dass es einen »Macher« gehabt haben muss, weil wir nicht nur gesehen haben, dass die Beweisführung trügerisch ist (wie Kant zeigte), sondern auch, weil es müßig ist (wie Darwin unbeabsichtigt demonstrierte). Wahrscheinlich übersehen wir deshalb, dass die Frage: »Was ist der Sinn von all dem?« bleibt, wenn wir sie nicht länger in der Form stellen: »Warum schuf Gott das Leben auf der Erde, und den Menschen im Besonderen?«

Wenn wir die Antwort darin sehen, dass es keinen Sinn und Zweck im Leben gibt, fallen wir zurück in den Existenzialismus. Wenn wir sagen, dass der Sinn und Zweck des Lebens darin besteht, zu leben und das Leben zu genießen, trennen wir uns vom Rest der Natur, die wir dabei sind, durch Umweltverschmutzung und Erschöpfung der Rohstoffquellen zu zerstören. Vielleicht teilen wir nicht die Ansicht der Verhaltensforschung, dass der Mensch vollständig als Tier zu verstehen sei; aber die Einheit der Natur können wir nicht länger leugnen. Das Leben auf der Erde ist ein unteilbares Ganzes, und wenn irgendein Teil leidet, leidet alles.

Wir betrachten die Situation durch menschliche Augen und befassen uns ausschließlich mit menschlichem Überleben, menschlicher Wohlfahrt und menschlichem Fortschritt. Es gibt sogar Leute, die glauben, dass die Raumfahrt derartige Fortschritte machen wird, dass wir diesen Planeten, heruntergewirtschaftet und unbewohnbar, eines Tages hinter uns zurücklassen können, um in einem anderen Sonnensystem eine neue Karriere als menschliche Rasse zu beginnen. Eine solch gefühllose Zurückweisung jeglicher Schuldigkeit gegenüber unserer Mutter Erde sollte uns als unsagbare Blasphemie schockieren; aber sie tut es nicht, weil wir blind für die Wirklichkeit sind. Es kommt uns nicht in den Sinn, dass nicht die Natur dazu da ist, uns zu dienen, sondern dass wir da sind, der Natur zu dienen.

Gurdjieffs große Entdeckung, Botschaft oder Offenbarung – wie immer man es nehmen will – ist »das Gesetz der gegenseitigen Erhaltung«. Er formulierte es in den Worten: »Alles, was existiert, wird von anderen Existenzformen erhalten und muss seinerseits andere Formen erhalten. Wir Menschen sind von diesem Gesetz nicht ausgeschlossen, und deswegen muss unser Leben auch dazu dienen, die Existenz von etwas anderem als uns selbst zu erhalten.« Das Gesetz der gegenseitigen Erhaltung gilt offenkundig für dieses Sonnensystem. Das Leben auf der Erde wird von der Strahlungsenergie der Sonne, von der Atmosphäre, den Ozeanen und der Erdkruste erhalten. Das Pflanzenleben erhält sich selbst und alle anderen Lebensformen, indem es Kohlenstoff bindet und Sauerstoff freisetzt. Die ökologische Wissenschaft hat demonstriert, wie eng jede Lebensform von jeder anderen abhängt. Nur wir Menschen zerstören beides, das Leben und die Grundlagen des Lebens. Gurdjieff sagt, dass wir dadurch uns selbst zerstören. Wir müssen Energien erzeugen, die für die bewusste Evolution des Lebens auf der Erde und im Sonnensystem, einschließlich des Mondes, gebraucht werden. Deswegen die berühmte Aussage: »Der Mensch existiert, um den Mond zu ernähren.«

Es ist sehr schwer zu vermitteln, was damit wirklich gemeint ist. Man muss zuerst die Idee begreifen, dass es Intelligenzen höherer Ordnung gibt, die für die ordnungsgemäße Existenz und den

Fortschritt der Erde und des Sonnensystems verantwortlich sind. Gurdjieff spricht von »heiligen Individuen«, und ich benutze den Begriff »Demiurg«, welches der griechische Name für die Kräfte ist, die die Welt in Ordnung halten. Diese Mächte brauchen Energien für ihre Arbeit, und wir Menschen haben die Fähigkeit, diese Energien durch unsere eigenen freiwilligen Anstrengungen zu erzeugen. Alles Leben erzeugt solche Energien, aber das Pflanzen- und Tierleben erzeugt sie unbewusst und automatisch. Wir Menschen unterscheiden uns durch unsere Fähigkeit zu bewusstem und absichtlichem Handeln, die in unserer spirituellen Natur liegt. Wenn wir sie in der richtigen Weise ausüben, erfüllen wir nicht nur unsere Verpflichtung gegenüber der Natur, sondern transformieren gleichzeitig unser Wesen. Dieses »richtige Leben« wird von Shivapuri Baba *swadharma,* von Bapak Subuh *susila budhi dharma* und von Gurdjieff »Seins-Partkdolg-Pflicht« genannt, was er als »bewusste Arbeit und absichtliches Leiden« übersetzt. »Tod und Auferstehung« in der christlichen Lehre meint dasselbe.

Alle Lehren und Religionen stimmen darin überein, dass vom Menschen etwas gefordert wird, etwas, das er in seinem Leben erfüllen muss; aber keiner hat bisher erklärt, warum und für welchen Zweck. Gurdjieff gab eine Antwort, die sehr alt ist, denn sie geht zumindest auf Zoroaster zurück; aber sie ist auch sehr zeitgemäß, denn sie berührt alle Fragen, die die Menschheit heute beunruhigen. Die Erhaltung unseres Planeten ist eine heilige Pflicht; und die Belohnung ist eine bessere Zukunft für unsere Nachkommen und das Erlangen unvergänglichen Seins für uns selbst.

In diesem Buch zeige ich einige der ersten Schritte auf dem Weg von *swadharma* oder Seins-Partkdolg-Pflicht. Wenn Sie einmal anfangen zu sehen, um was es dabei geht, und erkennen, wie Ihr Leben transformiert werden kann, werden Sie auf den Geschmack kommen. Sie werden sehen, dass das, was von uns gefordert ist, nicht nur möglich, sondern der einzige Weg ist, unser Leben lebenswert zu machen.

Kapitel eins

Das Materielle Selbst – die Mensch-Maschine

JEDER TAG DES SOMMERKURSES BEGANN MIT EINEM EIN-
führenden Vortrag, um die Aufmerksamkeit der Studenten zu
einem tieferen Verständnis desjenigen Themas anzuregen, welches
dann am Abend diskutiert werden sollte. Der erste Vortrag beschäftigte sich mit der Unterscheidung zwischen »ich« und »mir/
mich«.

* * *

»Ich« und »mir/mich« sind zwei Realitäten, die so verschieden
sind, dass es nicht möglich ist, sie in einer einzigen Vorstellung zusammenzufassen. Wir können eine ganze Menge über »mich«
herausfinden. Einige Teile von »mir« können wir unmittelbar studieren, andere Teile können wir nicht erreichen, weil sie tief unten
liegen, aber dennoch »mir« gehören. »Ich« ist anders. In Wahrheit
können wir das »Ich« nicht kennen, weil das »Ich« das Wissende
und niemals das Gewusste ist. Deswegen sollten wir unsere Studie
des »Mir/Mich« von der Suche nach einem Verständnis des »Ich«
trennen. Wir werden erst am letzten Tag über das »Ich« sprechen,
wenn wir die Grundlagen dafür geschaffen haben.

Beginnen wir also mit »mir«. Auch das »Mir« ist nicht einfach.
Es gibt viele verschiedene Arten von »mir«, und man kann sogar
sagen, dass es verschiedene Welten gibt, zu denen das »Mir«
gehört. Ein Teil von »mir« gehört dieser Erde. Das ist mein
Körper, der ganz so ist wie die Erde und alles andere, das aus
Stoffen der Erde gebildet ist. Es gibt einen zweiten Teil von »mir«,
der auf einer anderen Ebene liegt, und noch einen dritten, der wiederum zu einer anderen Ebene gehört. Am besten kann man
»mich« studieren, wenn jede Ebene von »mir« für sich genommen
wird.

Es sind sieben unterschiedliche Elemente, die das ganze »Mich«
ausmachen; darum ist es notwendig, diese sieben verschiedenen
Elemente nacheinander zu untersuchen. Wir werden dann sehen,
dass sie gänzlich verschieden in ihrer Natur und ihrer Bedeutung

sind. Keines von ihnen kann »ich« genannt werden oder uns auch
nur sagen, wo »ich« gefunden werden kann. Das »Ich« ist in seiner
innersten Natur von »mir« verschieden; jedenfalls kann nicht gesagt werden, dass es verschiedene Arten des »Ich« gibt.

Wir müssen deshalb akzeptieren, dass es einen Unterschied zwischen »ich« und »mir« gibt. Zweifellos bin »ich« nicht dasselbe wie
mein Körper; mein Körper ist ein Teil von »mir«. Es ist nicht das
Gleiche wie meine Gedanken und Gefühle und so weiter; auch sie
sind Teile von »mir«. »Ich« bin nicht das, was ich sehe oder höre
oder denke, oder irgendetwas dieser Art; all das ist Teil von »mir«.
»Ich« bin nicht das, was ich wünsche, worauf ich hoffe, nicht die
mannigfaltigen Triebe und Begierden, die in mir wirken; sie sind
alle Teile von »mir«. Wie grob oder fein sie auch sein mögen, all
diese Dinge, die wir mit unserem Wissen erfassen können, sind ein
Teil des »Mir/Mich«, und nicht des »Ich«.

Als Nächstes müssen wir versuchen, ein Verständnis für die verschiedenen Arten von »mir« zu entwickeln. Ich will kein Konzept
im Voraus aufstellen, sondern mich von der äußersten Art, die am
einfachsten zu untersuchen ist, zur innersten vorarbeiten, die jenseits unseres Verstehens liegt. Beim Studium werde ich also von
der Außenseite zur Innenseite fortschreiten, von dem, was ganz
leicht zu sehen und zu berühren ist, zu dem, was jenseits von Sehen
und Berühren liegt. Was ist leicht zu sehen und zu berühren? Es ist
mein Körper. Dieser physische Körper ist aus dem gleichen Material gemacht, aus dem die Erde gemacht ist; alle seine Elemente
stammen aus der Substanz der Erde. Die gleichen Elemente, die
gleichen physikalischen und chemischen Prozesse halten ihn zusammen und werden am Ende auch seinen Verfall bewirken, so
wie sie alles zusammenhalten und wieder zerstören, was auf der
Erde existiert. Dieser Körper ist darum ein physisches oder materielles Objekt, genau wie Tische und Stühle und all die Dinge, die
wir herstellen, oder wie Bäume und Berge und alles andere in der
Natur. Alles auf dieser Erde hat einen Körper, wie wir einen haben;
das heißt, alles, was auf der Erde existiert, hat eine materielle Form,
mit der es existieren muss. Dies gilt für Meer und Wind nicht weniger als für feste Objekte. Unser Gefühl, dass unsere Wirklichkeit
mit unserem Körper verbunden ist, ist keine Illusion, sondern eine
wichtige Tatsache.

Wir müssen unterscheiden lernen zwischen diesem materiellen
Objekt, unserem physischen Körper, und dem Leben, das in ihm

ist. Dieser Körper wird noch da sein, selbst wenn das Leben aus ihm entwichen ist. Zuerst wird nicht viel Veränderung sichtbar sein; erst später, wenn verschiedene physikalische und chemische Prozesse von alleine fortschreiten, wird er allmählich zerstört. Während die verschiedenen chemischen Substanzen zerfallen, werden nur die widerstandsfähigsten erhalten bleiben: das Material des Knochenskeletts. Unter günstigen Umständen kann es versteinern und über Millionen Jahre erhalten bleiben. Alles, was wir über die Anatomie des frühen Menschen wissen, haben wir von diesen fossilen Überresten gelernt, und wir wissen mit Sicherheit, dass sie vom Menschen stammen. Es gibt Versteinerungen, die einige hunderttausend Jahre alt sind und von denen wir wissen, dass sie von Menschen wie uns selbst stammen und den stolzen Titel Homo Sapiens beanspruchen können, den wir uns heute geben. All dies ist möglich, weil das Skelett ein fester Körper ist. Auch eine frische Leiche ist fest genug, besonders in *rigor morti,* und ein lebender Körper ist trotz seiner Geschmeidigkeit und Beweglichkeit ein festeres materielles Objekt als, sagen wir, eine Wasserpfütze, eine Windböe, ein Musikton oder ein Sonnenstrahl. So sollten wir uns wohl besser fragen, was es bedeutet, fest zu sein.

Ein mehr oder minder fester Körper, so wie ein materieller Gegenstand, stellt eine besondere Existenzform im Universum dar. Ein fester Körper behält seine Form und unterscheidet sich so von Flüssigkeiten, die ihre Form nicht beibehalten. Er bewahrt mehr oder weniger seine Größe und unterscheidet sich damit von Gasen, die ihre Ausdehnung nicht beibehalten. Er bleibt an einem Ort und ist so von Klang- oder Lichtschwingungen verschieden, die sich durch den Raum ausbreiten. Die Materie hat in ihren verschiedenen Zuständen – fest, flüssig, gasförmig und als strahlende Energie – verschiedene Eigenschaften. Zu den Eigenschaften fester Körper gehören eine mehr oder weniger stabile Form, Größe und Position. Die in anderen Formen existierende Materie hat diese einzigartigen Eigenschaften nicht.

Weil wir es gewohnt sind, inmitten fester Objekte zu leben, wird für gewöhnlich vergessen, dass diese in unserem Universum überaus selten vorkommen. Je mehr wir über das Universum wissen, über das Innere der Planeten, über den Aufbau von Sonnen, über Galaxien, über die Verteilung der Materie im Raum und über all die verschiedenen Formen strahlender Energie, desto stärker wird uns bewusst, dass der feste Zustand etwas außerordentlich

Seltenes ist. Tatsächlich ist nicht einmal ein tausend millionster Teil aller Materie im Universum in diesem festen Zustand. Die Sonnen sind nicht fest, das Innere der Planeten überwiegend in flüssigem Zustand; nichts im interstellaren und intergalaktischen Raum ist fest, außer den kleinen Zusammenballungen wie Meteoriten und Kleinplaneten.[8] Alles Feste ist in hohem Maße an bestimmten Orten lokalisiert, meistens auf der Oberfläche von Planeten wie dem unsrigen. Deswegen muss es als eine ganz besondere Existenzform betrachtet werden, einen festen Körper zu besitzen oder mit einem solchen verbunden zu sein. Es erlaubt einem, eine selbstständige Form zu bewahren, die mehr oder weniger undurchlässig ist. Ein fester Körper kann nicht durch einen anderen hindurchgehen, während Flüssigkeiten ineinander fließen, Gase sich vermischen, und Strahlungen den Raum, Flüssigkeiten und manchmal feste Körper durchdringen können. Weil feste Körper voneinander getrennt und weil ihre Formen mehr oder weniger konstant sind, können wir zwischen Stühlen und Tischen, Häusern, Bergen und so weiter unterscheiden und zwischen einem menschlichen Körper und einem anderen. Diese Getrenntheit, diese Möglichkeit, den gleichen Körper heute, morgen, im nächsten Jahr und so fort wieder zu erkennen, rührt von der Tatsache her, dass es ein mehr oder weniger fester Körper ist. Keine uns bekannten Festkörper sind vollkommen starr; alle können durch starke Belastung deformiert werden, aber nur wenige können sich bewegen und ihre Form ändern, wie unser Körper mit seinem teilweise plastischen Knochenskelett und seiner vollständig plastischen Gewebestruktur.

Was bedeutet es, einen derartigen Körper zu haben? Angenommen, unsere Körper wären nicht so beschaffen; angenommen, wir bestünden aus Wasser oder aus Luft. Dann hätten wir vollkommen andere Wahrnehmungen und würden Raum und Zeit ganz anders erfahren. Wir wären nicht damit beschäftigt, Dinge zu messen oder sie zu benennen und zu beschreiben; wir hätten nicht diese Art von Sprache, die wir haben. Praktisch unsere gesamte Sprache beruht darauf, dass wir verschiedene Arten fester Körper

8. Seit diese Vorträge gehalten wurden, sind Anzeichen dafür aufgetaucht, dass der innerste Erdkern wahrscheinlich aus Eisen in einem grundsätzlich festen Zustand besteht. Aus diesem Grund habe ich meine Einschätzung des Anteils fester Materie von $1:10^{10}$ auf $1:10^9$ erhöht, was das Argument aber wahrscheinlich nicht schmälert.

sehen und benennen und beschreiben, wie sie sich verhalten und aufeinander einwirken. Angenommen, wir wären vollständig flüssige Wesen, dann träfe nichts davon zu. Wären wir gasförmige Wesen, hätten wir keine Vorstellung von Raum und Größe. Wenn wir uns vorstellen können, ein gasförmiges Wesen hätte Bewusstsein, so wären seine Gedanken gewiss ganz anders als diejenigen von uns Menschen. Wären wir Wesen aus Strahlungsenergie, wäre wiederum alles anders; wir würden nicht einmal einen Platz einnehmen, weil Strahlung sich bekanntlich durch den ganzen Raum verbreitet. Wenn unser Körper aus etwas noch Feinerem gemacht wäre, dann wären unsere Existenzbedingungen wiederum vollkommen verschieden von allem, was wir kennen.

Wir vergessen all dies, und darum verstehen wir nicht, welche Vorteile und Beschränkungen sich für uns dadurch ergeben, dass wir in einem festen Körper leben. Eine Übung, die ich manchmal selbst mache, besteht darin, mich von allen Bildern und Vorstellungen zu befreien, die aus der Tatsache herrühren, dass ich einen festen Körper habe. Es ist sehr schwierig, dies zu tun, aber wenn Sie es versuchen, beginnen Sie, ein höchst eigenartiges Gefühl der Freiheit und der Loslösung zu erfahren. Es lösen sich alle möglichen fixen Ideen auf, die uns aufgrund der Tatsache beherrschen, dass wir feste Körper haben und alles in Form fester Körper sehen. Aber gleichzeitig sind wir der Macht beraubt, überhaupt irgendetwas zu tun.

Es mag scheinen, als läge dies fern von Psychologie, aber Sie müssen sich daran erinnern, dass der Status des Körpers im Verhältnis zum *Menschen* als Wesen Jahrtausende lang eine Streitfrage war. Aristoteles dachte, dass die Seele einfach die Form des Körpers sei. Wenn das wahr wäre, müssten wir sagen, wir hätten eine »feste Seele«. Wir werden gleich sehen, dass dies nicht ganz so abwegig ist, wie es klingt. Wenn wir als Christen von der Auferstehung des Körpers sprechen, stellen wir uns einen festen Körper wie den unseren vor, weil uns scheint, dass ein Mensch ohne einen Körper ein bloßer Schatten wäre – ein Gespenst, das nicht »wirklich« existiert. Einer der Einwände gegen Gespenster ist, dass sie durch Wände hindurchgehen können; und wir sind alle geneigt, die Gefühle des heiligen Thomas zu teilen, der erst an die Auferstehung glauben wollte, als er sich davon überzeugt hatte, dass der Körper des auferstandenen Herrn die Bedingung der Undurchdringlichkeit erfülle, die einen festen Körper von einem Geist unterscheidet.[9] Ich habe diesen ersten Aspekt des »Mir/Mich«, das heißt meinen Körper als festes Objekt, so stark betont, weil wir zu sehr gewohnt sind, über unseren physischen Körper immer als lebendigen Körper zu sprechen, so als wäre das alles. Das ist es nicht. Die Tatsache, dass wir lebendige Körper haben, ist außerordentlich wichtig; sie ist aber von der Tatsache zu unterscheiden, dass es ein fester, ein irdischer Körper ist. Ein Wesen ohne diesen physischen Körper, ohne die Begrenzung, die uns dieser Körper auferlegt mit seiner feststehenden Größe und Form, seiner Art der Wahrnehmung, seiner Gebundenheit an Zeit und Raum und so weiter, ist durchaus vorstellbar.

Da es verschiedene Zustände der Materie gibt, ist an dieser Annahme nichts unlogisch oder absurd. Die Theosophen haben die Begriffe des »ätherischen Körpers« und des »Astralleibs«, von denen sie behaupten, sie bestünden aus Materie in einem feineren Zustand. Die Idee von nicht-festen Körpern führt zu Schwierigkeiten, die nicht logisch oder metaphysisch sind, sondern praktisch; sie betreffen die Dauerhaftigkeit und Differenzierung der Funktionen. Ein wässriger oder gasförmiger Körper wäre sehr beweglich; aber es lässt sich schwer erkennen, ob er irgendwelche Zwecke erfüllen könnte, für die wir glauben, dass ein Körper da ist. Der Körper, den wir haben, ist – selbst wenn wir von seinen Eigenschaften der Vitalität und Sensitivität absehen – ein außerordentlich vielseitiges Instrument. Es ist schwer sich vorzustellen, wie ein gänzlich anderer Körper, der unter anderen Bedingungen existierte, die notwendigen Bedingungen bieten könnte, für das, was wir *menschliche Erfahrung* nennen.

Unser physischer Körper kann auch als Maschine gesehen werden, ein Mechanismus, der fähig ist, sehr komplizierte Dinge auszuführen. Jedes physikalische Objekt ist eine Art Mechanismus; aber unser Körper ist ein besonders spezialisierter und komplizierter Mechanismus, der nicht nur mit Muskeln und Knochen ausgestattet ist, sondern auch mit einem Nervensystem für die Transformation von Energien des Sehens, Hörens und so weiter. Es stellt

9. Die Konkretheit des jüdischen Denkens, das den Körper als integralen Teil des ganzen Menschen betrachtet, verglichen mit dem Dualismus des griechischen Denkens, wird gut herausgearbeitet in dem *Essai sur la Pensée Hebraique* von Claude Tresmontant, Editions du Cerf, Paris 1953.

eine Begrenzung unserer möglichen Erfahrung dar, dass wir an diese Art Nervensystems gebunden sind, das zu diesem erdhaften Körper gehört. Die Nerven unseres Körpers bestehen aus genau den gleichen chemischen Elementen und sind den gleichen physikalischen Gesetzen unterworfen, wie alles andere, was auf der Erde existiert.

Selbstverständlich gehört sehr viel mehr zu diesem Körper als eine bestimmte Menge fester Materie, verbunden mit plastischer und flüssiger Materie: Leben, Intelligenz, Bewusstsein und so fort; aber die erste Ebene, auf der wir uns studieren können, ist die Ebene der Materie, die Ebene der Stofflichkeit. Zweifellos ist dieser physische Körper ein Teil von »mir«. Die vielfältige Art und Weise, wie er funktioniert, bestimmt teilweise die Funktionsmöglichkeiten des ganzen »Mir/Mich«.

Bevor wir heute Morgen aufhören, möchte ich noch über *Energien* sprechen. Wir können sagen, dass alles, was wir über »mich« wissen können (denn es gibt auch einen Teil des »Mir/Mich«, der sich dem Wissen entzieht), aus verschiedenen Energiezuständen zusammengesetzt ist. Das, was meinem Körper die Kräfte der Bewegung, des Sehens und Hörens, des Berührens, Denkens und so weiter verleiht, nenne ich die *automatische Energie*.[10] Sie hat die Fähigkeit, sich selbst zu regulieren. Wir können sie leicht imitieren, wie es in Feed-back- oder kybernetischen Systemen geschieht. Im Menschen ist sie hoch organisiert und effizient. Beinahe alle Aktivitäten unseres täglichen Lebens werden durch diese Energie reguliert – *ohne dass wir uns dessen bewusst sind.* Dies ist sehr wichtig, denn eines der Kennzeichen der automatischen Energie ist, dass sie ohne Bewusstsein arbeitet. Dieser erste Teil von »mir«, oder dieses erste »Selbst«, wird von automatischer Energie in Gang gehalten.

Zur Vorbereitung auf die Diskussion und die Ausführungen, die ich heute Abend machen will, bitte ich Sie, sich bewusst zu machen, dass Sie innerhalb eines materiellen Objekts existieren. Versuchen Sie sich auf dieser Ebene irdischer Existenz zu sehen, in einem mehr oder weniger festen Körper. Machen Sie es sich zur Aufgabe zu beobachten, in welcher Beziehung dieser feste Körper zu den anderen festen Körpern seiner Umgebung steht, in einer

10. Siehe: John G. Bennett: *The Dramatic Universe,* Band II, Bennett Books, Santa Fe 1997.

Art komplexer, veränderlicher Geometrie. Wenn Sie das tun, werden Sie eine bessere Vorstellung davon gewinnen, was irdische Existenz bedeutet. Vor allem sollten Sie Ihrer Aufmerksamkeit nicht weiter erlauben, Ihren Körper als ein lebendiges Tier zu betrachten.

* * *

Das abendliche Treffen nach diesem Einführungsvortrag begann mit einer Reihe von Beobachtungen und Fragen jener Teilnehmenden, die während des Tages in Coombe Springs zusammen gearbeitet hatten. Der Tag war mit praktischer Arbeit angefüllt gewesen. Einige hatten gekocht und das Haus versorgt, andere im Garten und den Werkstätten gearbeitet. Die Abenddiskussion zeigte, wie ungewohnt es für uns ist, unsere Körper als Gegenstände unter anderen materiellen Gegenständen zu betrachten, als Dinge unter Dingen. Die Diskussion wurde auf Band aufgenommen und wörtlich transkribiert; einige Antworten sind hier gekürzt, andere erweitert wiedergegeben.

Frage: Beim Versuch, die Gedanken auf diese Ebene zu beschränken, schien es, als sei alles Übertragung von Stoffen oder materiellen Kräften: Materie, Gedanken, Kommunikation. Alles sind materielle Kräfte, die sich von einem Platz zum anderen bewegen.

Bennett: Ja, wie alle materiellen Objekte nehmen wir die ganze Zeit an Energieaustauschprozessen teil. Es gibt ständig einen Austausch von chemischen Substanzen, von Energien verschiedener Art, und dieser Austausch bewirkt dauernde Bewegung. Dies ist sehr wichtig im Hinblick auf das, was ich zum »Mir/Mich« zu sagen habe, denn diese Beobachtung hilft Ihnen zu sehen, wie das »Mir/Mich« auf dieser Ebene funktioniert.

Frage: Wenn man sich daran erinnert, dass der Körper ein materieller Gegenstand ist, und innehält, dann fühlt er sich wie ein Klumpen Blei an.[11]

Bennett: Gleichzeitig ist er ein komplizierter Mechanismus. Jedes materielle Objekt ist eine Art Mechanismus; aber vielleicht fragen Sie, in welchem Sinn ein Stuhl ein Mechanismus sei. Der Stuhl übermittelt durch vielfältige Kraftlinien sein Eigengewicht auf den Boden. Er ist ein Mechanismus, der Lichtwellen reflektiert, so konstruiert, dass wir ihn in dieser und keiner anderen Farbe wahrnehmen. Er ist auch ein Leiter für Hitze und Elektrizität, er ›atmet‹ sogar und nutzt sich langsam ab. Sie sehen also, dass solch ein einfaches Ding wie ein Stuhl ein sehr komplizierter Mechanismus ist. Jeder Gegenstand hat seine eigene, komplizierte Kombination von Funktionen; doch wie komplex sie auch sein mag, sie ist einfach verglichen mit dem menschlichen Körper. Und doch ist dieser trotz seiner Komplexität noch immer ein materielles Objekt. Unser Körper überträgt Druck über das Skelettsystem genauso wie der Stuhl über seine Beine. Wenn Sie mich anschauen und die Farbe meines Körpers sehen, reflektiere ich Farben auf dieselbe Art wie der Stuhl. Wenn ich sehe, reagiere ich auf die verschiedenen Lichtimpulse auf genau die gleiche Weise wie andere stoffliche Gegenstände. Obwohl ich viel komplizierter reagiere,

---

11. Zu den vielen Lehrmethoden John G. Bennetts gehörte unter anderem die so genannte Stopp-Übung, bei welcher die Studierenden mehrmals am Tag – auf ein völlig unvermitteltes Zeichen – in ihrer momentanen Aktivität, ganz egal welcher Art, sofort innehalten und die gerade eingenommene Körperhaltung sowie den Gedankenfluss für einen Augenblick anhalten mussten (Anmerkung des Herausgebers).

geht der Austausch von Energien in mir genau so vor, wie in allem anderen.

Frage: Ich bin ganz sicher, dass das »Mir/Mich«, mein Körper, weiß, wie er stehen soll, aber mir ist aufgefallen, wie Kleider auf ihn einwirken und auch die Arbeit, die ich verrichte. Er wird in falsche Verhaltensweisen gezwungen, die zu Spannungen führen.

Bennett: Sie sehen daraus, wie diese Art der Existenz immer auf einem Kompromiss beruht. Wir sind abhängig von unserer Umgebung, um zu sein, was wir sind, doch zugleich beeinträchtigt unsere Umgebung, was wir zu sein versuchen.

Frage: Mir scheint, dass der Versuch, mir meines Körpers bewusst zu werden, meine Geschicklichkeit beeinträchtigt hat. Das Nachdenken darüber machte mich noch unbeholfener, und ich ließ Dinge fallen.

Bennett: Das kann deswegen geschehen, weil dieser Körper und alle anderen Gegenstände, mit denen wir in Berührung kommen, zum größten Teil automatisch reguliert sind und ohne unser Bewusstsein funktionieren. Aber wir müssen bedenken, dass in dieser automatischen Regulation etwas fehlt: Wir bemerken nicht genügend, wie wir mit anderen Gegenständen umgehen. Als Ergebnis des Versuchs, sich an seinen Körper zu erinnern, bemerken wir, wie wir Dinge tun, wie oft wir nachlässig sind, ohne es wahrzunehmen. Würden Sie diese Übung fortführen, so würden Sie diese Unbeholfenheit überwinden und sehen, dass die automatische Energie eine sehr bewegliche und hoch organisierte Energie ist im Vergleich zu jener, mit der von Menschen gemachte Maschinen arbeiten.

Frage: Zurückblickend sehe ich, dass ich heute zu Dingen, die ich gebrauchte, eine sehr große Zuneigung empfand: das Bett auf dem ich lag, die Dinge die ich beim Kochen benutzte, die Tasse und Untertasse in meiner Hand. Dieses Gefühl war mir bisher unbekannt. Die Dinge waren nicht mehr einfach zum Gebrauch da, sie hatten etwas Eigenständiges.

Bennett: Das ist nicht bloß Einbildung, es ist ein Erwachen zur Realität. Jedes existierende Ding hat ein Recht zu existieren, jedes Ding verdient Achtung. Und weil es ist, was es ist, können wir eine Verbindung mit ihm haben, ja sogar das Gefühl einer *Beziehung.*

Dieses Gefühl, das Sie als Zuneigung beschreiben, stammt sicherlich von einer tieferen Ebene als der materiellen. Es ist möglich geworden, weil Sie begonnen haben, Dinge so zu sehen, wie sie sind. Dinge wirklich zu sehen, wie sie sind, ermöglicht die Beziehung zu ihnen, weil Sie feststellen, dass es in Ihnen, in Ihrem »Mir« etwas gibt, das tatsächlich *in anderen Objekten eine Entsprechung hat.*

Frage: Ich habe die Gegenstände als eigenständige Einheiten wahrgenommen – der Raum, den sie einnehmen, und der Raum zwischen ihnen und mir kam mir heute viel stärker zu Bewusstsein.

    Bennett: Das ist eine wertvolle Beobachtung. Wir können nur schwer ermessen, in welchem Maße unsere Vorstellung von Raum und Zeit von der Tatsache geprägt ist, dass wir diese Art von Körper haben. Wir glauben, Raum und Zeit blieben Raum und Zeit, selbst wenn wir einen ganz anderen Körper hätten, sagen wir einen, der aus Luft bestünde, das heißt ohne Ausdehnung und Form. Doch sie wären überhaupt nicht mehr so, wie wir sie kennen; sie wären vollkommen anders. Es gäbe nicht nur keine Möglichkeit, Größe, Entfernung, Dauer oder irgendetwas Derartiges zu messen, sondern Raum und Zeit selbst würden sich in etwas ganz anderes verwandeln als das, was sie *für uns zu sein scheinen.* Was Sie heute wahrgenommen haben, birgt die Erkenntnis, dass schon der Begriff des Ortes eine Hilfsvorstellung ist, die nur aufkommt, wenn es materielle Körper gibt. Weil wir einen Körper haben und von Körpern umgeben sind, sind wir fähig, über Ort und Position zu sprechen. Aber es ist eine falsche Vorstellung, dass es immer noch Ort und Position gäbe, selbst wenn es diese Art von Körper nicht gäbe. Nehmen wir an, wir wären in ein Gebiet des Universums versetzt, das weit entfernt von jeglichen festen Körpern liegt – Milliarden Kilometer entfernt – und es gäbe nichts als Wolken und Gas: Jede Art von Bewusstsein, das dort existieren würde, hätte keine Vorstellung von Ort, Stellung, Größe, Dauer oder irgendetwas Ähnlichem. Das bedeutet nicht, dass es keine Erfahrungen machen könnte, aber diese wären gänzlich verschieden von allem uns Bekannten.

    Wenn wir uns das klar machen, sehen wir, dass dieses körperliche Leben auf der Erde unsere Erfahrungsmöglichkeiten stark begrenzt. Doch es gibt noch einen anderen, positiven Aspekt an der Sache. Die Erfahrung, die mit einem physischen Körper möglich ist, ist viel reicher als alles, was wir uns in einem anderen Materiezustand vorstellen könnten. Wir sind von einer Mannigfaltigkeit von Dingen umgeben. Diese Dinge sind voller Wunder, und vielleicht ist es einer der außerordentlichsten Züge der ganzen Schöpfung, dass es solche Existenzbedingungen gibt. Vielleicht war die Schaffung der Planeten, auf denen diese Existenzweise möglich sein würde, eine der schwierigsten und subtilsten Aufgaben, die im ganzen Ablauf der Schöpfung erfüllt werden mussten. Was in der Wissenschaft darüber bekannt ist, zeigt, dass die Bildung eines solchen Planeten mit all den verschiedenen Elementen – schweren und leichten, einer bestimmten Menge Wasser und so weiter – ein sehr komplizierter Vorgang ist, der wahrscheinlich sogar die Kraft unserer Sonne übersteigt.

Einige Astronomen glauben, dass die Elemente, die wir auf der Erde vorfinden – die meisten davon existieren nicht auf der Sonne –, nur durch die Zerstörung eines Sterns erzeugt werden konnten, durch eine Super-Nova, eines der seltensten Ereignisse im Universum. Trotz seiner relativen Seltenheit gibt es vielleicht viele Millionen Planeten, auf denen diese Art der Existenz möglich ist. Wir können kaum annehmen, dass unsere verkörperte Existenz so wichtig ist, wie sie uns scheint, wenn sie nicht ein kosmisches Phänomen wäre, das im ganzen Universum vorkommt. Ich will damit nicht sagen, dass es in jedem Sonnensystem menschliche Wesen geben muss, sondern dass die Verbindung von Bewusstsein mit einem materiellen Körper schwerlich auf diesen Planeten beschränkt sein kann. Aus irgendeinem Grund wurden wir Menschen in diese Umstände versetzt, so dass unser Leben an ein materielles Objekt – unseren Körper – gebunden ist. Hinter diesem Körper gibt es andere Dinge, über die wir sprechen müssen; doch im Rahmen unserer menschlichen Erfahrung ist dieser Körper die Basis, das Fundament, auf dem der Rest errichtet ist.

Frage: Ich bemerke, dass ich oft ein Gefühl für Gegenstände habe, besonders für jene, die ich besitze – nicht Besitzgier, sondern eine ganz besondere Beziehung. Es ist ein Bedürfnis, ihr Wesen zu verstehen und für sie zu sorgen, so gut wir können, so dass sie uns gute Dienste leisten, so lange wir mit ihnen in Kontakt sind.

Bennett: Ja, dieses Zugehörigkeitsgefühl kann echt sein. Diese Gegenstände, die wir besitzen, sind wirklich eine Erweiterung von »mir«. Man kann nicht mit Bestimmtheit sagen, wo das »Mir« aufhört. Endet es an meiner Haut? In gewisser Hinsicht sind Kleider auch ein Teil von »mir«, ebenso mein Haus und all die Dinge, die ich regelmäßig benutze. So erstreckt sich das »Mir/Mich« in die Welt; es gibt keine klare Demarkationslinie, wo das »Mir/Mich« endet und »Nicht-mir/Nicht-mich« erreicht ist. Was Sie über Gegenstände sagen, die wir besitzen, trifft auch auf unseren Körper zu. Wir haben die Pflicht, ihn in guter Verfassung zu halten. Tun wir das, so dient er uns und ist ein zuverlässiges Instrument, wie es diese Gegenstände auch sind.

Frage: Wenn ein Kind sagt: »›mein‹ Spielzeug«, ist das vielleicht weniger Ausdruck eines Besitzanspruchs als eines Gefühls der Beziehung?

Bennett: Die Psychologie des Kindes ist ein so weites Feld, dass ich es vorziehe, hier nicht darüber zu sprechen. Ich finde die Arbeiten von Piaget, der mehr als vierzig Jahre auf diesem Gebiet gearbeitet hat, sehr erhellend. Vermutlich hat ein Kind ein weniger kompliziertes Gefühl vom »Mir/Mich« als die meisten Erwachsenen.

Frage: Verändert Liebe oder Sorge das Objekt, überträgt sich etwas von der Person auf den Gegenstand? Manchmal strahlt ein Gegenstand, der geliebt wurde, etwas von seinem Besitzer aus.

Bennett: Diese letzten drei, vier Bemerkungen können uns helfen, den Schritt von der Vorstellung vom »Mir/Mich« zu derjenigen vom »Selbst« zu machen. Statt zu sagen: »Dies ist Teil von mir«, können wir sagen: »Dies ist Teil meiner selbst«; wir können sagen: »Etwas meiner ›selbst‹ ist auf dieses Ding übergegangen.« Es ist nicht mehr völlig fremd, außerhalb, anders als ich selbst. Dies ist nicht nur wahr im Bezug auf mich selbst, sondern auch im Bezug auf andere. Ein Ding, das besessen und wertgeschätzt wurde von jemandem, zu dem wir eine starke Beziehung haben, enthält etwas von dieser Person; etwas von dieser Person ist in sein »Selbst« übergegangen. Dies kann nur möglich sein, wenn es einen materiellen Teil des Selbsts gibt. Wenn mein Selbst so innig mit diesem, meinem materiellen Körper verbunden ist, dass die Leute ihn mit meinem Namen nennen, wenn seine Form »meine« Form ist, wenn seine Bewegungen »meine« Bewegungen sind, dann muss sicherlich etwas von »meinem« Selbst darin sein. Wenn ich beobachte, dass ich von »meinen« Kleidern spreche und »meinen« Besitztümern, und sehe, dass sogar dann, wenn sie von mir getrennt

sind, ihnen etwas von mir anhaftet, dann muss ich sicherlich zugestehen, dass sie in einem wirklichen Sinne ein materieller Teil von
mir sind.

Dies ist von solcher Wichtigkeit, dass ich sicherstellen muss, das
es für Sie klar ist: Zwischen zwei vollständig verschiedenen Wesen
kann eine *Aktion* stattfinden, aber es kann keine *Einheit* zwischen
ihnen geben. Nur Dinge gleicher Natur können sich vereinigen.
Wenn also mein Selbst mit meinem Körper vereinigt ist und sogar
mit meinen Besitztümern, so folgt daraus, dass es ein Materielles
Selbst geben muss. Wir sind jetzt beim zentralen Thema ange-
langt, das ich Ihnen heute Abend darlegen möchte: Nämlich dass
es in einem wirklichen, konkreten Sinn – nicht bildhaft oder alle-
gorisch – in jedem Menschen einen Teil seines »Mir/Mich« gibt,
welcher dem Wesen nach materiell und gleichen Gesetzen unterworfen ist, wie andere stoffliche Gegenstände. Dieser ist es, den ich
soeben als das »Materielle Selbst« bezeichnet habe. Es könnte auch
»dinghaftes Selbst« genannt werden. Bapak Subuh nennt es die *roh
kebendaan* oder die »Ding-Seele«. Es fällt nicht schwer zu akzeptieren, dass es »etwas« Materielles an »mir« gibt; es ist jedoch schwer
zuzustimmen, dass dies ein »Selbst« oder gar eine »Seele« genannt
werden kann. Die Namen mögen irreführend sein, aber die
Tatsachen können überprüft werden. Damit Sie dies tun können,
will ich einige Merkmale des Materiellen Selbsts beschreiben. Es ist
seiner Natur nach eine Maschine, jedoch eine sehr komplexe und
vielseitige. Es ist nicht nur mit diesem Körper als sichtbarem Ding
verbunden, sondern auch mit Teilen von ihm, die nicht sichtbar
sind, wie unserem Nervensystem und den höchst komplizierten
Mechanismen des Gehirns. Es wird von dem, was wir hören, sehen
und berühren, angeregt und auch durch das, was wir denken und
fühlen. Es ist in der Lage, auf verschiedene Reize zu reagieren, und
sein Verhalten kann wie das eines vollständigen menschlichen
Wesens erscheinen.

Frage: Ich verstehe nicht ganz, wie dies ein Selbst oder sogar eine
Seele genannt werden kann. Es scheint mir wie ein totes Ding.

Bennett: Sie haben ganz recht mit Ihrem Einwand, weil ich
einen notwendigen Punkt noch nicht erwähnt habe: dass nämlich
unser »Ich« oder unser »Wille« in dieses Materielle Selbst eintreten
kann, und dann wird es zu einer Quelle der Initiative. Wenn unser
»Ich« sich mit dem Materiellen Selbst verbindet, verliert es sein

Bewusstsein, weil die Energie dieses Selbsts – die automatische Energie, von der ich heute Morgen sprach – weder bewusst noch sensibel ist. Deshalb sagt Gurdjieff, dass der Mensch »schläft«, wenn er in diesem Zustand ist, und sich nicht »seiner selbst erinnern« kann. »Der Mensch ist eine Maschine«, aber eine besondere Art von Maschine, die sieht und hört und denkt und sich aus eigener Initiative bewegt, gespeist von »automatischer Energie«. Aber dennoch ist wahr, dass diese Maschine ein Mensch ist. Warum? Weil ein menschlicher Wille sich damit verbunden hat. Dies ist offensichtlich ein »gefallener« Zustand, denn es war nicht beabsichtigt, dass der Mensch schlafe und eine Maschine sei.

Darum ist das Materielle Selbst ein schlechter Ort für den Willen. Das bedeutet jedoch nicht, dass das Materielle Selbst etwas Unerwünschtes sei, im Gegenteil: Ohne es können wir nicht sein, was wir sind. Ich möchte den Unterschied verdeutlichen.

Es gibt mitunter Menschen, deren Selbst ganz und gar von dieser Art, auf dieser Ebene ist. Solch eine Person hat einen menschlichen Körper mit all den verschiedenen menschlichen Funktionen, aber das Materielle Selbst ist der dominierende Faktor, der das Verhalten steuert. Gewöhnlich ist bei Menschen immer noch etwas dahinter, etwas das fühlt und empfindet; es gibt aber Menschen bei denen praktisch nichts dahinter liegt, nichts, das empfinden kann. Aber ob nun mehr oder weniger dahinter liegt, alle haben wir dieses Materielle Selbst. Es ist der erste oder äußere Teil des »Mir/Mich«. Es wird auch irdisches Selbst genannt, weil es mit diesem besonderen Körper verbunden ist und – abgesehen von der automatischen Energie selbst – den gleichen physikalischen und chemischen Gesetzen unterworfen ist wie alles andere, das aus dem Material der Erde gemacht ist.

Wie wir erwarten können, ist das Materielle Selbst fähig, die physische und chemische Transformation des Körpers zu regulieren. Die Idee materieller Regulatoren mit ungeheurer Anpassungsfähigkeit ist der heutigen Wissenschaft nicht fremd. Zum einen gibt es die erstaunliche Entwicklung der von Menschen gemachten Regulatoren, wie elektronische Computer und so weiter. Zum anderen haben Biologen entdeckt, dass komplexe Moleküle, wie die Desoxyribonukleinsäuren (DNS) die Synthese der Proteine regulieren und sogar die Erbstruktur übertragen können, die in den Genen der lebenden Tiere und Pflanzen lokalisiert ist. Wir können uns gut einen versteckten Regulator im menschlichen Organismus vorstellen, der über dessen physikalisch-chemisches Gleichgewicht wacht, dessen Ernährung, Verteidigung, Reproduktion und Lebensprozesse im Allgemeinen steuert.

Wenn ich vom Materiellen Selbst spreche, so meine ich nicht etwas Vorgefertigtes, das automatisch von der organisierenden Kraft der lebenden Zellen gebildet wird, sondern ein echtes Zentrum der Initiative und Handlung, das dadurch entsteht, dass jedem Menschen die Kraft gegeben ist, aus eigener Initiative zu handeln.

Wir können die Bildung des Materiellen Selbsts beinahe von der Geburt an beobachten. Dies bedeutet nicht, dass das Kind keine bewusste Erfahrung hätte, bevor sich das Materielle Selbst geformt hat – im Gegenteil, es hat voll bewusste Erfahrung, ist aber frei von den Beschränkungen des physischen Körpers. Sogar schon vor der Geburt ist da ein menschliches Wesen mit der Fähigkeit zur Erfahrung und Freude. Es gibt genug Beweise, dass vorgeburtliche Erfahrungen ihre Spuren auf dem »Mir/Mich« hinterlassen. Leider sind das meist traurige Zeugnisse. Wenn zum Beispiel eine Mutter ihr Kind nicht liebt, während sie es austrägt, oder der Vater zu Gewalt oder Grausamkeit neigt, wird das ungeborene Kind eine psychische Verletzung davontragen, die im späteren Leben nur mit sehr viel Sorgfalt und Liebe geheilt werden kann. Der Grund liegt darin, dass es einen empfindlichen Teil des Selbsts gibt, der nicht auf die gleiche Art wie der Körper gebildet wird, das heißt nicht durch einen Prozess der Differenzierung und des Wachstums, sondern auf eine Weise, die wir noch nicht verstehen. Ich werde darauf später zurückkommen. Ich habe es jetzt nur erwähnt, damit Sie nicht mit der Vorstellung weggehen, dass außer dem Materiellen Selbst nichts Weiteres in der Psyche des Kleinkindes vorhanden sei.

Säuglinge unterscheiden nicht zwischen lebenden und toten Objekten. Sie bemerken Gegenstände, bevor sie Menschen wahrnehmen; sogar ihre Mutter ist für sie ein Objekt, das Empfindungen auslöst. Alles, was sich bewegt, zieht sie an. Sie unterscheiden nicht zwischen Bewegung und Leben. Wenn Sie einen Moment nachdenken, werden Sie sehen, dass wir genau dies vom Materiellen Selbst erwarten. Wenn Babys anfangen, unterschiedliche und sich wiederholende Züge in ihrer Erfahrung wahrzunehmen, so sind das materielle Gegenstände, und keine Vorgänge, die Leben oder Bewusstsein anzeigen. Die wichtigsten Beobachtungen sind jene, mittels derer das Kind sich seines Körpers bewusst wird. Es nimmt offensichtlich Empfindungen des Hungers und des Schmerzes wahr, aber nicht ihre Quelle im eigenen Körper. Wir können die Behauptung akzeptieren – auch wenn sie sich nicht beweisen lässt –, dass das neugeborene Kind »in seiner eigenen Welt« lebt, bis es gelernt hat, Gegenstände zu erkennen und eine Beziehung zu seinem eigenen Körper herzustellen. Sie werden bemerken, dass die Entwicklung immer eine bestimmte Reihenfolge hat: erst äußere Objekte, später Hände, Füße und andere Teile des Körpers. Das Bewusstsein der einschneidenden Tatsache, dass dieser Körper ein Teil von »mir« ist, kommt ziemlich spät. Zuerst erfährt das Kind seinen Körper als materielles Objekt wie jedes andere, und man kann leicht sehen, dass es Bewegung, Leben oder Bewusstsein in den frühen Monaten nicht damit in Verbindung bringt. Es braucht mehrere Monate, um zu merken, dass die Glieder willentlich bewegt werden können, und noch viel länger, um zwischen Leben und Bewusstsein unterscheiden zu können.

Es ist wahrscheinlich – und ein Experimentalpsychologe oder ein scharfer Beobachter wie Piaget sollte das untersuchen können –,

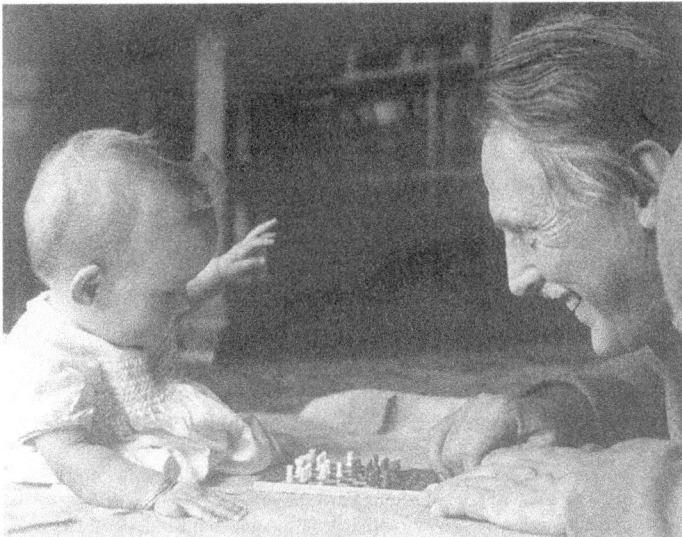

John G. Bennett mit seiner Tochter Hero 1960.

67

dass der Wille des Kindes nur durch den Einfluss der Erwachsenen in das Materielle Selbst eintritt. Ich glaube, dass sein Automatismus ihm nicht bewusst ist und es nur seine empfindlichen Reaktionen bemerkt, über die wir morgen sprechen müssen. Hinter dem Materiellen Selbst gibt es natürlich immer Sensitivität, aber nicht *in* ihm.

Diese Ausführungen dürften genügen, um zu zeigen, dass das Materielle Selbst entwickelt werden muss. Man könnte auch sagen, dass das Selbst leer beginnt und langsam mit den Resultaten des Lebens in einem Körper angefüllt wird. Die ersten Inhalte werden offensichtlich jene sein, die unmittelbar mit der Erfahrung materieller Gegenstände verknüpft sind.

Wenn das Kind zu sprechen anfängt, beginnt es damit, materielle Objekte zu benennen. Erst danach findet es Wörter für Handlungen. Noch viel später kommen Ausdrücke von Leben und Bewusstsein dazu. Dass das Wort »ich« sehr spät auftaucht, wurde von vielen Beobachtern aller Rassen und Sprachen bemerkt. Es ist unvermeidlich, dass Sprache ihrem Wesen nach materiell ist, denn sie bildet sich durch unsere Erfahrung mit materiellen Dingen. Sie werden nicht erstaunt sein, wenn ich sage, dass Sprache ein Ausdruck des Materiellen Selbsts ist.[12] Noch richtiger wäre es zu sagen, dass unsere Sprache, die sich von unserem Kontakt mit materiellen Dingen herleitet, vor allem dazu geeignet ist, über Dinge zu sprechen. Wenn wir die Sprache benutzen, um über jene Bereiche unserer Erfahrung zu sprechen, die nicht durch die Sinne erreicht werden können, kommen wir schnell in Schwierigkeiten.

Ein Beispiel für die enge Verbindung zwischen Sprache und Materiellem Selbst ist die Art und Weise, wie wir über Zeit und Ort sprechen. Wir neigen ständig dazu, die Begrenzungen des Materiellen Selbsts für Naturgesetze zu halten.

Wir sind beispielsweise gewohnt, die Idee der Getrenntheit absolut zu nehmen. Aber diese Vorstellung der Getrenntheit trifft genau genommen nur auf feste Körper zu. Gase und Flüssigkeiten können nur durch feste Wände auseinander gehalten werden. Doch gerade weil wir unsere Sprache von festen Objekten abgelei-

---

12. Dies ist eine wichtige Feststellung: Es ist das Materielle Selbst, das sprechen lernt, aber sich nicht seiner selbst erinnern kann und nicht weiß, dass es »ich« ist, außer dies wird ihm gesagt. Das wahre Ich-Bewusstsein des Kindes liegt viel tiefer und kann nicht ausgedrückt werden. Sehr wenige Menschen wissen, selbst wenn sie erwachsen sind, was Bewusstsein des »Ich« wirklich bedeutet.

tet haben, und weil unsere Gedanken von unserer Sprache abhängen, behandeln wir Getrenntheit, als ob sie immer die gleiche Bedeutung hätte. So gibt sie unseren Vorstellungen von Raum und Zeit eine gewisse Färbung und Prägung. In Wirklichkeit gibt es in uns Menschen auch andere Schichten des Selbsts, wo unsere Wahrnehmungen von Raum und Zeit ganz andere sind. Obwohl diese anderen Wahrnehmungen viel reicher und wichtiger sind, haben wir seltsamerweise die Gewohnheit, die Erfahrung von Raum und Zeit, die zum Materiellen Selbst gehört, für die einzig wahre zu halten, um alles andere als Illusion oder bestenfalls als »subjektiv« einzustufen. In Wahrheit ist die nicht-sukzessive Zeit genau so »objektiv« wie die Uhrzeit.

Ich sprach neulich in einem Vortrag über die gleiche Sache, und hinterher kam ein junger Mann zu mir und sagte: »Jedenfalls kann eine Uhr nicht lügen. Dieses ganze Gerede über andere Arten von Zeit ist vielleicht Selbstbetrug; die Uhr sagt immer die Wahrheit über die Zeit.« Dem jungen Mann war es durchaus ernst. Obwohl ich mich eineinhalb Stunden bemüht hatte, diese Dinge zu erläutern, die ich Ihnen jetzt erkläre, konnte er nicht sehen, dass die Vorstellungen, die wir von Zeit und Ort haben, nur entstehen, weil wir diese Art stofflichen Körper besitzen. Sie entstehen in uns, weil wir mit diesem Körper verbunden sind und sich in unserem Nervensystem »etwas« bildet, das aus dieser Form des Austausches – Sehen, Hören, Berühren, besonders Sehen und Berühren – herrührt. Dieses »Etwas« ist das Materielle Selbst.

Ich muss noch kurz beim Thema Sprache bleiben, weil es sehr wichtig ist zu verstehen, dass Sprache beinahe vollständig aus den Erfahrungen des Materiellen Selbsts konstruiert ist. Dies trifft, wie ich zeigte, auf kleine Kinder zu; aber es gilt auch für den Aufbau von Sprachen, die Menschen selbst entwickelt haben. Prähistorikern und Anthropologen zufolge verfügte der Mensch über Sprache beinahe von dem Augenblick an, als er Mensch wurde. Wer sie ihm beibrachte und wie, ist ein Geheimnis. Ich glaube nicht, dass der primitive Mensch aus sich selbst heraus sprechen lernte, so wenig, wie ein Kind dazu in der Lage ist. Aber der springende Punkt ist, dass er lernte, Dinge zu benennen, um sie zu gebrauchen, und so ist es seither geblieben. Der Mensch begann, wie es Kinder heute tun, mit Namen, und er ging weiter und fand Wörter für Handlungen. Die Aktionen, die ihn interessierten und die er mitzuteilen wünschte, waren Handlungen, die mit materiellen Objekten zu tun hatten, mit dem Kommen und Gehen, dem Herstellen und Gebrauch von Gegenständen, mit dem Essen und Ablehnen von Nahrung und so weiter. Obwohl unsere Sprache sich immer mehr verfeinert und wir mit immer komplizierteren Dingen zu tun haben, bleibt sie dennoch in der Erfahrung von dem, was wir sehen und berühren können, verankert. Wir benennen andere Dinge, unsere Gefühle, unsere Leidenschaften, unsere Vorlieben und Abneigungen und so fort, weil wir sie zu einem gewissen Grad erkennen können, aber nur zu einem gewissen Grad. Wenn wir sagen, etwas sei gelb, so sind wir ziemlich sicher, dass jeder andere sehen und wiedererkennen kann, was mit Gelb gemeint ist; und wenn wir sagen, jemand sei traurig, so scheint uns, dass jeder der fühlen kann, wiedererkennt und weiß, was es bedeutet, traurig zu sein. Aber weiß ich wirklich, ob meine Traurigkeit die gleiche ist wie Ihre Traurigkeit? Wir können das nicht auf die gleiche Weise feststellen, wie wir prüfen können, ob mein Gelb das gleiche ist wie das Ihre – wenn ich denn nicht farbenblind bin.

Ich sage all dies, damit Sie erkennen, dass unsere Sprache aus der gleichen Quelle wie unsere physische Existenz stammt und sich auf unser Wissen über stoffliche Gegenstände und dem Kontakt mit ihnen gründet. Weil unsere Sprache auf diese Weise gewachsen ist, haben wir die besondere Form des Denkens entwickelt, die wir Logik nennen. Logisches Denken lässt uns zum Beispiel sagen: »Dies ist ein Stuhl; aber das ist ein Teppich. Wenn dies ein Stuhl ist, dann ist es kein Teppich; wenn dieses ein Teppich ist, ist es kein Stuhl«, weil materielle Objekte eben so beschaffen sind. Aber wenn wir über unsere inneren Zustände sagen: »Dies ist Traurigkeit, das ist Glück. Wenn dies Traurigkeit ist, ist es kein Glück; wenn das Glück ist, ist es keine Traurigkeit«, dann sprechen wir nicht über die gleiche Art von Dingen, weil es gut möglich ist, dass man gleichzeitig glücklich und traurig ist, aber Dinge können nicht gleichzeitig Stuhl und Teppich sein. Weil eben unsere Sprache auf dem Kontakt mit Gegenständen, mit materiellen Objekten basiert, nehmen wir an, unsere inneren Zustände wären auch so. Darum kommen wir auf der Idee, es sei nicht möglich, zur gleichen Zeit traurig und glücklich zu sein. Traurigkeit und Glück gehören zu unserer inneren Welt, deren Erfahrungen nur sehr unzureichend in einer Sprache gefasst werden können, die sich für materielle Objekte eignet. Unsere Kommunikation und unser Denken – die beiden wichtigsten Anwendungsbereiche der

Sprache – sind von der Tatsache beherrscht, dass die Sprache aus unserem Objektleben entstanden ist. Für alles andere ist sie ganz ungeeignet und versagt, sobald wir anfangen, uns vom gegenständlichen Leben zu entfernen.

Dies ist ein Grund dafür, dass Denken und Kommunikation im Medium der Sprache nur begrenztes gegenseitiges Verstehen zulassen. Solange wir mit materiellen Dingen zu tun haben, können wir uns äußerst genau und zuverlässig verständigen. Jemand kann sagen: »Ich habe berechnet, dass drei Sekunden nach zwei, am 16. Juni 1955 eine Mondfinsternis stattfinden wird«, und die andere Person wird vielleicht sagen: »Ich denke, es wird vier Sekunden später sein«, und dann gehen sie weg und wiederholen ihre Kalkulationen und werden dann übereinstimmen, dass einer recht hat, und beide werden zufrieden sein. Aber wenn es um Dinge anderer Art geht, um innere Dinge, gibt es nichts dergleichen; es gibt kein Mittel, innere Zustände zu beweisen oder zu berechnen.

Bapak Subuh leistete, dank seiner direkten Wahrnehmung der Realität der Dinge, einen sehr wichtigen und bemerkenswerten Beitrag mit seiner Aussage, dass menschliche Gedanken von der gleichen Natur sind wie materielle Objekte und dass deshalb eine so enge Verwandtschaft zwischen dem Denken des Menschen und der materiellen Welt besteht. Dasselbe wurde von anderen Leuten auf andere Art gesagt; doch seine Ausrucksweise ist besonders treffend und hat, wie Sie wissen, auch bei Menschen, die sich nie für Philosophie interessiert haben, einen tiefen Eindruck hinterlassen. Vielen hat es die Augen geöffnet, als sie hörten, dass der Mensch deswegen einen solchen Grad an Meisterschaft über die materielle Welt erringen konnte, weil »Gedanken« und »Dinge« so verwandt sind.

Es ist nicht schwer zu erkennen, dass das menschliche Denken in der Welt materieller Objekte gut funktioniert, aber außerhalb dieser Welt wenig Erfolg hat. Wenn ich mich recht erinnere, gibt es in Whiteheads *Prozess und Realität* eine Passage, wo er genau das über die Sprache sagt. Es wurde von Philosophen erkannt und von Leuten mit direkter Einsicht wie Bapak Subuh; aber wir vergessen es und glauben, unsere Gedanken und unsere Sprache wären dazu geeignet, über materielle Dinge hinauszugehen. Das ist eine der vielen Lektionen, die wir durch das Studium der Beziehung unseres physischen Körpers zur materiellen Welt lernen müssen zu verstehen.

Sie werden vielleicht wissen, dass nicht alle Sprachen ähnlich eng mit den Eigenschaften der materiellen Welt verknüpft sind wie unsere indoeuropäischen. Einige – fälschlicherweise »primitiv« genannte – Völker, die in engerem Kontakt mit der Natur leben, haben Sprachen entwickelt und erhalten, die unmittelbar Merkmale des Lebens ausdrücken, statt objektbezogene Eigenschaften.

Nun müssen wir zum Thema des Materiellen Selbsts zurückkommen und im Gedächtnis behalten, dass es nicht bloß ein chemischer oder elektronischer Regulator unseres Körpers ist, sondern ein echtes Selbst in dem Sinne, wie wir gewöhnlich das Wort benutzen. Ich wählte den Ausdruck »Materielles Selbst« für seine Darstellung in meinem Buch *The Dramatic Universe*.[13] Er scheint mir immer noch als der beste, aber die Idee, die er ausdrücken soll, ist keinesfalls neu.

Diejenigen von Ihnen, die Bapak Subuh's Buch *Susila Budhi Dharma* studiert haben, werden wissen, dass er für dieses Selbst das Wort *roh* benutzte, welches als »Seele« übersetzt wurde. Mir scheint, wir haben mit dieser direkten Übersetzung des Wortes *roh* einen Fehler gemacht und hätten es wohl besser mit »Selbst« übersetzt, weil die Idee einer materiellen Seele vielleicht verwirrender ist als die Idee eines Materiellen Selbsts. Die ersten Kapitel von *Susila Budhi Dharma* haben das Materielle Selbst zum Thema, welche Rolle es im menschlichen Leben spielt und wie es uns mit Objekten in Verbindung bringt.

Wer Gurdjieffs System studiert hat, besonders in der Darstellung von Ouspensky, ist mit seiner Idee der Zentren vertraut, innerhalb derer es verschiedene Ebenen gibt. Die niedrigste Ebene eines Zentrums wird »automatisch« oder »mechanisch« genannt. Eine der treffendsten psychologischen Ideen Gurdjieffs ist der »formatorische Apparat«, der als Verstand des Materiellen Selbsts betrachtet werden kann. Er entwickelt sich genauso, wie ich es beschrieben habe, und wurde bei den meisten Leuten, besonders unserer westlichen Kultur, zum Hauptinstrument des Denkens und Handelns. Dieser formatorische Apparat benutzt Wörter so, als ob es nur materielle Objekte gäbe. Er hat nicht die Fähigkeit zu fühlen und zu differenzieren, aber er kann sich erinnern und Gedanken mit erstaunlichem Geschick assoziieren. Ich bin sicher, dass Gurdjieffs »formatorischer Apparat« denselben Teil im

13. Eine andere Herleitung, welche die Vorstellung eines Materiellen Selbsts von der Idee des Willens aus entwickelt, findet sich in *The Dramatic Universe*, Band II, Kapitel 26–30.

Menschen meint, den wir Materielles Selbst nennen. Er ist eine Maschine und dennoch eine Art Selbst. Seine Aktivität ist mechanisch, aber wir müssen genau hinsehen, um der Täuschung zu entgehen, er sei ein bewusstes Wesen. Hier zeigt sich die Macht der automatischen Energie. »Etwas stimmt nicht ganz« mit dem Materiellen Selbst, wie Gurdjieff sagt. Es ist dazu da, die Instrumente bereitzustellen, mit denen wir wahrnehmen, uns erinnern und auf die materielle Welt einwirken, von der unser Körper ein Teil ist. Und doch kann es »seinen eigenen Willen« haben, was es zu einem Selbst macht. Viele Leute haben erkannt, dass dabei irgendetwas nicht stimmt, doch weil sie nichts über »Energien« wissen, konnten sie die Situation nicht durchschauen.

Schiller erkannte, dass sich durch den Prozess des Eintritts in den Körper etwas bildet, das dem Menschen nicht eigentlich zugehört. C.G. Jung zitiert ihn in Verbindung mit dem »Trieb der Empfindung«, wo er sagt, dass der »sinnliche Trieb« damit beschäftigt sei, »den Menschen in die Schranken von Zeit und Raum zu setzen und zur Materie zu machen.« Schiller fügt hinzu: »Der Mensch ist in diesem Zustand nichts als eine Größeneinheit, ein erfüllter Moment der Zeit.«[14]

Das Studium der verschiedenen Teile des Menschen in diesem mechanischen Zustand illustriert dieselben Eigenschaften, die ich mit dem Materiellen Selbst in Verbindung gebracht habe. Welche Sprache wir auch gebrauchen, es ist ganz sicher, dass ein Teil von »mir« mit meiner materiellen Existenz verbunden ist. Dieses »Mir/Mich« kann sprechen und denken, weil Denken und Sprechen materielle, gegenständliche Aktivitäten sind, die unser vokaler Apparat durch den Mechanismus des Gehirns und des Nervensystems ausführt. Dieses »Mir/Mich« bedient sich der Bilder und Namen, der Sprache und so weiter, die in meinem Gehirn gespeichert sind, das seinerseits ein materielles Ding ist.

Dieses Materielle Selbst hat viele Fähigkeiten und Kräfte; es hat sie, weil es über diesen wunderbar konstruierten Mechanismus, den menschlichen Körper, verfügt, durch den es über andere materielle Dinge Macht gewinnt. Es ist tatsächlich der Herr von allem auf der Erde Existierenden. Es ist Gott-ähnlich; es kann schaffen und vernichten; es kann neue Dinge in die Welt bringen, die vielleicht überhaupt nicht im Entwurf der Schöpfung vorgesehen

14. Schillers *Briefe* zitiert in C.G. Jung: *Psychologische Typen, Gesammelte Werke*, Band VI, Seite 102.

waren. Aber es ist nur ein ›Ding-Gott‹, ein Gott der Dinge oder ein Beherrscher der Ding-Welt. Es hat keine Gefühle, hat nicht die Fähigkeit, andere Wesen zu verstehen, die von ihm verschieden sind. Daher ist bei manchen Menschen das Materielle Selbst viel stärker ausgeprägt als ihr übriges Selbst und beherrscht ihr Leben ganz und gar. Sie mögen über sehr viel Macht verfügen, kennen aber keine Gefühle, kein Mitleid. Sie mögen solche Qualitäten imitieren, weil das Materielle Selbst eine außergewöhnliche Fähigkeit besitzt, zu simulieren was es *nicht* ist. Dies kommt durch seine Macht, Sprache und Kommunikation zu benutzen. Es kann eine Menge bloßen Wissens über Dinge besitzen, die tatsächlich außerhalb seiner eigenen Welt liegen. Es kann Dinge imitieren, die nicht zu ihm selbst und nicht zu seiner Welt gehören.

Die erste Stufe der Selbsterkenntnis besteht darin, sich als Maschine zu erkennen, zu sehen, wo und wie dieses Materielle Selbst eine richtige und angemessene Funktion ausübt. Wenn wir zum Beispiel mit materiellen Dingen zu tun haben, ist das Materielle Selbst dafür zuständig, weil es mit dem Sehen, Hören und Berühren verbunden ist. Es ist fähig zu sprechen und zu denken, zu kombinieren und aufzubauen; doch ist es nur der unterirdische Teil des Hauses, sozusagen das Kellergeschoss. Wenn aber Menschen darauf bestehen, nur im Keller zu leben, so sehen sie nicht alles, was zum ganzen Menschen gehört.

Anders gesagt, handelt es sich um ein Instrument, welches von etwas Dahinterliegendem benutzt werden sollte. Wir werden später sehen, was dieses »Dahinterliegende« ist und welchen Unterschied es macht, ob ein Instrument von diesem oder jenem Selbst benutzt wird; aber dieses Materielle Selbst ist durchaus in der Lage, alles Übrige zu ignorieren und den Platz des Herrn über die Psyche, den Körper und das Bewusstsein eines Menschen zu usurpieren.

Jeder, der das Materielle Selbst für den ganzen Menschen hält, wird in Bezug auf das Ziel unserer Existenz zwangsläufig eine nicht-spirituelle Haltung einnehmen. Wenn Freud vom Ich oder vom dinghaften Selbst spricht, meint er wohl nicht genau das Gleiche, aber er erkennt doch, dass es etwas dahinter geben muss. Ich habe den Eindruck, dass Jung manchmal dazu tendiert, das Materielle Selbst als den »bewussten Verstand« anzusehen. Seine Beschreibungen von dessen Entstehungsprozess deuten darauf hin. Aber wenn dem so wäre, wäre seine Idee der Individuation eine nicht-spirituelle. Wir werden noch näher darauf eingehen. Im Augenblick möchte ich Ihre Aufmerksamkeit auf die Unterscheidung zwischen »Denken« und »Intelligenz« richten. Mit »Denken« meinen wir gewöhnlich die verstandesmäßige Aktivität des Materiellen Selbsts. Da es sehr erfolgreich sein kann, glauben wir, dies sei die Arbeit der wahren menschlichen Intelligenz. Das ist durchaus nicht der Fall: Intelligenz gehört zu einem anderen Teil des Selbsts, das anders als das Materielle Selbst entsteht und anders arbeitet. Wahrscheinlich ist es am besten, das Wort »Denken« zu verwenden für die Fähigkeit des Materiellen Selbsts, die Welt zu erkennen und auf sie einzuwirken.

Es gibt verschiedene Ansichten über die Macht des Denkens. Es heißt, das Denken sei die Krönung des Menschen, das Unterscheidungsmerkmal, das ihn an die Spitze der gesamten Schöpfung stelle. Es heißt auch, das Denken sei der Feind des Gefühls, des wirklichen Verstehens und des Bewusstwerdens der Realität. Beide Aussagen sind richtig, weil das Materielle Selbst dazu bestimmt ist, der Herr der materiellen Welt zu sein, und in der materiellen Welt ist es eine großartige Einrichtung. Wie jeder sehen kann, ist es im Begriff, durch Wissenschaft und Technologie die Oberfläche der Erde zu verändern. Aber von einem anderen Standpunkt aus ist es wirklich nichts weiter als ein Ding; man sollte es genau so betrachten wie jedes andere materielle Objekt auch.

Es ist nicht leicht, dieses Materielle Selbst klar abzugrenzen; und so befinden wir uns meist in einem Zustand der Verwirrung über »mich«. Weil das so ist, können wir weder uns selbst noch andere Leute verstehen. Wir verstehen nicht die außerordentlichen Schwankungen in unseren Gefühlen und unserem Verhalten. Wir verstehen nicht, warum wir uns in einer Minute so und in der nächsten Minute vollkommen anders verhalten können, auf eine Weise, die für das Selbst, das vor wenigen Minuten noch da war, vollkommen unmöglich ist. Der Grund ist, dass wir ständig von einer Ebene zu einer anderen wechseln, von einem Selbst zu einem anderen. Wenn die Initiative dem Materiellen Selbst zufällt – und wir es dann mit Ebenen zu tun bekommen, die viel höher, feiner und subtiler sind als das Materielle Selbst –, können wir schreckliche Fehler machen. Es ist deswegen sehr wichtig, dass wir unser Materielles Selbst kennen und wissen, wo sein Platz ist und welche Arbeit es tun und welche Arbeit es nicht tun kann und gar nicht erst angehen sollte.

Versuchen wir, die verschiedenen Manifestationen des Materiellen Selbsts zu erkennen. Die Kennzeichen des Materiellen
Selbsts sind in erster Linie Indifferenz, Mangel an Sensibilität und
die Tendenz zu veräußerlichen, zu trennen. All diese Eigenschaften
können wir an einem beliebigen materiellen Objekt beobachten.
Ein materielles Objekt ist nicht sensibel; wenn ein Stein auf meinen Kopf fällt und ein Loch hinein schlägt, macht es dem Stein
nichts aus. Das Materielle Selbst ist ebenso. Es ist auch gekennzeichnet durch das, was ich »veräußerlichen« nenne oder »zerle-
gen«, Dinge in Schubladen stecken, die Unfähigkeit, in etwas einzudringen. Auch das gehört zu materiellen Dingen und wird ins
Materielle Selbst übertragen.

Wenn man ein Kunstwerk betrachtet, mag darin technische
Perfektion und vielleicht auch eine gewisse Kraft zu entdecken
sein, aber trotzdem kann etwas fehlen, und zwar die tatsächliche
Anteilnahme: Der Künstler ist nicht eingedrungen in das, was er
mit dem Kunstwerk ausdrücken wollte. Man kann dann spüren,
dass es, trotz der Technik, trotz der Kraft, nur vom Materiellen
Selbst hergestellt wurde – schließlich verfügt die materielle Welt
über sehr viel Kraft.

Manchmal begegnet man jemanden, der weitgehend vom
Materiellen Selbst beherrscht wird, dabei aber über einen hohen
Intellekt verfügt. Er kann durchaus fähig sein, ein Schema zu entwerfen, um in einer bestimmten Situation zurechtzukommen; aber
bei näherer Betrachtung sind in diesem Schema Fehler zu erkennen, weil darin das Gefühl keinen Platz hat. Das zeigt wieder, dass
nur das Materielle Selbst beteiligt ist.

Wenn Sie sehen, dass sich Menschen unerklärlich gegeneinan-
der verhalten, nicht fühlen, was sie dem anderen antun, und dazu
klar unfähig sind, dann können Sie ziemlich sicher sein, dass ihr
Handeln vom Materiellen Selbst bestimmt wird. Wenn Sie Leute
sehen, die unfähig sind, Kompromisse einzugehen, die in einer gegebenen Situation nicht mehr als einen Aspekt sehen können,
dann haben Sie das Materielle Selbst vor Augen. Nichts kann
durchdringen, es ist verschlossen, so wie materielle Objekte in sich
geschlossen und voneinander getrennt sind.

Natürlich müssen wir alle erkennen, dass es in jedem von uns
ein Materielles Selbst gibt. Wichtig ist, dass es außerhalb von
uns, und nicht in uns sein sollte, so wie unsere Kleider auch außerhalb von uns sind. Wenn es nach innen dringt, fängt es an, unser

Innenleben zu bestimmen, und wir beginnen, uns herzlos zu verhalten. Das Materielle Selbst ist der eigentliche und rechtmäßige Herr der materiellen Welt; dort hat es seinen legitimen Platz. Aber sobald es diese Welt verlässt, ist es ein bloßes Ding und verdient nicht mehr Respekt als irgendein anderer beliebiger Gegenstand.

Eine Schwierigkeit ist, dass unser Körper viel mehr als ein materielles Objekt ist. Morgen werden wir zu etwas Tieferem kommen, das aber dennoch mit diesem Körper im Zusammenhang steht. Wir wissen, dass in diesem Körper Leben wohnt und dass das Leben wunderbarer ist als die materielle Welt; wir neigen deswegen zu der Ansicht, dieser Körper gehöre zur Welt des Lebens. Er gehört tatsächlich dazu, aber nicht der materielle Teil des Körpers. Es ist das *Leben* in ihm, das zur Welt des Lebens gehört. Es ist merkwürdig und wirklich schwer zu verstehen, dass *Gedanken* nicht zur Welt des Lebens gehören.

Frage: Aber haben Menschen nicht manchmal Gedanken, die über die Worte hinausgehen?

Bennett: Ja, wir haben Gedanken, die »zu tief für Worte« sind, aber sie sind nicht »Denken«. Sie erinnern sich, dass ich eine Unterscheidung zwischen Denken und Intelligenz gemacht habe. Es gibt viele Arten und Grade der Intelligenz. Das, was wir »Sehen« nennen oder mit Begriffen wie »Intuition« bezeichnen, meine ich nicht, wenn ich den Begriff »Denken« verwende. Intelligenz kann die Grenze der materiellen Welt durchbrechen; sicher können sogar Wörter verwandelt werden, aber solange sie nicht verwandelt sind und zum Leben erweckt wurden, bleiben sie Objekte der materiellen Welt. Es ist möglich, mehr als materielle Dinge zu sehen, aber das muss tatsächlich geschehen; es reicht nicht aus zu sagen: »Sehen *kann* die materielle Ebene überschreiten«. Es ist möglich, reichere und außerordentliche Einsichten hinter der materiellen Welt zu gewinnen. Wenn das geschieht, so ist der Unterschied nicht zu verkennen; aber wir dürfen nicht vergessen, dass es eben nur dann geschieht, wenn es tatsächlich *geschieht.* Wenn nicht, kehren die Wörter zu ihrem Ursprung zurück, der immer in der Erfahrung der materiellen Welt liegt.

Frage: Können Sie das Problem der körperlichen Trägheit und der geistigen Trägheit verdeutlichen? Anders gefragt, warum müssen wir uns zu einem gewissen Grad zwingen zu arbeiten? Hat das etwas mit dem Materiellen Selbst zu tun?

Bennett: Trägheit liegt in der Natur der *Dinge.* Diese können den Lauf anderer Dinge beeinflussen; aber sie haben keine Eigeninitiative, keinen eigenen Antrieb. Solange wir auf der Ebene der materiellen Welt bleiben, müssen wir zum Handeln stimuliert werden. Anziehung oder Zwang, Hoffnung oder Furcht, irgendetwas muss uns anregen, sonst bleiben wir passiv. Mit dem Denken ist es das Gleiche. Jedermann weiß, wie schwer unsere Denkaktivität in Gang zu halten ist, wenn wir nicht interessiert sind. Andererseits ist es genauso schwierig, sie abzustellen, wenn wir interessiert sind. Es gibt also hinter dem Denken etwas, das darüber entscheidet, ob Gedanken sich bewegen oder nicht. Ist dieses »Etwas« nicht da, dann ist der Verstand nur eine träge Maschine. Wir denken: »Was für eine aktive Rolle der Verstand doch hat, was für eine bewegliche und außerordentliche Fähigkeit des Menschen!« Aber nicht das Denken ist beweglich, es ist der Mensch selbst, der beweglich und aktiv ist. Lassen Sie die Stimulation weg, dann sehen Sie die Schwierigkeit des Denkens.

Kein menschliches Wesen besteht nur aus dem Materiellen Selbst; immer ist noch etwas anderes dahinter, weil ein Mensch lebendig ist. Solange er seinen Körper hat, so wie wir jetzt den unseren, ist dieser nicht nur ein materielles Objekt, sondern auch ein lebendiger Körper und noch etwas darüber hinaus. Das ist es, was ich mit »dahinterliegend« meine: all das, was man nicht sehen kann, wenn man ihn anschaut. Wenn Sie einen Körper bewegungslos daliegen sehen, können Sie nicht mit Sicherheit sagen, ob er lebendig ist oder tot, weil Ihnen Ihre Sinne nur sagen, dass Sie ein materielles Objekt vor sich haben. Andere Untersuchungen müssen angestellt werden, um festzustellen, ob er lebendig ist oder nicht.

Unser Körper existiert hier auf der Oberfläche der Erde. Er ist aus den Materialien der Erdoberfläche gemacht und nimmt an den fortwährenden physikalischen und chemischen Austauschprozessen auf dieser Erde teil. Mit einem Wort, dieser Körper ist ein *Mechanismus für den Austausch von Energien.* Er wandelt Energie durch seine Sinne, durch Sehen, Hören und so weiter, durch Nahrung und Atmen, durch seinen Stoffwechsel. All das ist möglich, weil dieser Körper sehr besonders und außergewöhnlich entworfen und gestaltet und konstruiert ist. Dank dieser wundervollen Konstruktion des Körpers entsteht unser Wissen; und dieses Wissen vermittelt sich durch Sprache, Denken und körperliche Aktivität, die alle auf der Existenzebene der Erde verhaftet bleiben können. Was den Menschen über diese materielle Ebene hinaushebt, ist all das, was *dahinter* liegt oder liegen sollte; aber was das ist, muss auf andere Weise in Erfahrung gebracht werden. Es ist sehr wahrscheinlich, dass die Menschen eines Tages Maschinen ersinnen werden, die in der Lage sind, so gut wie alles auszuführen, wozu das Materielle Selbst des Menschen fähig ist; doch ich bin ganz sicher, dass sie weiter nicht kommen werden. Wie geschickt sie auch sein mögen bei der Herstellung eines künstlichen Menschen, dieser künstliche Mensch wird nie mehr als ein Materielles Selbst besitzen.[14] Interessanterweise herrschte schon immer das Gefühl, dass nichts von Menschenhand Erschaffenes jemals ein menschliches Selbst sein wird. In all den verschiedenen Legenden, Geschichten und Science-Fiction-Phantasien über die Herstellung eines künstlichen Menschen ist doch immer die Erkenntnis enthalten, dass diese Roboter nur eine bestimmte Stufe erreichen würden. Dies bedeutet, dass man bei großem Einsatz des konstruktiven Genius allenfalls etwas herstellen könnte, das *den Anschein* eines Materielle Selbsts haben würde. Es könnte sprechen und denken lernen, alle möglichen Apparate ersinnen und konstruieren, vielleicht sogar reich werden. Aber es hätte kein Herz. Das hilft Ihnen zu verstehen, was dieses erste Selbst des Menschen ist. Man sieht daraus auch, dass dieses geschickt konstruierte Instrument ein sehr wertvoller Diener des Menschen sein könnte, indem es ihm sein Leben dafür freistellt, viele Dinge zu tun, für die wir gegenwärtig weder Zeit noch Energie haben. Dies ist wahrscheinlich der Schlüssel um herauszufinden, wofür das Materielle Selbst da ist. Seine Rolle in unserem Leben sollte darin bestehen, bestimmte Aufgaben zu übernehmen und die höheren und feineren Teile des Selbsts, die wir später studieren werden, davon zu entlasten.

14. Ein sehr bemerkenswerter Gedanke, besonders angesichts der Tatsache, dass der Autor bei der Niederschrift in den frühen 1960er-Jahren erst gerade die bescheidenen Anfänge der Computer- und Robotertechnik miterlebt hatte und den heutigen Forschungsstand von Medizin und Gentechnik wohl nur erahnen konnte. Diese Vision würde nicht nur die seither erfolgte enorme technologische Entwicklung beschreiben, sondern auch deren noch heute heftig umstrittenen abschließenden Grenzen aufzeigen (Anmerkung des deutschen Herausgebers).

Frage: Sie erwähnten die Möglichkeit des Menschen, etwas zu konstruieren, das dem Materiellen Selbst ebenbürtig ist. Könnte sich diese Kreatur nicht eines Tages fragen: »Wer bin ich?«

Bennett: Nicht ebenbürtig, sondern mit ähnlichen Kräften ausgestattet. Solch eine Maschine könnte Ihre Frage stellen, und sie würde antworten: »Ich bin die wunderbarste Sache der Welt!« Sie mag sogar herausfinden, dass es etwas gibt, das noch ein bisschen wunderbarer ist. Sie könnte vielleicht auch lernen, wie sie ebenso wunderbar werden kann. All das wäre für so eine Maschine denkbar. Aber dennoch könnte die Maschine kein Selbst werden, solange der Wille nicht in sie eintritt. Das ist die Pointe der Fabeln, in denen Maschinen den Willen ihres Konstrukteurs stehlen.

Frage: Was geschieht, wenn das Materielle Selbst stirbt? Stirbt es vollständig? Was geschieht mit der motivierenden Kraft, durch die es sich bewegt und denkt? Das Materielle Selbst geht zu Grunde, aber vermutlich gibt es etwas dahinter, das es bewegt.

Bennett: Mit Sicherheit können wir sagen, dass beim Tod der Wille die Maschine verlässt und sie damit aufhört, ein Mensch zu sein. Wir können nicht sagen, was zurückgelassen wird, bevor wir zur Frage der *Seele* kommen. Aber soweit es das Materielle Selbst angeht, können wir sicher sein, dass es angesichts des Todes hilflos ist. Wir wollen versuchen, den Grund dafür zu verstehen. Es verhält sich etwa so: Sie haben ein Auto; damit dieses Auto fahren kann, muss Benzin darin sein und es muss auch einen Fahrer haben. Wenn der Fahrer aussteigt und weggeht, ist das eine Sache; wenn das Benzin ausgeht, eine andere. Wenn der Fahrer kein Benzin bekommen kann, ist er nicht ganz verloren: Er kann aussteigen und weggehen, ein anderes Auto finden oder eine andere Reisemöglichkeit. Aber das Auto ist doppelt abhängig: Es muss einen Fahrer haben, der es lenkt, und Benzin, das es antreibt. Unser Materielles Selbst steht in dieser doppelten Abhängigkeit. Es ist vom Energieaustausch abhängig, dies entspricht dem Benzin; es muss essen, trinken und so weiter, es muss sehen, hören und berühren. Alles das sind seine Antriebskräfte im materiellen Sinn. Außerdem braucht es den Fahrer; und das ist eine andere Geschichte. Eine Art es zu betrachten ist, dass der Fahrer mit einem Auto ohne Benzin die Geduld verliert und nach Hause geht. Aber es kann auch passieren, dass der Fahrer weggeht, obwohl noch Benzin da ist. Das ist eine andere Weise, wie Dinge sterben können; dann ist das Schicksal des Autos nicht so sehr eine Frage des Benzins als eine Frage der Absichten des Fahrers. Das will sagen: Sicherlich sind Nahrung, Energieaustausch und so fort die unmittelbare Bedingung für die Aktivität des Körpers, aber das ist nicht alles. Niemand von uns zweifelt daran, dass hier auf diesen Stühlen noch etwas anderes sitzt als Maschinen, die Energien austauschen.

Aber um Ihre Frage zu beantworten, was mit dem Materiellen Selbst geschieht, wenn diese Partnerschaft auseinanderbricht: Ich glaube nicht, dass das Materielle Selbst irgendeine Möglichkeit zu unabhängiger Existenz hat. Ich denke, dass es vollständig an das physische Objekt, das unser Körper ist, gebunden ist und unabhängig davon nicht existieren kann. Deswegen würde ich sagen, dass es wahrscheinlich mit dem Körper stirbt oder kurze Zeit später. Wir können über das Mysterium des Sterbens nur Vermutungen haben. Man müsste selbst hindurchgehen, und nicht nur das, sondern gleichzeitig studieren und beobachten können, was geschieht. Diese Art wissenschaftliche Haltung unserem eigenen Tod gegenüber ist uns nicht möglich. Meine persönliche Vermutung dazu ist, dass dieses Materielle Selbst unmittelbar in einen bewusstlosen Zustand fällt und sich bald auflöst. Den anderen Teilen des Selbsts stehen andere Schicksale bevor, über die wir später sprechen werden.

Frage: Dies bedeutet natürlich, dass es eine schreckliche Situation ist, wenn man sein ganzes existenzielles Vertrauen auf das Materielle Selbst baut. Auf der anderen Seite ist zu fragen, ob dieses Materielle Selbst nicht ein Schutz sein kann vor dem Kummer und Leiden in der Welt, das einem im Latihan [siehe dazu Seite 40 unten] zu Bewusstsein kommt? Wenn man dauernd in diesem Zustand der Bewusstheit wäre, könnte man es nicht ertragen.

Bennett: Es ist wahr, dass das Materielle Selbst nicht mitfühlend leidet, aber es kann mit negativen Gefühlen leiden, das heißt, indem es alles hasst, was es nicht versteht. Doch das geschieht nur, wenn unser Wille darin verfangen ist. Wenn wir davon getrennt sind, wie im Latihan, fühlen wir es wie ein Stück Blei oder einen Stein. Trotzdem dürfen wir nicht vergessen, dass das Materielle Selbst ein notwendiger Teil des Menschen ist, den man nicht abwerfen kann und missachten soll. Es wäre falsch, es in uns zerstören zu wollen, genauso wenig wie wir unsere Kleider vernichten sollten. Wir brauchen den Schutz des Materiellen Selbsts. Was Sie sagen ist wahr; genau wie unser Körper unser Nervensystem schützt, so ist auch das Materielle Selbst ein notwendiger Schild oder Mantel für die inneren und sensibleren Teile des Selbsts. Vorzeitiges Öffnen oder Entfernen dieses Schutzmantels kann gefährlich sein. Menschen kommen in ernsthafte Schwierigkeiten, wenn dies geschieht, ehe sie darauf vorbereitet sind, bevor die Dinge in Ordnung gebracht werden konnten. Das Materielle Selbst darf nicht zerstört werden, es muss nur den richtigen Platz einnehmen, dem richtigen Zweck dienen. Wenn es vorübergehend außer Funktion gesetzt wird, tritt eine Art Krise auf. Dies wird von Bapak Subuh als *zodab* oder Strafe bezeichnet. Ein Mensch, der sein ganzes Vertrauen auf das Materielle Selbst gebaut hat, wie Sie das treffend formulieren, ist tatsächlich schlecht dran. Bapak Subuh bezeichnet das Materielle Selbst als »satanische Seele«. Der Mensch, der seinen Willen in das Materielle Selbst hat eintreten lassen, hat sich Satan verkauft. Wir sollten lernen, dies zu erkennen und sicherstellen, dass wir es außen an seinem richtigen Platz halten. Dann ist das Materielle Selbst nicht satanisch, sondern dienstbar.

Frage: Da wir Worte haben für Dinge, die nicht materiell sind, sind wir dann nicht auch fähig, über sie nachzudenken?

Bennett: Wir können darüber nachdenken und wir tun es, nur müssen wir den Unterschied in der Verlässlichkeit der Bedeutungen wahrnehmen. Wir sprechen über Dinge, die fassbar sind, und über Dinge, die unfassbar sind, und wir neigen zu der Annahme, die Bedeutungen seien in beiden Fällen gleich verlässlich. In Wahrheit kann die Bedeutung von Worten, die etwas beschreiben, das so nahe an der Oberfläche ist wie unsere Gefühle, nicht mit Sicherheit nachgeprüft werden. Wenn zwei Leute sagen: »Ich bin glücklich«, mag es den Anschein haben, als seien diese Sätze genauso klar wie: »Ich bin groß« oder »Ich bin dick.« In Wirklichkeit bedeutet selbst ein scheinbar so eindeutiges Wort wie »glücklich« für verschiedene Leute etwas ganz anderes; sogar für die gleiche Person zu verschiedenen Zeitpunkten. Wenn Sie feststellen könnten, was das Wort »glücklich« für eine Person bedeutet, die außer dem Materiellen Selbst sehr wenig in sich hat, wären Sie wahrscheinlich schockiert. Sie würden dann sehen, dass der Gebrauch von Worten für innere Zustände eine andere Sprachdisziplin erfordert, als sie für den Umgang mit materiellen Objekten notwendig ist. Wir sind in unserer wissenschaftlichen Arbeit an sehr strenge Disziplin gewöhnt hinsichtlich der Genauigkeit, mit der wir materielle Objekte bezeichnen. Aber diese Disziplin ist ein Kinderspiel im Vergleich zu dem, was die Beschreibung innerer Zustände erfordert. Wir verfügen nicht über entsprechende Regeln zur Kommunikation über diese inneren und feineren Dinge.

Frage: Bapak sagt, dass wir mit dem Testen und der fortgesetzten Praxis des Latihans allmählich eine natürliche und direkte Einsicht in diese Dinge erlangen können.
   Bennett: Das hat mit innerer Reinigung zu tun. Ein Ergebnis davon ist, dass wir aus der Herrschaft des Materiellen Selbsts befreit werden.

Frage: Wie ist es beispielsweise mit dem Dichter? Er kann Ideen, Gefühle, abstrakte Dinge ausdrücken, und das kann Menschen, die dafür aufgeschlossen sind, viel bedeuten. Wie hängt das mit der Materialität zusammen? Er drückt bestimmte Ideen, bestimmte Gefühle aus. Gehen die nicht ein wenig tiefer als die materielle Ebene?
   Bennett: Nicht bloß ein wenig tiefer, es kann unendlich viel tiefer gehen. Dies ist seine Aufgabe, und deshalb ist er wichtig für die Welt. Er muss nach Wegen suchen, um Dinge auszudrücken, welche die Sprache nicht ausdrücken kann. T.S. Eliot sagt zum Beispiel, dass wir nach Worten tasten, um Dinge zu sagen, über die nicht gesprochen werden kann, und wenn wir sie finden, möchten wir etwas anderes sagen. Dieses Dehnen und Wenden der Sprache, um irgendwie eine Möglichkeit zu finden, das Unsagbare zu sagen, ist ein Teil unserer Aufgabe. Wir alle müssen das tun, aber der Dichter hat es sich zum Beruf gemacht. Es gibt natürlich noch andere Wege dafür.

Frage: Versuchen wir in der Dichtkunst nicht, die Assoziationsketten zu durchbrechen, die Worte an materielle Dinge binden, indem wir neue Assoziationen herstellen, die von diesen materiellen Dingen wegführen?
   Bennett: Nicht immer. Ein Dichter könnte seine Arbeit nicht leisten, wenn es nicht etwas dahinter gäbe. Weder könnte er sprechen, noch wären wir fähig zu hören, was er sagt. Wenn nichts dahinter läge, wenn wir Roboter wären, gäbe es wahrscheinlich überhaupt keine Dichter unter uns. Gäbe es sie doch, dann müssten sie

es, sagen wir, von einem anderen Planeten übernommen haben, dessen Bewohner Spaß an solchen Dingen haben. Die Sache ist die, dass die menschliche Erfahrung über die Materie andauernd hinausgeht. Wir tauchen mehr oder weniger tief in die Welt ein, die hinter der materiellen Welt liegt, und wir bringen etwas mit uns zurück, etwas, das erkannt werden kann. Die Aufgabe eines Dichters ist es, Dinge so auszudrücken, dass wir erkennen können, was er gesehen hat. Es ist unwahrscheinlich, dass jemand Gedichte lesen und etwas daraus gewinnen könnte, das jenseits der materiellen Welt liegt, wenn er nicht auf irgendeine Art eigene Erfahrungen jenseits dieser Welt gemacht hätte. Mit anderen Worten: Der Dichter erinnert uns daran oder hilft uns, schärfer zu erkennen, was wir bereits flüchtig gesehen haben.

* * *

Anschließend an diese Diskussion machte ich einige Vorschläge, wie diese Ideen über das Materielle Selbst in die Praxis umzusetzen sind.

* * *

Zuerst müssen wir in Erinnerung behalten, dass nicht »ich« es bin, der sieht, fühlt und Dinge berührt, sondern dass Wahrnehmung, Gefühl und Empfindung Vorgänge sind, die »mir« geschehen. Die Gedanken, die in meinem inneren Bewusstsein vorhanden sind – in meinem Verstand, wie es gewöhnlich genannt wird –, sind nicht »ich«. Sie sind alle ein Teil von mir, aber sie sollten als Material betrachtet werden, mit dem ich arbeiten muss. Sie dürfen meine Aufmerksamkeit nie derart vollständig gefangen nehmen, dass ich mich selbst vergesse. Ein Weg, uns dagegen abzusichern, vom Materiellen Selbst geschluckt zu werden, ist es, Verantwortungssinn gegenüber materiellen Dingen zu entwickeln, ob sie mir gehören oder nicht. Wir neigen dazu, uns für das zu interessieren, was dem Inhalt des Materiellen Selbsts etwas hinzufügt. »Mein Besitz macht mich zu dem, was ich bin.« Dies ist vollständig falsch; ganz im Gegenteil hindert er mich sogar daran, das zu sein, was ich bin, wenn ich zulasse, davon beherrscht zu werden. Aber wenn ich den Besitz anderer mit gleicher Sorgfalt behandele wie meinen eigenen, dann nähre ich nicht länger die Begierden meines Materiellen Selbsts. Wenn wir die Dinge so sehen, wie es vorhin in mehreren Fragen anklang, wenn Sie erkennen, dass die Dinge das Recht haben zu sein, was sie sind – in einem Wort: wenn Sie sie *respektieren,* dann werden Sie feststellen, dass Sie gegenüber materiellen Dingen freier werden und weniger in Gefahr sind, unter die Herrschaft Ihres Materiellen Selbsts zu geraten.

Die eigentliche Schwierigkeit besteht darin, das Materielle Selbst als das zu *sehen,* was es wirklich ist. Ouspensky machte uns 1921 mit der Idee der »Mensch-Maschine« bekannt. Jahrelang machten wir in seinen Gruppen Beobachtungen und Experimente, die uns befähigen sollten, *selbst* zu entscheiden, ob wir diese verheerende Theorie akzeptieren konnten, dass der Mensch den größten Teil der Zeit – bei den meisten Menschen tatsächlich 99,9 % der Zeit – von seiner eigenen Maschine versklavt wird. Wir entdeckten viel über die Arbeitsweise dieses Materiellen Selbsts. Aber was mich persönlich angeht, so konnte ich erst 1932 sagen, dass ich es wirklich als das erkennen konnte, was es ist. Ich sage das nicht, um Sie zu entmutigen, sondern um deutlich zu machen, dass Sie nicht enttäuscht zu sein brauchen, wenn Sie nicht gleich zu Ergebnissen kommen.

Aber bevor wir diese erste Stufe auf unserer Reise zur Selbstentdeckung verlassen, möchte ich deren Wichtigkeit betonen. Sie denken vielleicht, dass das Materielle Selbst wenig mit unserer spirituellen Suche zu tun hat. Es hat sehr viel damit zu tun. Es ist der Drache, den der heilige Georg besiegen muss; danach wird er ihm dienstbar und trägt ihn ein weites Stück auf seiner Reise. Um ihn zu bezwingen, müssen wir ihn zuerst kennen lernen und dürfen ihn dann nie aus unserer Wachsamkeit entlassen. Die mittelalterlichen Bilder zeigen eine seltsame vertraute Beziehung zwischen dem heiligen Georg und dem Drachen. Der Drache beobachtet den Heiligen, um zu sehen, ob er aus seiner Bewachung entwischen kann. Solange der Heilige wachsam ist, ist der Drache hilflos. Dies ist die Grundidee unseres Verhältnisses zur materiellen Welt. Er ist da, um uns zu dienen, aber wehe uns, wenn wir unsere Wachsamkeit verlieren.

Morgen werden wir unter die materielle Oberfläche vorstoßen und uns dem Leben und seiner Bedeutung zuwenden. Bevor wir auseinandergehen, möchte ich Sie noch einmal daran erinnern, dass alles, was heute gesagt wurde, sich auf das »Mir / Mich« be-

zieht, und nicht auf das »Ich«. Dies bedeutet nicht, dass »ich« keinen Anteil daran hätte. Im Gegenteil, alles hängt davon ab, wo
»ich« stehe. Wenn »ich« mich mit irgendeinem materiellen Objekt
identifiziere, dann *bin* ich dieses materielle Objekt. Die Mensch-
Maschine ist nur deshalb ein Selbst, weil »ich« darin eingehe.
Wenn ich das zulasse, verliere ich mein Geburtsrecht, nämlich das
Bewusstsein davon, wer und was ich bin. Dies wird im Weiteren
hoffentlich klarer werden. Um eine sehr komplizierte Struktur zu
verstehen, müssen wir zuerst ihre verschiedenen Teile unterscheiden lernen und ihre Natur sowie ihre Funktion erkennen. Dies
wird während der kommenden zwei Tage unsere Aufgabe sein.

Kapitel zwei

Das Reagierende Selbst – Zuneigung und Abneigung

Leben und die Eigenschaften, die allen Lebewesen gemeinsam sind. Biologen und Philosophen haben enorme Schwierigkeiten, wenn sie eine exakte Definition von Leben geben wollen. Wir wissen alle, was es bedeutet; aber was sollen wir herausgreifen, um es zum Unterscheidungsmerkmal zwischen dem Lebendigen und dem Toten zu machen? Bei einem Menschen sagen wir, er ist tot, wenn sein Herz stehen bleibt. Aber Hunderte von Menschen wurden nach dieser Art ›Sterben‹ wiederbelebt. Früher war Leben mit Atem verbunden, und die Wörter für Leben und Atem waren oft die gleichen, und beide bedeuteten dasselbe wie Seele oder Geist. Obwohl Atem, im Sinne der Aufnahme von Sauerstoff aus der Luft, ein Kennzeichen beinahe aller Lebensformen ist, ist es nicht völlig universal. Es gibt Organismen, die sterben, sobald sie mit Luft in Kontakt kommen. Auch Pflanzen atmen, aber ganz anders als wir; während wir Sauerstoff aufnehmen und Kohlendioxyd ausatmen, machen sie es umgekehrt. Es gibt andere Lebenskriterien wie Nahrungsaufnahme, Stoffwechsel, Fortpflanzung, Selbsterneuerung – aber keine ist eine universale Eigenschaft aller Lebewesen oder könnte völlig eindeutig definiert werden.

Wenn wir über Leben sprechen, müssen wir bedenken, dass es sehr unwahrscheinlich ist, dass Leben nur auf dieser Erde existiert, die nur ein Planet von Abermillionen Planeten in Abermillionen Galaxien dieses ungeheuren Universums ist. Was auch immer das Leben sein oder auch nicht sein mag, es ist gewiss von außerordentlicher Wichtigkeit. Bei aller menschlichen Überheblichkeit lässt sich in diesem zwanzigsten Jahrhundert schwerlich aufrechterhalten, dass dieser Planet Erde der einzig wichtige Platz im ganzen Universum ist und alles übrige nur ›tote Materie‹.

Wenn das Leben aber universal ist, dann nimmt es sicher die verschiedensten Formen an – entsprechend den physikalischen und chemischen Bedingungen auf anderen Planeten. Eine Definition des Lebens in Begriffen dessen, was lebendige Wesen auf dieser Erde tun – so wie es uns heute bekannt ist –, und das uns von daher besonders und einzigartig erscheint, dürfte also irreführend sein.

Ich sprach nun über die Energie, die für alles Leben charakteristisch ist.

* * *

Heute wollen wir versuchen zu verstehen, wie ein Teil meines Selbsts auf der Tatsache beruht, dass ich ein Lebewesen bin. Das zweite Merkmal von »mir« ist, dass es das Selbst eines lebenden Wesens ist. Für die Sinne des Sehens und Berührens bin ich ein materielles Objekt, aber für meine innere Wahrnehmung bin ich ein lebendes Geschöpf.

Ich bitte Sie, sich das *Leben* vorzustellen, als besäße es eine Qualität, die alle Lebewesen teilen: einfache Zellen, Pflanzen, Tiere und wir Menschen. Es kann auch als eine universale Energie oder als Zustand der Materie betrachtet werden. Wir können von der »Lebensenergie« sprechen. Gestern erörterten wir andere Arten der Energie, die sich in dinglichen Objekten manifestieren. Zweifellos ist die automatische Energie in allen höheren Organismen vorhanden, da sie deren instinktive Aktivität reguliert; aber es gibt eine feinere Energie, die allem Lebendigen gemeinsam ist.[15] Ich glaube, dass die Eigenschaft, die alles Leben kennzeichnet, die *Sensitivität* ist. Auch einfachste Lebewesen haben eine Sensitivität, die kein nicht-lebendes Ding besitzt. Die Sensitivität ist in Tieren und Menschen viel höher konzentriert als in einfachen Gebilden wie Viren und Zellen, aber sie ist immer vorhanden. Die Organisation der Sensitivität und ihre Funktionsweise ist in den verschiedenen Lebensarten unterschiedlich. Doch da wir mit sehr großem Maßstab eine ganze Welt auf einmal studieren, betrachten wir erst die Sensitivität im Allgemeinen, um dann zu einem Verständnis zu gelangen, welche Rolle sie in unserem Leben als Männer und Frauen spielt.

15. Ich ging nicht derart detailliert auf die Unterscheidungen der Energien ein, die mit dem Leben in Zusammenhang stehen (konstruktive, vitale und automatische Energie), wie ich es in *The Dramatic Universe,* Band II, Kapitel 32 getan habe. Diejenigen, die sich für das ganze Spektrum der Energien interessieren, verweise ich auf jenes Kapitel.

Wenn man es genau betrachtet, hat Sensitivität mit Annehmen und Ablehnen zu tun. Sensitive, lebende Materie zieht sich von dem zurück, was schädlich ist, verschließt sich gegen das, was verletzt, und öffnet sich gegenüber dem, was sie als gut und angenehm empfindet. Bei den einfachsten Organismen können Sie unter dem Mikroskop beobachten, dass sie sich auf etwas zu oder von etwas weg bewegen; dies wird als »Tropismus« bezeichnet. Wenn sie Licht-liebend sind, wenden sie sich dem Licht zu und von der Dunkelheit ab; sind sie Dunkelheit-liebend, verhält es sich umgekehrt. Die anderen Eigenschaften der lebenden Materie, wie Selbsterhaltung, Ernährung, Transformation und so weiter, sind alle individuell, während Sensitivität immer präsent ist. Sie kommt überall vor; sie ist eine universale Kraft oder universale Energie. Alle anderen Lebenskräfte können als Organisation der Sensitivität betrachtet werden. Die Sensitivität meines Körpers oder die Sensitivität meines inneren Zustandes sind unterschiedliche Organisationsformen der sensitiven Energie.[16]

Obwohl Sensitivität eine Eigenschaft ist, die in jeder unserer Funktionen vorhanden sein kann, ist das nicht immer der Fall. Man kann zum Beispiel tote Gedanken und lebendige Gedanken haben. Man kann tote Gefühle haben – die sogar stark sein können – oder sensitive. Es mag jemanden zum Beispiel die »kalte Wut« packen, weil er etwas nicht bekommt, das er haben möchte, ohne dass er ›fühlt‹, was es wirklich für ihn und andere bedeutet. Sehen kann tot oder lebendig sein, je nach dem, ob Sensitivität für das, was man sieht, dabei ist oder nicht. Wenn die Dinge für uns lebendig werden, betreten wir die Welt des Lebens, und dann begegnet Leben dem Leben. Es reicht nicht, nur die allem Leben gemeinsame Sensitivität zu betrachten, die mich beispielsweise meine Hand wegziehen lässt, wenn ich mit heißer Kohle in Berührung komme. Bei uns Menschen ist die Sensitivität wesentlich höher organisiert. Wenn ich weiß, wie sie *organisiert* ist, kenne ich diesen Teil von »mir«. Wenn Materie die Schwellen zur Sensitivität über-

---

16. Ich möchte betonen, wie dankbar ich Dr. Maurice Vernet für die Erkenntnis bin, dass organische Sensitivität das eine konstante Charakteristikum allen Lebens ist. Sein Artikel *Something New in the Philosophy of Life* in *Systematics: Journal of the Institute for the Comparative Study of History, Philosophy and Sciences* vom April 1963 ist die einzige englischsprachige Quelle, die ich nennen möchte. Er hat viele Werke auf Französisch verfasst.

schreitet, beginnt das Leben. Wenn sie aufhört, sensitiv zu sein, dann endet das Leben.

Von dem, was ich gestern sagte, werden Sie leicht sehen, dass Insensitivität mit automatischer Energie verbunden ist und Sensitivität mit sensitiver Energie. Dies erscheint einfach und logisch, wenn man es einmal gesehen hat; aber ich habe vierzig Jahre gebraucht, um zu verstehen, warum die Mensch-Maschine weniger sensitiv ist als eine Kröte.

Deshalb wollen wir unsere Aufmerksamkeit heute von der Mechanisiertheit zur Sensitivität verlagern. Beobachten Sie, wie sich die Sensitivität bei Ihnen äußert, und denken Sie daran, dass sie bei uns Menschen hoch organisiert ist. Sie werden sich erinnern, dass ich gestern zeigte, wie vielseitig die automatische Energie sein kann, wie sie die materielle Welt beherrschen und den Menschen zu deren Herrn machen kann, wenn sie sich in Gedanken, Sprache und Aktion manifestiert. Auch die Sensitivität ist eine Energie, die viele Formen annehmen kann, und wenn sie wie im Menschen organisiert ist, gibt sie ihm die Fähigkeit, sie auf viele Arten zu gebrauchen. Wir machen neue und seltsame Erfahrungen, andere als in der materiellen Welt, wenn uns die Wirkungsweise der sensitiven Energie bewusst wird. Als Beispiel für das, was ich mit »seltsam« meine, können Sie beobachten, dass wir sensitiv reagieren, wo eine sensitive Reaktion ganz unangemessen ist. Wir reagieren auf eingebildete Reize, was bei niederen Lebensformen sicherlich nicht vorkommt. Die Spannbreite der Reize, auf die wir reagieren, ist sehr groß: angefangen bei den Stimuli, die auch die einfachsten Lebensformen beeinflussen, wie Licht und Dunkelheit, Kälte und Wärme, über den Zustand unseres Körpers bis hin zu allen Arten menschlicher Lust und Unlust, Freude und Schmerz. Wir müssen lernen, die mehr oder minder hoch organisierte Sensitivität von den tieferen Qualitäten zu unterscheiden, die noch weiter innerhalb liegen und die wir im Laufe dieser Woche studieren werden.

Wie der Mensch eine materielle Natur hat, so hat er auch eine sensitive. Heute wollen wir über die Eigenschaften seiner sensitiven Natur sprechen und über deren Rolle in unserem Leben. Sie sehen wahrscheinlich aus den Beobachtungen, die wir gestern Abend miteinander geteilt haben, dass es am Anfang nicht leicht ist, unsere Erfahrungen der richtigen Welt oder dem richtigen Teil unseres Selbsts zuzuordnen. Es mag uns erscheinen, dass etwas,

was sich durch den Körper äußert, rein materieller Natur ist, während es tatsächlich von einer tieferen Ebene kommt. Heute werden Ihnen vielleicht Dinge auffallen, die nicht nur zum Körper gehören, insofern er lebendig ist, sondern zu »etwas, das dahinter liegt«. Wir tasten uns zur »Innenwelt« des Menschen vor und müssen in der richtigen Reihenfolge vorgehen, wenn wir etwas verstehen wollen. Es gibt ein zweites »Mir / Mich«, das auf der Sensitivität beruht. Es hat noch mehrere andere Eigenschaften, doch dies ist der Schlüssel zu seinem Verständnis.

Versuchen Sie, Beispiele für Sensitivität zu finden: zuerst im Bereich Ihrer eigenen direkten Erfahrung während des Tages, sodann in Ihrer Erinnerung, was nicht ganz so gut ist, weil wir die Dinge im Gedächtnis unweigerlich verdrehen. Es ist beinahe unvermeidlich, in der Erinnerung etwas auszulassen oder hinzuzufügen. Drittens können wir das Funktionieren der Sensitivität gedanklich erkennen, das heißt einfach durch Wissen, was noch unbefriedigender ist. Versuchen Sie, sich ein möglichst klares Bild davon zu machen, welche Rolle die Sensitivität in unserem Leben spielt. Erinnern Sie sich an das, was ich am Anfang über dieses »Hinwenden und Abwenden« sagte. Sie können Sensitivität mit einem Steuermann vergleichen, der nur zwei Befehle kennt: Backbord oder Steuerbord, gern oder ungern, Ja oder Nein, tu das oder tu das nicht, richtig oder falsch. Was immer die Worte sein mögen, die Befehle sagen ihm nur, ob er das Steuer rechts oder links herumdrehen soll. Ihre Sensitivität funktioniert genauso, als ob es in Ihnen eine ganze Flotte von Booten gäbe, jedes mit einem eigenen Steuermann, mit eigenem »Backbord und Steuerbord«. Jede Funktion hat ihre spezifische Sensitivität: Lust-Schmerz-Reaktionen des Instinkts, Zuneigung oder Abneigung des Gefühls, motorische Lust oder Unlust, Ja-Nein-Reaktionen des Verstandes, sexuelle Anziehung oder Ablehnung und noch viele weitere.

In jeder Situation oder in jedem Komplex von Einflüssen, der auf uns wirkt, gibt es etwas, das unsere Sensitivität abstößt, und etwas, das sie anzieht. Je nachdem, wie das Instrument, durch das die Sensitivität wirkt – in unserem Bild das Boot –, beschaffen ist, werden die Dinge, zu denen wir hingezogen sind, sich von denen, die uns abstoßen, unterscheiden. Manche physischen Empfindungen ziehen uns an, andere stoßen uns ab. Zu einer Art emotionaler Erfahrung fühlen wir uns hingezogen, vor einer anderen schrecken wir zurück. Bestimmten Ideen folgen wir, andere lehnen wir ab. Manche Aktivitäten tun wir gerne, andere vermeiden wir.

Es gibt natürliche Sensitivität, und es gibt unnatürliche oder abnormale Sensitivität. Es ist natürlich, sich zum Leben hingezogen zu fühlen und für Erfahrungen offen zu sein; aber es kann auch eine Sensitivität im Menschen geben, die das Leben abweist und Erfahrungen verneint. Es gibt die Sensitivität, die uns nach außen zieht, zur großen äußeren Welt; und es gibt die Sensitivität, die uns nach innen zieht, zur gleichermaßen großen inneren Welt. Es gibt Sensitivität, die uns nach dem Größeren suchen lässt, und solche, die uns mit dem Geringeren zufrieden sein lässt.

Mit anderen Worten: Es gibt etwas, das uns auf eine höhere Ebene zieht, und etwas, das davor zurückschreckt und uns an die materielle Welt fesselt. Sie können also sehen, dass Anziehung und Abstoßung auf ganz verschiedene Weise zur Wirkung kommen. Das Merkmal der Sensitivität durchzieht alles, und wir sollten in der eigenen Erfahrung erkennen – dazu kann Ihnen der heutige Tag Gelegenheit geben –, wie wir dadurch am Lebensprozess im Allgemeinen teilhaben, weil alles Lebendige darin eingebunden ist. Ich denke, es ist wahrscheinlich so, dass alle Unterschiede zwischen Lebewesen auf der unterschiedlichen Organisation ihrer Sensitivität beruhen. Allen gemeinsam ist die Teilnahme an dieser universalen Qualität, die das Leben ausmacht.

* * *

Nach diesem einleitenden Vortrag war ein Teil der Studenten tagsüber damit beschäftigt, die Außenwände des Hauses von Coombe Springs neu zu streichen. Dazu gehörte das Abkratzen der alten Farbe und das Säubern des Mauerwerks. Ein Gerüst wurde aufgebaut, und Männer und Frauen, die so etwas noch nie zuvor getan hatten, kletterten auf die hohen Leitern und arbeiteten auf unsicheren, wackligen Planken. Andere arbeiteten im umliegenden Garten, so dass die meisten in Sicht-und-Hörweite voneinander waren. Ob es daran lag, dass ihre Aufmerksamkeit auf die Sensitivität gerichtet war, oder an ihrer Aufregung, neue und ungewohnte Arbeit zu tun, oder ob es einfach das wundervolle Wetter und der Garten in voller Sommerblüte waren – die Teilnehmer wurden sehr fröhlich und gesprächig. Alle arbeiteten mit größter Energie, und es kam zu vielen angeregten Diskussionen. Als wir am Abend zusammenkamen, um unsere Erfahrungen auszutauschen, zeigte sich, dass wir viel erfolgreicher gewesen waren, den Charakter der sensitiven Energie zu erkennen, als am vorhergehenden Tag der automatischen Energie näher zu kommen.

* * *

Frage: Das Abkratzen der Wand wurde nach einer Weile ziemlich eintönig und langweilig, und mir schien, dass einige von uns oben auf dem Gerüst davor zurückwichen und immer heiterer und aufgeregter wurden. Vielleicht brachte mich das auf die Idee, auf dem obersten Balken eine Gymnastikübung zu machen, obwohl ich mich eigentlich vor Höhen fürchte. Danach war ich in einem zitternden, elektrisierten Zustand, genoss aber auch die Freude, es getan und die Furcht überwunden zu haben.

Bennett: Sie haben eine Eigenschaft der Sensitivität richtig beobachtet, und zwar, dass sie uns das Gefühl gibt, lebendig zu sein. Gewöhnlich ist diese Energie in uns so schwach, dass sie ganz von unseren instinktiven Reaktionen aufgebraucht wird. Aber wenn wir etwas tun, das diese Energie konzentriert – wie zum Beispiel Ihre Gymnastik auf dem obersten Balken des Gerüsts –, dann fühlen wir uns lebendig. Das ist zweifellos der Hauptgrund, warum uns körperliche Gefahr anzieht. Sicherlich ist Furcht auch eine Manifestation der Sensitivität; wie Sie noch sehen werden, ist Sensitivität immer zweischneidig.

Frage: Ist Angst nicht etwas typisch Menschliches, und versucht sie nicht ständig, die Sensitivität zu überwältigen? Dadurch, so stelle ich es mir vor, wird diese stärker und stärker, bis es schließlich zu einer solchen Gymnastikübung auf dem obersten Balken kommt. So etwas Ähnliches tun ja sehr viele; aber ich bin sicher, es ist eine rein menschliche Verhaltensweise. So gibt es zum Beispiel Menschen, die – auch wenn es kalt ist – keinen Mantel überziehen. Zu dieser ausschließlich menschlichen Eigenart gehören auch Beziehungen zu anderen Menschen, wie etwa der Mut, unübliche Sachen zu äußern.

Bennett: Ich würde nicht sagen, es ist die Angst, die versucht, die Sensitivität zu überwältigen, sondern eine andere Eigenschaft des Menschen, die der nächsten Ebene seines Selbsts entstammt. Dieses ›Anschwellen‹, von dem Sie sprechen, ist eine Notwendigkeit unseres Charakters – das Bedürfnis zu beweisen, dass wir etwas sind. Aber das Wort »Charakter« wird für Sie nicht klar sein, bis wir es morgen behandelt haben werden. Lassen Sie uns im Moment bei der Sensitivität bleiben.

Ich sagte, dass wir uns Sensitivität als eine Energie vorstellen können oder als Materie im Zustand der Sensitivität. Ich unterscheide sie von den Eigenschaften der Festigkeit und Sichtbarkeit, die materielle Objekte kennzeichnen. Es gibt sehr wahrscheinlich eine universale Energie, welche diese Eigenschaft der Sensitivität hat. In den nächsten Tagen werden wir über höhere Energieformen sprechen, die die sensitive Energie beherrschen. Wenn sie wirksam werden, wird die Sensitivität benutzt, anstatt einfach zu fließen. Das erzeugt genau die Art der Erfahrung, die Sie beschrieben haben. Dieses Gefühl von Erregung und gesteigerter Vitalität ist ein Verlangen, die Freisetzung der Energie der Sensitivität zu erfahren, und beruht auch auf ihrer Zweischneidigkeit. Es ist anzunehmen, dass die sensitive Energie immer zwei Pole hat. Freude und Schmerz bedingen einander, Aufregung gibt es nicht ohne Langeweile und so fort. Wenn beide Seiten dieser Energie zusammenkommen, anstatt sich abzuwechseln, wie es gewöhnlich geschieht, dann entsteht dieses Gefühl gesteigerten Lebens; wenn die beiden Energiepole zusammenarbeiten, dann fühlt man sich wirklich lebendig.

Frage: Ich erfuhr heute zwei Dinge; zum einen, dass ohne sensitive Energie nicht einmal Farbe richtig abgekratzt werden kann, weil nur die sensitive Energie uns wirklich in Kontakt mit einer Arbeit bringt. Ohne diese sensitive Energie wären zwar mein Arm und das Werkzeug noch immer miteinander verbunden, doch es steckte nichts dahinter. Es ist das, was hinter dem Arm steckt, das uns das Abkratzen der rauen Oberfläche ermöglicht, eine Arbeit, welche laufende Veränderungen in der Haltung des Werkzeugs erzwingt. Die andere Sache hat mit Angst zu tun. Es war mir möglich, das Gerüst ohne Angst hinauf- und hinunterzuklettern, weil die Sensitivität mehr auf das Gerüst gerichtet war als auf das Motiv der Angst, nämlich die Höhe.

Bennett: Ihre erste Beobachtung ist zweifellos richtig: die Sensitivität aktiviert den mechanischen Apparat. Ist sie abgewendet oder nicht vorhanden, dann funktioniert der Apparat nicht. In diesem Sinn sprechen wir von »Leben«, von einem »lebenden

Körper« und einem »toten Körper«, fühlen uns lebendig oder leblos und träge. Ihre zweite Beobachtung betrifft einen anderen Aspekt der Sensitivität. Jede Art der Energie hat eine spezifische Fähigkeit, Dinge zu verbinden. Auf der materiellen Ebene ist es die Kraft der Kohäsion; das ist eine Form des Zusammenhalts. Die Art der Energie, über die wir jetzt sprechen, befähigt uns, Dinge zu berühren, das heißt, einen Kontakt herzustellen, nicht bloß eine Verbindung. Dieser Kontakt kann eine bestimmte Richtung haben, und wenn sie sich ändert, ändert sich auch unsere Erfahrung. Zum Beispiel kann er mit einer Einbildung oder irgendeinem inneren Zustand verbunden sein, dann habe ich entsprechende Empfindungen. Oder er ist auf eine äußere, greifbare Situation gerichtet, so dass ich weniger stark von meinem inneren Zustand beeinflusst werde.

Frage: Es schien mir, dass Sensitivität mit Qualität zu tun hat. Hat die Möglichkeit des Wertens hier ihre Grundlage, nämlich die Unterscheidung zwischen höheren und niederen Qualitäten?
    Bennett: Sensitivität ist *an sich* nicht fähig zu unterscheiden. Wenn unser Handeln ausschließlich von der Sensitivität gelenkt wird, reagieren wir nur auf den unmittelbaren Reiz und lassen alles andere unberücksichtigt. Sensitivität allein würde uns zum Beispiel veranlassen, vor einem Feuer zu flüchten. Wenn noch etwas Anderes vorhanden ist, das mehr ist als Sensitivität, kann jemand durchs Feuer gehen, falls er sieht, dass er nur so sein Leben retten kann; oder jemand rettet ein Kind aus den Flammen. Sensitivität allein kann so eine Handlungsweise nicht ermöglichen.
    Das Wort »Sensitivität« wird in diesem Zusammenhang von »Sensibilität« unterschieden, so wie wenn wir von einem »sensiblen Menschen« sprechen. Das Wort »Sensitivität« benutze ich in einer einfacheren und allgemeineren Bedeutung und meine damit das, was wir mit allem Leben teilen. Obwohl Unterscheidungsfähigkeit zu einer anderen Ebene gehört, muss zuerst die Sensitivität entwickelt werden. Wir können nicht unterscheiden, wenn wir nicht zuerst empfinden, was zu unterscheiden ist.

Frage: Ich dachte, dass Sensitivität mit dem Instinkt zur Selbsterhaltung beginnt.
    Bennett: Sie *beginnt* sicherlich nicht damit, weil viele Lebewesen diesen Instinkt überhaupt nicht haben. Bei einigen Insekten

scheint er ganz zu fehlen. Ich fuhr einmal mehrere Meilen durch einen Schwarm Heuschrecken, Millionen und Abermillionen, in den Weinbergen in Attika. Die Bauern versuchten, sie durch große Feuer aufzuhalten, aber die Heuschrecken erstickten die Feuer, indem sie sich hineinfallen ließen, scheinbar ohne jeden Selbsterhaltungstrieb. Sie ließen nicht nach und starben zu Millionen. Ich habe Termitenhügel in Afrika gesehen. Gegenüber individuellem Leben haben Termiten eine vollkommene Indifferenz. Die automatische Energie ist bei ihnen sehr hoch entwickelt und verleiht ihnen Macht über die sie umgebende materielle Welt.

Jeder, der solche Lebensformen beobachtet hat, muss bestätigen, dass der Selbsterhaltungstrieb sicherlich nicht in den Individuen dieser Gattungen vorhanden ist. Dies finden wir nicht nur bei Insekten, sondern bei allen Tieren, die in Kolonien leben. Verhält sich der Mensch wie ein Herdentier, so verliert auch er den individuellen Selbsterhaltungstrieb. In Wirklichkeit gehört der Selbsterhaltungstrieb zu etwas Höherem als bloßer Lebendigkeit. Wir können sogar beobachten, dass wir selbstzerstörerische Handlungen unter dem Diktat der Sensitivität begehen, ohne überhaupt wahrzunehmen, was wir tun. Ich bin zu dem Schluss gekommen, dass die Ebene der Sensitivität nicht die Instinkte einschließt, die wir unserer tierischen Natur zurechnen, Instinkte wie Selbsterhaltung, Selbstbehauptung, Selbsterneuerung und so weiter. Diese kommen nicht von der Sensitivität, auch nicht von einer höher entwickelten, sondern von einer Energie anderer Qualität, über die wir morgen sprechen werden.

Frage: Wenn ich jemanden sehe und denke, der ist intelligent oder dumm, oder seiner Erscheinung oder dem Ton seiner Stimme sonst eine Qualität zuschreibe, ist dies eine Funktion der Sensitivität?

Bennett: Es gibt mehr als eine Möglichkeit, zu solchen Urteilen zu kommen. Man kann Leute mechanisch beurteilen. Dazu könnte man auch eine Maschine konstruieren, die mit Hilfe eines Computers die Schwingung der Stimme analysiert und aufgrund programmierter Kriterien ein Urteil über die Person ableitet. Die Maschine wäre vielleicht sogar zuverlässiger als wir, aber sie wüsste nicht, was sie tut. Wenn uns *bewusst* wird, dass die eine Stimme anders auf mich wirkt als jene, dieses Gesicht einen anderen Eindruck auf mich macht als jenes, dann weiß ich, dass Sensitivität im Spiel ist; und genau in diesem Erleben liegt der Unterschied zwischen einer toten Handlung und einer lebendigen. Ich kann wie ein Computer sehen oder wie ein Lebewesen, und ich kann den Unterschied zwischen diesen beiden Arten des Sehens wahrnehmen. Wenn ich wie ein Computer sehe, weiß ich nicht, dass ich sehe, denn *um bewusst zu sein, ist Sensitivität nötig.* Allerdings kann ich zurückschauend feststellen, dass ich nicht anders als eine komplizierte elektronische Maschine funktioniert habe.

Frage: Ich sah Sensitivität so wie bei Pflanzen, die sensitiv auf Licht, Wasser und Luft reagieren, und dabei kam mir in den Sinn, wie unsere Stimmung steigt, wenn die Sonne scheint, und fällt, wenn es stürmisch ist und trübe. Mir scheint, dass wir auf das Wetter genauso reagieren wie Pflanzen.

Bennett: Sie haben zwei wichtige Punkte berührt. Zum einen hat Sensitivität diese besondere Qualität von Anziehung und Ablehnung, Lust und Unlust. Licht, Wärme, Luft und so weiter sind anziehend; Feuchtigkeit, Kälte und Dunkelheit stoßen ab. Indem wir uns dem einen öffnen, verschließen wir uns dem anderen. Dieses Öffnen und Schließen ist typisch für die Funktionsweise der Sensitivität. Ich bin sicher, das ist einer der Schritte zum Verständnis dieses Teils unserer Natur. Sie benutzten auch das Wort »reagieren«, und das ist wesentlich zum Verständnis der Sensitivität. Der sensitive Mechanismus ist ein Mechanismus der Reaktion.

Frage: Beruhen Reaktionen konditionierter Reflexe auf der Sensitivität?

Bennett: Ja sicherlich. Sie beruhen genau auf dieser Ja-Nein-Qualität des sensitiven Mechanismus. Bei Tieren werden Reflexe dadurch konditioniert, dass sie lernen, bestimmte Verhaltensweisen mit einem angenehmen Reiz zu verbinden und andere mit einem unangenehmen Reiz. Auf diese Weise werden ganz bestimmte »Sensitivitätsassoziationen« fixiert. Dies ist möglich, weil die Sensitivität so beschaffen ist, dass sie organisiert werden kann. Ein Reflex ist ein Kanal der Sensitivität. Ein konditionierter Reflex ist die Organisation von zwei oder mehreren Bahnen der Sensitivität, so dass ein Stimulus auf einer Bahn eine Reaktion auf einer anderen erzeugt. So einfach ist die Sache.

Solche Experimente beziehen sich auf den sensitiven Teil eines lebenden Wesens. Deshalb können so viele Lebewesen konditio-

niert werden, sogar dann, wenn sie kein Nervensystem haben, was Sie vielleicht für unmöglich halten. Aber es ist möglich eben wegen der Natur der Sensitivität. Sensitivität ist ein Ja-Nein-Mechanismus, der sich aber von einer Maschine unterscheidet, weil alle lebende Materie die Tendenz hat, sich bestimmten Stimuli zu öffnen und sich bei anderen zusammenzuziehen, einige zu erwidern und sich vor anderen zurückzuziehen. Im Grunde handelt es sich um Öffnen und Schließen, was noch etwas primitiver als instinktgesteuertes Verhalten ist, während der Instinkt seinerseits primitiver ist als absichtvolles Handeln. Absicht ist an der Arbeit des sensitiven Mechanismus nicht beteiligt, aber er unterscheidet sich dennoch von einer materiellen Maschine.

Frage: Ist Wertschätzung mehr als eine sensitive Reaktion der Neigung und Abneigung?
Bennett: Manchmal. Oft ist es aber nur eine Reaktion. Die Reaktion kann durchaus kultiviert sein, das heißt, sie kann das Ergebnis hoch entwickelter Konditionierung sein, aber sie bleibt dennoch eine Reaktion. Wenn wir auf dieser Ebene funktionieren, gibt es nichts hinter unseren Reaktionen.

Frage: Es gibt eine Qualität, die man »Geschmack« nennt, Geschmack in Bezug auf Autos, Verhalten, Sprache und so weiter. Ist das auch nur eine Funktion der Sensitivität?
Bennett: Ich glaube, dass das, was wir mit »Geschmack« meinen, ein beständiges Muster von Zu- und Abneigungen für bestimmte Situationen ist, sei es ein Kunstwerk, soziales Verhalten oder was auch immer. Dieses Muster kann zu ganz verschiedenen Ebenen gehören, es kann nichts weiter sein als ein automatisches Reaktionsschema ohne jedes Gefühl, es kann aber auch auf einer Ebene sein, auf der wir sensitiv reagieren. Die sensitive Reaktion muss irgendwie geprägt sein, sonst würde sie nicht von »mir« kommen. Wenn ich einfach als lebender Organismus handle, produziere ich nichts aus »mir« selbst.

Ein Kunstwerk hat ein eigenständiges Leben oder sollte es zumindest haben. Wir können es jedoch als solches nur erkennen, wenn wir eine entsprechende Form der Sensitivität in uns haben. Eine Kuh ist sensitiv für Gras, aber sie wird nicht auf das Gras in einer gemalten Landschaft reagieren. Wenn wir neuen oder ungewohnten Kunstformen begegnen, können wir beobachten, dass wir erst ein Sensitivitätsmuster aufbauen müssen, bevor wir fähig werden, positiv oder negativ zu reagieren, ohne dass es aufgesetzt oder unecht wäre. Um sensitiv für ein menschliches Kunstprodukt zu sein, muss etwas Künstlerisches in uns gebildet werden. Dies kann ein durchaus echtes Gefühl der Zu- oder Abneigung entstehen lassen, was sich von einem Reaktionsschema der ersten Art grundsätzlich unterscheidet. Leute mit Geschmack der ersten Art haben vielleicht gelernt, das Werk eines bestimmten Meisters wiederzuerkennen und sie werden sagen, dass es ihnen gefällt, weil es von »Soundso« stammt. Ist es nicht von »Soundso«, haben sie keine Ahnung, ob es ihnen gefällt oder nicht. Das ist weit verbreitet. Und doch mögen solche Leute, aufgrund ihres guten mechanischen Repertoires, als gebildet und geschmackvoll gelten. Aber dies spielt sich vollständig auf der Ebene des elektronischen Computers ab; es ist der Geschmack des Materiellen Selbsts, das kein Gefühl hat. Man kann dies überprüfen, indem man sich fragt, ob sich auf Basis rein materieller Kriterien entscheiden lässt, dass »dieses Werk von Soundso stammt.« Man könnte die Pigmente heranziehen, die Pinselstriche, das Alter der Leinwand, verschiedenen Eigenschaften von Komposition und Lichtverteilung – alles Dinge, die sich messen und quantifizieren lassen – und dies alles in einen Computer füttern, der dann ausspuckt, ob ein bestimmtes Gemälde ein Giotto, ein Cimabue, ein Pissaro oder ein Renoir ist.

Wir können aber auch eine echte Gefühlsreaktion des Gefallens oder der Ablehnung erleben, obwohl ihr ein konditionierter und vorbereiteter Reaktionsmechanismus zu Grunde liegt. Und es gibt auch etwas darüber hinaus: wirkliche Teilhabe an der Situation und ein Urteil, das aus einem Verständnis für wahre Qualität kommt. Erst hier kann man wirklich von Geschmack sprechen, und es ist erstaunlich, wie selten es Menschen mit dieser dritten Art des Qualitätsgefühls gibt, frei von Konditionierung und Reaktion.

Frage: Mir scheint, dass die Sensitivität sehr tiefe moralische Implikationen enthält.

Bennett: Wenn Sie Worte wie »sehr tief« gebrauchen, müssen Sie eine Einschränkung machen, weil Gewissen tiefer ist als Sensitivität. Das, was auf der Ebene der Sensitivität als Gewissen erscheinen kann, mag vielleicht nichts anderes sein als ein Muster von Gewohnheiten und Reaktionen; man kann das »moralische

Sensitivität« nennen. Das heißt, die Sensitivität ist auf ein Moralsystem konditioniert. Ein Moralsystem kann soziale Gültigkeit haben oder nur für den Einzelnen bedeutsam sein. Diese Art der Sensitivität kann sehr nützlich sein; es gibt im Menschen aber etwas Tieferes, das sein wirkliches Gewissen ist – darüber werden wir später noch sprechen.

Frage: Gehört diese moralische Konditionierung zu dem oberflächlicheren Teil des Menschen, den Sie das »Mir / Mich« nennen; und ist das, was Sie als wahres Gewissen bezeichnen, eine Eigenschaft des »Ich«?

Bennett: Im Moment können wir nur sagen, dass das Gewissen tiefer liegt als irgendetwas, das wir bisher berührt haben. Wenn Sie das Wort »oberflächlich« gebrauchen, ist es wichtig, sich daran zu erinnern, dass – obwohl wir über etwas sprechen, das hinter der Ebene der Materialität liegt, also hinter dem physischen Körper und dem Energieaustausch, der ihn antreibt – wir uns tatsächlich noch immer sehr nahe an der Oberfläche befinden. In uns Menschen ist die Struktur der Sensitivität an das Nervensystem und die Blutchemie gebunden. Deswegen besteht die Möglichkeit der Konditionierung. Aber Sensitivität ist nicht mit dem Nervensystem identisch. Sie ist feiner als elektrische oder chemische Energie.

In mehreren Ihrer Fragen haben Sie das Wort »Reaktion« gebraucht. Das ist ein Begriff, den wir verstehen müssen. Das Wort »Reaktion«, wie ich es verstehe, meint die unmittelbare Erwiderung auf einen unmittelbaren Reiz. Unaufhörlich reagiert etwas im Menschen auf die verschiedenen Reize, die auf ihn eindringen. In der Terminologie von *The Dramatic Universe* habe ich es das Reagierende Selbst des Menschen genannt. Wie ich mehrmals betont habe, basieren Reaktionen auf dem einfachen Schema von Öffnen und Schließen, Vorgehen und Zurückziehen, Freude und Leid, Aktivität und Hemmung, Ja und Nein, Mögen und Nicht-Mögen und allen weiteren Gegensatzpaaren, die die Vielfalt unserer Reaktionen beschreiben. Die Gesamtheit dieser hoch komplizierten Reaktionsstruktur ist gewissermaßen zu dem, was ich das Reagierende Selbst nenne zusammengeschweißt. In den meisten Menschen ist es nicht sehr gut zusammengesetzt und nicht sehr einheitlich: Verschiedene Teile des Reagierenden Selbsts sind unterschiedlich konditioniert und mögen sehr unterschiedlich auf denselben Reiz reagieren. So kommt es zu inkonsistenten Reaktionsmustern, weil bei den meisten Leuten das Reagierende Selbst eine locker geflochtene, ziemlich formlose Struktur hat, wenn auch eine sehr komplizierte. Das Reagierende Selbst ist kein sehr hochstehender Teil von »mir«, aber es steht meiner wahren Natur doch sehr viel näher als das Materielle Selbst, über das wir gestern gesprochen haben. Vor allem hat das Reagierende Selbst die Eigenschaft, lebendig zu sein. Sie erinnern sich, dass ich über »totes Sehen« und über »lebendiges Sehen« gesprochen habe. Wann immer wir uns im Akt des Sehens als lebendig erfahren, können wir mit Sicherheit sagen, dass wir ohne unser Reagierendes Selbst sehen. Totes Sehen ist ein Kennzeichen der Mensch-Maschine.

Frage: Ihre Aussage, dass Sehen und Hören lebendig sein können oder tot, habe ich verstanden als ein Empfinden meiner selbst, während ich bei der Arbeit die Bäume, das Gras und so weiter wahrnahm. War mein Hören in diesem Sinne lebendig, weil ich gleichzeitig eine Empfindung meiner selbst hatte?
Bennett: Das ist eine recht gute Beschreibung. Wichtig ist, dass uns der Unterschied bewusst wird zwischen dem, was Sie beschrieben haben, und einem Zustand, in dem Licht, Geräusche, Handlungen zwar da sind, wir selber aber nicht, nicht einmal in unserem Materiellen Selbst, weil unser »Ich« sein Bewusstsein verloren hat.

Frage: Ich glaube, mir ist heute Nachmittag etwas aufgegangen, vor allem im Zusammenhang mit Gerüchen. Beim Spazierengehen im Wald habe ich mehrere verschiedene Gerüche wahrgenommen, und für einen Augenblick habe ich gesehen, wie ich auf diese Gerüche reagiere. Mir schien, dass sich mit einem besonderen Geruch bestimmte Assoziationen verbanden. Das ist erschreckend, weil man fürchten muss, dass man eine gewisse Sensibilität nur über bestimmte Assoziationen erfahren kann. All das scheint sich schon in der Kindheit angebahnt zu haben. Die erste Assoziation mit einem bestimmten Geruch stellt sich immer wieder ein; wenn ich diesen Geruch rieche, kommt die entsprechende Assoziation.
Bennett: Das ist sehr wichtig, weil es zu dem Thema führt, über das ich heute Abend sprechen möchte. Ich will jetzt nicht mehr dazu sagen, sondern möchte noch hören, ob jemand etwas mitzuteilen hat, was er heute tagsüber beobachtet hat.

Frage: Ich glaube, es ist etwas Ähnliches. Heute, als ich im Garten umgrub, kam ein Molch zutage. Meine erste Reaktion war eine Abwendung von diesem Ding, eine Reaktion, die ich nicht anerkennen wollte und unterdrückte, jedoch gerade noch wahrnahm. Dann trat stattdessen die Reaktion »nettes Tierchen« auf. Ich nahm es in die Hand, und wieder spürte ich leichten Widerwillen dagegen, eine Assoziation als wenn es etwas mit meiner Kindheit zu tun gehabt hätte. Und dann, nach einer Weile, ließ ich es über meine Hand kriechen; ich konnte es fühlen und wurde mir gleichzeitig meiner Hand bewusst, bis ich schließlich entspannt war mit dem Tier, wodurch bestimmte Gefühle oder Emotionen in mir ausgelöst wurden.

Bennett: Das liegt auch auf der Linie unseres Themas. Lassen Sie uns versuchen, all das zusammenzufassen. Da gibt es eine einfache Qualität, Kraft oder Energie – ich muss mehrere Begriffe gebrauchen, um zu vermeiden, dass sich eine einseitige Bedeutung fixiert –, die die Eigenschaft hat, auf bestimmte Reize positiv und auf andere negativ zu reagieren. Das nenne ich »Öffnen und Schließen«. Es handelt sich um etwas durchaus Universales, das allem Lebendigen eigen ist. Alles, was lebt, steht zwischen diesen Kräften der Anziehung und Abstoßung, der Zuneigung und Abneigung und so weiter. Ich muss »und so weiter« sagen, weil es so viele Variationen dieses Gegensatzes gibt, und sie in ihrer Gesamtheit uns diesen Eindruck vermitteln. Wir wollen jetzt feststellen, was in uns Menschen auf der Ebene dieser spezifischen Verhaltensweise liegt. Dies nenne ich das Reagierende Selbst. Es ist nur ein Teil von »mir«; und zweifellos ist es noch nicht »ich«. Es ist nicht einmal »ich selbst«, denn offensichtlich gibt es noch etwas dahinter.

Sie werden sich erinnern, was ich gestern gesagt habe, dass die Maschine zur Mensch-Maschine wird, wenn der Wille in das Materielle Selbst eingeht. Damit bekommt sie den Status des »Ich«. Wenn das Materielle Selbst denkt, sagt es: »Ich denke«. Als Nächstes kommen wir zum sensitiven, zum lebendigen Teil unserer Natur. Wenn der Wille sich mit diesem Teil vereinigt, dann sagen wir: »Ich mag« oder »ich mag nicht« und so weiter. Das nennen wir »das Reagierende Selbst«. Reaktionen gibt es immer, sogar Würmer und Pflanzen haben sie; aber Würmer und Pflanzen haben kein Selbst. Dann, wenn unser Wille, der eigentlich ein menschlicher Wille ist, sich auf »Mögen und Nicht-Mögen« einlässt, bildet sich das Reagierende Selbst. Wenn die Angewohnheit, uns mit unseren Vorlieben und Abneigungen zu »identifizieren«, sehr stark ist, sagen wir, dass die Person von ihrem Reagierenden Selbst beherrscht wird.

Bapak Subuh spricht hier von der »Pflanzenseele«. In seinem Buch *Susila Budhi Dharma* und anderswo spricht er über diese zweite Ebene. Auf Arabisch heißt es *ruh nabati,* die pflanzliche Kraft oder Seele. Das indonesische Äquivalent ist *roh tumbuh-tumbuhhan.* Sie erinnern sich, dass ich sagte, das Wort *roh* sei etwas ungeschickt mit »Seele« übersetzt und dass es besser mit dem Begriff »das Selbst« oder »eines Selbsts« wiedergegeben werde. Bapak gebrauchte in Unterhaltungen die Wörter *roh* und *djiwa* beinahe identisch. *Djiwa* bedeutet »Geist«, und er spricht vom *djiwa* oder der geistigen Qualität von Pflanzen. Möglicherweise hat das Wort *djiwa* den gleichen Sinn wie das Wort »Selbst«, so wie ich es hier verwende: nämlich als Sitz des Willens.

Die Tatsache, dass er diese beiden Begriffe parallel verwendet, zeigt, dass wir hinter der engeren Bedeutung der Worte nach etwas Anderem suchen sollten. Deshalb schien es mir notwendig, wenn wir versuchen, über diese Dinge zu sprechen, manchmal das Wort »Energie«, ein anderes Mal das Wort »Qualität« oder auch das Wort »Selbst« zu gebrauchen. Aber es stellt sich die Frage: Warum pflanzlich? Das konfrontiert uns unmittelbar mit dem Studium der verschiedenen Königreiche des Lebens.

Was charakterisiert das vegetabile oder pflanzliche Leben? Ganz sicher ist es sensitiv. Seine Lebenszyklen gründen sich auf Aufnahme und Abweisung. Die Pflanze streckt sich nach oben zu Luft, Licht und Feuchtigkeit; sie dringt in die Erde ein, um Humus und Mineralien aufzunehmen, die sie für ihr Wachstum braucht. Aber was ist die treibende Kraft? Pflanzen haben kein aktives Streben; was zu suchen scheint, ist nur die Arbeit ihrer Sensitivität, die sie befähigt, zu fühlen und sich nach der einen oder anderen Richtung zu wenden. Aber wir wissen wohl, dass Pflanzen nur sehr wenig Möglichkeiten haben, sich auf die Suche zu machen nach dem, was sie brauchen. Eine Pflanze kann an Trockenheit eingehen, auch wenn sie nur ein paar Schritte von einer Quelle entfernt ist; sie hat keine Mittel, das Wasser zu erreichen oder nur zu erfahren, dass es da ist. Aber mit der Sensitivität ihrer Wurzeln kann sie tief hinunter reichen, um Wasser zu finden. Offensichtlich besteht ein großer Unterschied zwischen Pflanzen und Tieren darin, dass die Pflanze nur annehmen oder abweisen kann, was zu ihr kommt, während die meisten Tiere bis zu einem gewissen Grad auf die Suche gehen können nach dem, was sie wollen. Sie werden mir zustimmen, dass eine Pflanze der Prototyp eines reagierenden Wesens ist. In ihrer Befruchtung (in der Art, wie sie den Samen empfängt), in ihrer Entwicklung, in ihrem Wachstum und in ihrer Verbreitung arbeitet die Pflanze nach einem sehr komplizierten, wunderbar angepassten Reaktionsmuster von Ja und Nein, Annahme und Abweisung. Damit aber ist eine Pflanze schon ganz sie selbst. Hinter alle dem gibt es bei einzelnen Pflanzen nichts Weiteres; denn wenn es das gäbe, verhielten sie sich anders. Als reagierende Wesen sind Pflanzen jedoch wunderbar ausgerüstet durch die Art, wie sie für ihre Bestäubung, für die Verbreitung ihrer Samen, für Standortwechsel und die Auswahl einer Umgebung in einer Weise sorgen können, die für jede Spezies ganz genau passt. Nun verstehen Sie, warum ich vom »Wesen« der Pflanze spreche, und nicht von ihrem »Selbst«, denn die Pflanze hat kein »Ich«.

Die Wanderungen der Pflanzen von einem Kontinent zum anderen dauern Hunderttausende von Jahren, während die Wanderung von Tieren sich vielleicht in einigen Jahrhunderten vollzieht. Warum ist das so? Es ist so, weil die Pflanze durch ihre Reaktionen lebt. Durch die Fähigkeit zur Reaktion kann sie sich über ein gewisses Gebiet ausdehnen; und wenn die Umstände günstig sind, wurzelt sie sich ein, wo sie ungünstig sind, stirbt sie aus. So bewegt sie sich weiter: durch den Mechanismus des Ja und Nein, und nicht durch die Kraft des Suchens. Die reagierende Natur der Pflanzen zeigt sich typisch in ihrer Polarisation zwischen Sonne, Licht und Wärme einerseits und Erde und Wasser andererseits, von wo sie die chemischen Substanzen beziehen. Das eben kennzeichnet das pflanzliche Leben.

Das Reich der Pflanzen scheint irgendwie von der Hauptentwicklungslinie des Lebens abgewichen oder auf einer bestimmten Stufe stehen geblieben zu sein. Auf dieser Ebene hat es sich voll entfaltet, um all die wundervollen Dinge zu erzeugen, die die vegetabile Welt hervorgebracht hat. Aber es hat sich nicht zur nächsten Ebene hinaufgearbeitet, wo die Tiere eine neue Qualität und eine neue Natur entwickeln konnten. Das bedeutet jedoch nicht, dass wir und die Tiere, die wir über die Existenzebene der Pflanzen hinausgelangt sind, den reagierenden Teil unserer Natur hinter uns gelassen hätten. Jede Existenzebene, die wir durchschritten haben, enthält etwas Wesentliches für unser gesamtes Sein, und dieses Etwas wird bewahrt. Es ist so, als ob wir unserem Haus ein weiteres Stockwerk hinzufügten, aber notwendigerweise die niedrigeren Stockwerke erhalten müssen, wenn das Haus stehen bleiben soll.

Wir und alle Tiere haben deswegen eine pflanzliche Natur in uns. Es gibt viel in unserem Körper, das wie eine Pflanze leben muss. Unsere Knochen, zum Beispiel, können sich nicht auf die Suche machen nach dem, was sie benötigen; die Knochen aufbauenden Substanzen müssen den Knochen zugeführt werden, sonst nehmen diese Schaden. Auch das Fleisch unserer Körper muss wie eine Pflanze leben und ist abhängig von dem, was ihm durch das Blut zugeführt oder entzogen wird. Es kann nur aufnehmen oder zurückweisen. Nur der Körper in seiner Gesamtheit, dieser vollständig tierische Körper, hat Qualitäten, die über seine pflanzliche Natur hinausgehen.

Im Reagierenden Selbst des Menschen kann es jedoch sehr viel Künstliches geben. Zu einem sehr großen Teil besteht es aus eingeschliffenen, gewohnheitsmäßigen Reaktionen, die eine Art Schirm oder Filter bilden können, der den Erfahrungen nicht erlaubt, in unsere tieferen Schichten einzudringen. Das Ergebnis ist, dass wir bloß reagieren, statt zu erleben. Physiologisch ist es wie ein Reflexmechanismus, der durch die Wirbelsäule läuft, ohne das Gehirn zu erreichen, und deswegen nicht in unser Bewusstsein eintritt.

Es gibt Menschen, die nicht vom Materiellen Selbst, sondern von ihrem Reagierenden Selbst beherrscht werden. Das bedeutet, dass ihr Wille nur selten von ihren Reaktionen getrennt ist. Man kann sagen, dass sie von Zu- und Abneigung regiert werden. Sie sind nicht in der Lage, etwas zu tun, das sie nicht mögen, und sie müssen tun, was sie mögen. Oder sie werden von Hoffnung und Angst beherrscht. Wenn ihr Nervensystem so strukturiert ist, dass sie geistig aktiv sind, dann sind es engstirnige, logische Menschen, die alles entweder als wahr oder unwahr, als richtig oder falsch einordnen. Wenn es Menschen sind, deren Empfindung stark ausgeprägt ist, so werden sie immer versuchen, sich angenehme Empfindungen zu verschaffen, und die Angst vor unangenehmen Empfindungen wird sie paralysieren.

Eine besondere Art der Sensitivität hängt mit Sex zusammen. In ihrer einfachen, natürlichen Form ist es die Anziehung zwischen Mann und Frau und der Widerwille gegen jedes andere sexuelle

Verhältnis. Aber wie wir allzu gut wissen, kann sie unzählige andere Formen annehmen, von denen manche anscheinend überhaupt nichts mit Sex zu tun haben. Da gibt es zum Beispiel eine Art Selbst-Aversion oder Selbsthass, der nicht hinnehmen will, dass wir nicht der ideale Mann oder die ideale Frau sind, die wir sein wollen. Normalerweise ist das nicht mehr als eine tief sitzende Gewohnheit des Reagierenden Selbsts. Sie werden bemerkt haben, welch riesiges Forschungsgebiet das Reagierende Selbst des Menschen darstellt mit seinen normalen, anormalen und defekten Manifestationen. Die gewöhnliche Psychologie kennt viele dieser Fakten, aber sie kann sie nicht erklären oder weiß nicht, wie sie effektiv zu behandeln sind.

Mit anderen Worten: Das Reagierende Selbst kann sich in ganz unterschiedlichem Verhalten äußern, aufgrund der verschiedenen funktionalen Menschentypen. Die einen sind intellektuell, andere emotional, wieder andere vom Instinkt gelenkt und vor allem am sinnlichen Leben interessiert. Allen gemeinsam ist jedoch, dass sie nach dem Ja-Nein-Schema, nach Anziehung und Abstoßung funktionieren. Das kann sie derart bestimmen, dass sie von allem anderen, was zu den tieferen, feineren Regionen des »Mir/Mich« gehört, tatsächlich ausgeschlossen bleiben und sie nur aus diesem Teil ihres Selbsts leben. Das ist eine wirkliche Schranke für das Verstehenkönnen von sich selbst oder anderen Menschen, und es ist auffallend, dass Menschen, die von ihrem Reagierenden Selbst beherrscht werden, nur über sehr wenig Einfühlungsvermögen verfügen. Sie wissen zwar, was sie gegenüber einem anderen fühlen, nicht aber, wie es dem anderen geht.

Frage: Sie haben gerade über »Funktionstypen« gesprochen, einen Terminus technicus, den Jung in seinem Buch *Psychologische Typen* und anderswo gebraucht. Könnten Sie etwas über den Zusammenhang sagen zwischen Ihrem Schema – das ich als Psychologiestudent äußerst interessant und anregend finde – und Jungs Schema? Könnten Sie auch auf das Verhältnis des Reagierenden Selbsts zu Jungs »Unbewusstem« eingehen, welches durch das Studium der Assoziationen und Träume analysiert werden kann?

Bennett: Jung hat seine Typentheorie aufgrund seiner klinischen Beobachtungen entwickelt. Er hat immer darauf bestanden, dass er zuerst ein Psychotherapeut sei und an zweiter Stelle ein Psychologe. Das ist der Grund, warum seine Psychologie mit den negativen Aspekten menschlicher Erfahrung überladen zu sein scheint und warum sie nicht eine wirklich spirituelle Psychologie ist.

Lassen Sie mich aber sofort hinzufügen, dass wir meiner Meinung nach Jung die wertvollsten Einsichten in die menschliche Natur verdanken, die das westliche Denken in den letzten Jahrhunderten überhaupt hervorgebracht hat. Es war für mich von größtem Interesse festzustellen, dass gewisse Schlüsse, zu denen wir im Rahmen von Systematics[17] gelangt waren, von Jung in einer anderen Sprache als Ergebnis seiner psychiatrischen Arbeit formuliert worden waren. Lange Zeit fiel es mir schwer, Jung und Gurdjieff auf einen Nenner zu bringen. Für mich repräsentiert Gurdjieff seit über vierzig Jahren ein praktisches System der Psychologie, das tatsächlich in der Lage ist, normale Menschen die Grenzen der Normalität überschreiten zu lassen; hingegen vermochte ich nicht zu sehen, dass Jungs Methoden mehr leisten konnten, als mir entdecken zu helfen, was mit mir nicht stimmt. Kürzlich bin ich zum interessanten Schluss gekommen, dass Jung und Gurdjieff an komplementären und deswegen nur scheinbar widersprüchlichen Aspekten der menschlichen Natur interessiert sind. In den Begriffen von Systematics, das die meisten von Ihnen noch nicht studiert haben, beschäftigt sich Jung mit zwei- und vierwertigen Systemen, während Gurdjieff an drei-, fünf- und siebenwertigen Systemen interessiert ist. Man könnte sagen, dass die geradzahligen Systeme das Sein betreffen, während die ungeradzahligen das

---

17. Systematics bezeichnet eine Disziplin, die sich dem Studium und der Anwendung von Multi-Term-Systemen widmet und auf die Arbeit von John G. Bennett an seinem Werk *The Dramatic Universe* in den 1960er-Jahren zurückgeht. Im Gegensatz zu den gewöhnlicheren, aus dem systemischen Denken bekannten Komplexen bestimmt in einem Multi-Term-System die Anzahl der Terme (oder der selbst-autonomen Komponenten) das Attribut des gesamten Systems sowie den Charakter seiner einzelnen Terme. In Systematics wird dem Sinn vom »Ganzen« und seinen »Teilen« neue Bedeutung und Gewicht beigemessen. Bennetts Ansatz vereinte Ideen aus der pythagoreischen Tradition mit zeitgenössischen Forschungsergebnissen über Arbeitssysteme sowie modernen Konzepten von Ganzheit und Organisation. Die Arbeit von Bennett und seinen Kollegen an Systematics führte zu Innovationen in den Bereichen von Kommunikation und Erziehung. So entwickelte er die interaktive Lernmethode der strukturellen Kommunikation, welche die Qualität des Kleingruppen-Tutorials simulierte, jedoch mit weitreichenden Konsequenzen und Anwendungen. Später etablierten sich diese zu dem, was heute als »logovisuelles Denken« bekannt ist (Anmerkung des Herausgebers; nach Anthony Blake; siehe www.duversity.org).

Werden zum Gegenstand haben. Das erklärt, warum ich Gurdjieff für meine eigenen Bedürfnisse wichtiger finde als Jung.

Lassen Sie uns jetzt zu Jungs Beschreibung des Menschen und seiner Natur kommen. Jedermann weiß, dass er einer der »Propheten des Unbewussten« ist, sich aber von Freud darin unterscheidet, wie er den unsichtbaren Teil der menschlichen Psyche beschreibt. Seine Unterscheidung psychischer Grundhaltungen – Extroversion und Introversion – ist in unsere Alltagssprache eingegangen. Ich halte es für sehr wahrscheinlich, dass sich diese Unterscheidung auf das Reagierende Selbst bezieht; es handelt sich um eine Orientierung der Sensitivität. Stellen Sie sich zwei Pflanzen vor, von denen eine ihre Kraft überwiegend aus den Wurzeln, die andere über die Blätter gewinnt. Die eine sucht innen nach Nahrung und die andere außen. Jung zufolge wird die Haltung durch das Objekt bestimmt. Aber der Unterschied liegt in der Form, nicht in der Äußerung der Sensitivität.

Sie haben nach den Funktionstypen gefragt. Jung unterscheidet zwei Funktionspaare: auf der rationalen Seite das Denken und das Fühlen und auf der irrationalen die Empfindung und die Intuition.[18] Persönlich ziehe ich Gurdjieffs Drei-Typen-Charakterisierung vor: instinktiv-motorisch, emotional und intellektuell. Der Unterschied liegt wahrscheinlich mehr in der Klassifikation als in einer wirklichen Differenz hinsichtlich der Tatsachen. Die Kenntnis der Jungschen vier Funktionen ist nützlich, um Probleme zu diagnostizieren, die dem Patienten nicht bewusst sind. Die Beobachtung von Gurdjieffs drei Funktionen kann uns bei der Arbeit an uns selbst helfen, wenn wir sie ins Gleichgewicht bringen wollen.

18. Es gibt eine Stelle, wo Jung die vier Funktionen mit unseren Grundbedürfnissen in Zusammenhang bringt: »Wir müssen zur Orientierung eine Funktion haben, welche konstatiert, dass etwas ist (Empfindung), eine zweite, die feststellt, was das ist (Denken), eine dritte Funktion, die sagt, ob einem das passt oder nicht (Fühlen), und eine vierte Funktion, die angibt, woher es kommt und wohin es geht (Intuition). Darüber hinaus lässt sich nichts mehr sagen« (aus *Zur Psychologie westlicher und östlicher Religion, Gesammelte Werke*, Band XI, Seite 182). Soweit Jung; doch ich würde sagen, es bedarf noch einer weiteren Funktion zur Beantwortung der Frage: »Was mache ich damit?« Ich habe nicht das Gefühl, dass Jungs vier Funktionen so erschöpfend und selbstevident sind, wie er sie darstellt. Gurdjieffs Funktionen haben sich – vielleicht gerade, weil sie nicht so streng definiert sind – in meiner Erfahrung als praktisch hilfreicher erwiesen.

In beiden Fällen sind die Funktionen »Formen der Aktivität«; es sind keine Unterteilungen des Selbsts. Sowohl Jung als auch Gurdjieff bestehen darauf, dass wir nicht eine Funktion als »höher« betrachten sollten und eine andere als »niedriger« oder »minderwertig«. Die verschiedenen Funktionen sind sicherlich ein Teil von »mir«, aber sie sind keine »Selbste«. Meine Gedanken, Gefühle, Empfindungen und Intuitionen sind nicht ich selbst. Sie sind das, was mir geschieht, weil ich auf eine besondere Art konstruiert und den vielfältigen Impulsen und Störungen ausgesetzt war und bin. Ouspensky[19] verglich die Funktionen mit verschiedenen Instrumenten, die unterschiedlich arbeiten, je nach dem, wer sie gebraucht und wie viel Licht vorhanden ist. Als ich von funktionalen Typen gesprochen habe, meinte ich die Unterschiede zwischen Menschen je nach der Stärke oder Schwäche dieser verschiedenen Instrumente. Einer kann gut denken, ein anderer hat ein gutes Gedächtnis für Fakten, ein anderer für Gesichter oder Orte. Eine vierte Person hat starke Gefühle, jemand fünftes einen starken und geschickten Körper. Der eine ist physisch aktiv, ein anderer von Natur aus faul. Diese Unterscheidungen und dutzend weitere charakterisieren meine funktionalen Instrumente. Gewiss sind die Instrumente meine Instrumente und ein Teil von mir. Aber welchen Gebrauch ich von ihnen mache, hängt davon ab, was ich für ein Typ bin. Das hängt mit den verschiedenen Ausprägungen meines Selbsts zusammen. Das Materielle Selbst gebraucht die Instrumente gänzlich anders als das Reagierende Selbst. Aber es sind die selben Instrumente.

Frage: Warum sagt Bapak Subuh, dass die Pflanzenseele kein Gefühl für das Leiden anderer habe? Ich hätte geglaubt, dass sie natürliches Mitgefühl haben müsste, wenn sie so sensitiv ist.

Bennett: Diese Frage wird uns helfen zu erkennen, warum Sensitivität ›zweischneidig‹ ist. Wir sollten erwarten, dass das »steinharte« Herz zum Materiellen Selbst gehört, aber es gibt noch eine andere Art des Nicht-Fühlens. Das Wort »erbarmungslos« kann man für das Materielle Selbst gebrauchen, aber nicht für das mangelnde Mitgefühl des Reagierenden Selbsts. Dieses fühlt seine eigene Reaktionen, aber nicht die Reaktionen anderer. Das Reagierende Selbst kann genau so grausam sein, wie das Materielle

---

19. P.D. Ouspensky: *Auf der Suche nach dem Wunderbaren.* München 1993.

Selbst, manchmal sogar noch grausamer, weil es eben über die Kraft der sensitiven Energie verfügt. Es hat nicht die gleiche Abgeschiedenheit wie das Materielle Selbst; wenn deswegen beim Reagierenden Selbst etwas schief geht, kann das Ergebnis schlimmer sein, als wenn auf der Ebene des Materiellen Selbsts etwas nicht richtig funktioniert. Und zwar deswegen, weil die Kraft des Lebens unvergleichlich viel stärker ist als die Kraft der Materie. Sensitivität ist ein weit intensiverer Zustand als die automatische Qualität, die zu materiellen Gebilden gehört.

Ein oder zwei von Ihnen haben in den Beobachtungen, die Sie heute gemacht haben, bemerkt, dass das Reagierende Selbst zu einem sehr guten Diener werden kann, wenn es einem tieferen Teil des Selbsts untergeordnet wird. Sie sahen, wie dadurch alles lebendig wird. Es ist nicht angenehm, wenn das Reagierende Selbst die Herrschaft hat, man lebt nicht glücklich und ausgeglichen; es gibt zu viele Schwankungen zwischen Schmerz und Freude, zwischen Zuneigung und Abneigung. Wenn es jedoch etwas Höherem in uns untergeordnet wird, dann gibt uns gerade diese Polarität das Gefühl, lebendig zu sein. Die Anziehungskraft dieses Lebensgefühls bringt Menschen dazu, sich Gefahren auszusetzen. Es ist seltsam, aber wahr, dass wir uns in Momenten der Gefahr am lebendigsten fühlen. Deswegen auch konfrontieren sich Menschen, die höhere Qualitäten in sich haben, in ihrer intellektuellen Aktivität mit Widersprüchen, ja Absurditäten, weil sie in der Erfahrung dieser Widersprüche die Kraft des Geistes wahrnehmen können. Wohingegen Menschen, denen es genügt, auf der Ebene des Reagierenden Selbsts zu leben, einen Hang zu Dogmatismus haben; immer verteidigen sie eine Wahrheit und weisen eine andere zurück.

Menschen, die von ihrem Reagierenden Selbst beherrscht werden, können Ideen nicht verstehen. Entweder sie glauben oder sie verneinen, und das ist nicht dasselbe wie verstehen. Was sie aufgrund von Erziehung oder Gewohnheit als wahr anzunehmen gelernt haben, halten sie für die absolute Wahrheit. Sie können sich deswegen nicht mit widersprüchlichen Ideen konfrontieren, um eine dahinterliegende Realität zu verstehen. Wenn sie vor einem Widerspruch stehen, dann ist entweder die eine Seite richtig und die andere falsch, oder die ganze Situation ist für sie absurd und unerträglich. Sicher kennen Sie solche Leute, Leute bei denen der eine oder andere Aspekt des Reagierenden Selbsts so im Vordergrund steht, dass er ihr Leben beherrscht.

Es heißt, dass ein Mensch, der die Wahrheit erreichen will, den Dualismus überwinden muss, dass er über die Gegensatzpaare hinauskommen muss, wie es in den Veden heißt. Dies wird manchmal recht abstrakt-philosophisch dargestellt, als gäbe es ein philosophisches Prinzip, das den »Dualismus« ablehnt und den »Nicht-Dualismus« vertritt. Ich hatte immer den Eindruck, dass sowohl Dualisten als auch Nicht-Dualisten in Begriffen sprechen, die zum Reagierenden Selbst gehören. Es ist möglich, sich mit seinem Reagierenden Selbst als Nicht-Dualist zu definieren, so seltsam und widersprüchlich das klingen mag, wo doch das Reagierende Selbst ganz und gar dualistisch funktioniert. Man kann die Vielfalt zurückweisen und behaupten, alles sei Eins. Das kommt häufig vor. Ich habe gesehen, wie Leute sich mit Hilfe ihres »Denk-Instrumentes« die Idee des Einsseins zueigen gemacht haben und leidenschaftlich jene kritisieren, die die Vielfalt – die wunderbare Mannigfaltigkeit der Schöpfung – für real halten. Sie können nicht erkennen, dass gerade ihr Widerstand das Wesen des Dualismus kennzeichnet. Es ist durchaus wahr, dass wir den Dualismus überwinden müssen, aber das bedeutet nicht, dass wir diesen sensitiven Teil unserer Natur leugnen oder ausmerzen müssten; vielmehr muss ihm der richtige Platz zugewiesen werden. Es gibt in unserer Natur diesen richtigen Platz für das Reagierende Selbst. Wenn es nichts in uns gäbe, das den Unterschied zwischen gefährlichen und sicheren Lebensumständen erkennen könnte, zwischen guter Nahrung und Gift, zwischen Schmerz und Wohlgefühl im physischen Körper, dann wären unsere Körper derartigen Gefahren ausgesetzt, dass wir wahrscheinlich bald der Zerstörung anheim fielen. Noch in anderer Hinsicht brauchen wir das Reagierende Selbst, das auf eine Art äußerst wichtig ist. Es steht tatsächlich unvergleichlich viel höher auf der Skala des Seins als irgendetwas, das wir sehen und anfassen können. Die »sichtbare« Welt ist die materielle Welt. Die »unsichtbare« Welt fängt mit dem Leben an. Unser gewöhnliches Bewusstsein kann die sichtbare Welt aufnehmen und erkennen, in ihr handeln und wirken. Die Welt des Lebens entzieht sich unserem gewöhnlichen Bewusstsein. Wir sind *innerhalb* des Lebens, aber wir können es nicht sehen. Deswegen hat Bapak Subuh gesagt, dass die Welt, die der Wesensnatur der Pflanzen entspricht, weit größer ist als diese Erde und alles, was wir sehen und anfassen können. Wie ich später erklären werde, haben der Mann oder die Frau, die in dieser Welt so frei leben können, wie gewöhnliche Menschen in der Welt materieller Objekte, bereits einen großen Schritt hin zur Realität getan.

Wahrscheinlich wird Ihnen allmählich klar, dass die Welt der Sensitivität einen eigenen Bereich im Gesamtentwurf der Existenz darstellt. Es ist eine weitaus feinere und außergewöhnlichere Welt als die Welt materieller Gegenstände. Wenn wir uns von materiellen Objekten beherrschen lassen und an der Qualität der Sensitivität vorbeigehen, dann wird das Leben sehr, sehr langweilig, und es bedarf künstlicher Reize, um überhaupt in Bewegung zu bleiben. Aber nur wenige Menschen sind in der Lage, die Welt des Lebens zu betreten und sie so zu sehen, wie sie ist. Einige von Ihnen werden sich an den Vortrag von Bapak Subuh erinnern und besonders an seine Demonstrationen des Unterschieds zwischen der vegetabilen und der materiellen Welt.

In der gesamten esoterischen Literatur wird auf eine Rangfolge von Himmeln Bezug genommen. Diese sind symbolische Ausdrücke für die verschiedenen Seinszustände, in denen Leben möglich ist. Die Erde entspricht der materiellen Welt. Die zweite Welt ist die der Sensitivität. Wir alle befinden uns auch in dieser Welt; aber wir können sie nicht erkennen, solange wir nicht frei sind. Wenn wir von den Einflüssen der Erde frei sind, sehen wir, dass die Erde selbst sich in den Himmel verwandelt. Die Welt der Pflanzen, der Zustand der Sensitivität der Lebensenergie ist himmlisch im Vergleich zu gewöhnlichem Empfinden und Denken. Deswegen heißt es, dass die sensitive Welt der zweite Himmel sei. Gegenwärtig können Sie die Wahrheit dieser Aussage nur ahnen, aber wenn Sie beharrlich bleiben, werden Sie feststellen, dass Sie diese Welt betreten und sich ihrer Schönheit erfreuen können.

Lassen Sie mich erklären, dass ich, wenn ich die Welt des Lebens als so viel größer als die materielle Welt beschreibe, in keiner Weise den Eindruck erwecken will, die Erde oder die materiellen Objekte im Allgemeinen seien »niedrig« oder »schlecht«. Das ist eine falsche Vorstellung, die schon viele in die Irre geführt hat. Alles, was besteht, ist für die gesamte Harmonie der Schöpfung Gottes gleich wichtig. Eine große Wahrheit ist in den Worten der Genesis ausgedrückt: »Und Gott sah alles an, was Er gemacht hatte, und siehe, es war sehr gut.« Die Erde ist gut und ein Ort der Freude und Erfüllung: Aber für uns Menschen ist es auch ein Ort der Arbeit und des Dienstes. Das Gleiche gilt für die Welt des Lebens und der Sensitivität. Jede Welt kann ein Paradies sein –

die Erde war schließlich das erste! Sie ist es nur dann nicht, wenn wir ihren Zweck nicht verstehen und unseren Platz darin nicht finden.

Es ist notwendig, dies zu sagen; und dennoch muss die Wahrheit wiederholt werden, dass das Leben so viel größer als bloße Materialität ist. Die Welt des Lebens ist eine sehr große Welt. Wir bekommen ein Gefühl dafür, wenn das Lebensgefühl in unserem Körper steigt und wieder abflaut. Unsere Unfähigkeit, das Leben zu leben, die Kraft des Lebens zu erfahren, beruht zum großen Teil darauf, dass unsere Sensitivität in gewohnheitsmäßigen Reaktionen gebunden ist. Was die Welt des Lebens sein sollte, ist für uns zu einer Welt der Klischees geworden: emotional, empfindungsmäßig und intellektuell. Gewohnheiten lenken uns, Ja und Nein, Lust und Unlust, Freude und Leid. Wenn wir auf einen Stimulus anders reagieren, dann eben, weil wir die Gewohnheit haben, so zu reagieren. So sollten wir nicht sein. Unsere Sensitivität muss freier sein, als sie bei den meisten Menschen ist. Die Transformation des sensitiven Teils des Selbsts besteht darin, es von den gewohnheitsmäßigen Reaktionen zu befreien. Wie ich schon sagte, heißt das nicht, dass das Reagierende Selbst in diesem Prozess zerstört werden müsste. Es muss zu einem Wahrnehmungsorgan von beinahe unendlicher Kraft und Vielseitigkeit werden, das Unterschiede erkennen kann, die auf der Ebene des Materiellen Selbsts nie wahrgenommen werden können. So sollte dieser Teil von uns beschaffen sein: Wir sollten fähig sein, am gesamten Leben zu partizipieren. Vielleicht haben Sie Gurdjieffs kniffligen Ausspruch schon gehört: »Wenn du in deinem Instinktzentrum bewusst sein könntest, dann könntest du mit Würmern sprechen; und was dir Würmer zu sagen hätten, könnte dir niemand anders sagen.« Es ist durchaus wahr, dass wir mit Würmern sprechen könnten, wenn dieses Reagierende Selbst so funktionieren würde, wie es soll. Wir könnten mit allem Lebendigen sprechen, seine Sprache verstehen, wissen, wozu es da ist und warum, wie es arbeitet, was es fühlt und versteht. Vielleicht würde uns sogar ein Grund dafür einsichtig werden, warum Gott Leben in die Schöpfung gebracht hat.

* * *

Hier wurde die Diskussion mit Kaffee und Kuchen unterbrochen. Es war offensichtlich schwer, die widersprüchlichen Aspekte der

Sensitivität zu begreifen. Einerseits wurde das Reagierende Selbst als ein vergleichsweise untergeordneter Teil von »mir« dargestellt, ein Hindernis auf dem spirituellen Weg, solange es nicht gelernt hat, sich den höheren oder tieferen Teilen von »mir« zu unterwerfen. Andererseits wurde das Leben als eine hoch bedeutende universale Realität dargestellt: Sensitivität als das Charakteristikum des »zweiten Himmels« und die Welt der Pflanzen als weit größer als die Erde und die gesamte »materielle« Welt. Wenn das Reagierende Selbst zu dieser großen Welt gehört, warum sollte es dann wie ein Mühen bereitender niedriger Teil von uns behandelt werden? Die meisten der Anwesenden fühlten, dass in diesem Widerspruch das Geheimnis des Verstehens enthalten war; aber es fiel ihnen schwer, sich auszudrücken. Das wurde offensichtlich, als die Diskussion wieder aufgenommen wurde.

* * *

Frage: Was ist der Unterschied zwischen den Qualitäten des Ablehnens, wenn man eine Person, die vom Reagierenden Selbst beherrscht wird, mit einer vergleicht, die das Reagierende Selbst beherrscht?

Bennett: Wenn das Reagierende Selbst die Herrschaft hat, dann reagiert es, ohne irgendwelche Faktoren zu berücksichtigen, die nicht unmittelbar gegenwärtig sind. Es ist gleichgültig gegenüber den Konsequenzen. Wenn das Reagierende Selbst unter Kontrolle gebracht wird, dann verwandeln sich seine Reaktionen in Wahrnehmungen und in das Material für Verstehen. Genau genommen sollte das Reagierende Selbst ein Wahrnehmungsorgan sein.

Ich sollte hier etwas über »Selbste« sagen. Ein Selbst ist nicht etwas Simples, sondern aus drei verschiedenen Elementen zusammengesetzt. Erstens sind da die Instrumente, mit denen es arbeitet. Diese sind mehr oder weniger die gleichen für alle vier Selbste im Menschen; der einzige Unterschied liegt in dem mehr oder minder vollständigen Gebrauch, den die Selbste von den Instrumenten machen können. Zweitens gibt es eine charakteristische Energie und die dazu gehörige Erfahrung. Bisher haben wir nur zwei behandelt: die automatische und die sensitive Energie. Sie können mit der Qualität des Treibstoffes verglichen werden, den wir in eine Maschine füllen. Drittens gibt es das »Ich« oder den Willen. Bisher haben wir nichts darüber gesagt, wer oder was mit dem

»Ich« gemeint ist und aus welchem Grund ich die Wörter »Ich« und »Wille« immer miteinander in Verbindung bringe.

In einer sehr groben Analogie kann ein Selbst mit einem Fahrzeug verglichen werden. Mit dem einen Treibstoff kann es nur kriechen, mit einem anderen sehr schnell fahren, mit einem dritten fliegen, und ein vierter gibt ihm die Kraft, sagen wir, alle vier Elemente zu durchschreiten: Erde, Wasser, Luft und Äther. Das »Ich« ist hier der Passagier, der im Fahrzeug sitzt und sich transportieren lässt. Wenn das Fahrzeug immer nur mit der niedrigsten Brennstoffqualität läuft, ist der Passagier dazu verurteilt, im Schneckentempo zu reisen.

Auch stellt sich die Frage, welche Rolle die Kombination spielt. Das Fahrzeug ist nur ein Vehikel, eine Kombination von Instrumenten: Fühlen, Denken und so weiter. Es ist auch abhängig von den »Straßen«, das heißt unseren äußeren Lebensumständen. Und weil es einen Passagier gibt, ist es ein Passagierfahrzeug, und nicht bloß ein gewöhnlicher Karren. In anderer Sprache ausgedrückt: Die Selbste säen Samen, deren Früchte der gesamte Mensch ernten muss – weil der Wille in sie eingeht. Wenn der Wille sich nicht mit einem Selbst verbindet, dann ist es nur ein Instrument.

Leider klingt das alles sehr kompliziert. Man kann es auch einfacher sagen: Ein Selbst ist ein Teil des Menschen, der sich so verhält, als wäre er der ganze Mensch. Wenn das Reagierende Selbst sich unseres Willens bemächtigt hat, dann handeln wir so, als gäbe es nichts außer Zuneigung und Abneigung. Wenn der Wille sich ganz aus dem Reagierenden Selbst zurückzieht auf seinen eigentlichen Platz mehr im Inneren, dann haben unsere Vorlieben und Abneigungen, unsere Freuden und Schmerzen keine Gewalt mehr über uns.

Frage: Kann das zur vollständigen Kontrolle über Schmerzempfindung führen? Wäre es zum Beispiel bei Folterung möglich, nicht auf die physischen Schmerzen zu reagieren?

Bennett: Ja, ich bin sicher, dass das möglich ist, wenn ein höherer Teil des Selbsts wirklich in der Lage ist, die Herrschaft auszuüben. Ich kann nicht sagen, wie weit das willentlich getan werden kann, weil ich selbst so wenig Erfahrung darin habe; aber ich bin mir der Möglichkeit vollkommen sicher, dass es unwillkürlich geschehen kann. Dies erfuhr ich zum ersten Mal, als ich ein Schuljunge war und meinen Arm beim Fußballspielen brach. Ich wollte weiterspielen, band den Arm einfach hoch und nahm weiter am Spiel teil. Ich weiß genau, dass ich keinerlei Schmerz empfunden habe, obwohl das Spiel noch etwa eine halbe Stunde dauerte. Erst fünf Minuten nach Ende des Spiels spürte ich quälende Schmerzen. Ich erinnere mich, wie mir plötzlich bewusst wurde, dass ich keine Schmerzen gefühlt hatte, weil das Spiel so aufregend gewesen war. Aufregung kann also stärker sein als Schmerz. Bald danach ging ich nach Frankreich während des Krieges 1914–1918. Ich erlebte und hörte von mehreren derartigen Fällen, wo die Aufregung des Krieges und des Kampfes die Schmerzempfindung zeitweise unterbrach. Ich lernte daraus, dass es ohne Zweifel im Menschen eine bestimmte Ebene der Erfahrung gibt, auf der der physische Körper machtlos ist. Das heißt: Ein Mensch kann seinen Körper »ausschalten«, ohne dass sich dieser ihm widersetzen kann; oder der Körper kann die stärksten Schmerzen haben, ohne dass diese in das Bewusstsein dringen. Ich bin sicher, dass Menschen, die die Herrschaft über die bewusste Energie erlangt haben, die gleichen Ergebnisse willentlich hervorbringen können. Das hängt weitgehend davon ab, ob die betreffende Person ganz frei von Einbildung ist, denn ich glaube, dass die Wirkung der Folter sehr stark von Einbildung beeinflusst wird. Diese Herrschaft zu erreichen ist sehr schwer, weil sie einer höheren Ordnung angehört als die sensitive Energie.

Nun möchte ich beginnen, den Zusammenhang zwischen Sensitivität und Bewusstsein zu erklären. Ich werde morgen die Erklärung vervollständigen, weil wahres Bewusstsein zur dritten Stufe gehört.

Meistens wird Sensitivität fälschlicherweise für Bewusstsein gehalten. Wenn man sagt: »Er hat das Bewusstsein verloren«, so meint man damit eigentlich, dass die sensitive Energie von seinem Verstand oder von seinem Körper abgeschnitten ist. Im Falle des Körpers ist das leicht festzustellen. Der Zustand ist bekannt als Anästhesie oder Empfindungslosigkeit. Wenn das Gleiche unserem Denken widerfährt, nennen wir es »Bewusstlosigkeit«, aber es hat nichts damit zu tun. Ich weiß aus eigener Erfahrung, dass wir im tiefen Koma, wenn alle Sensitivität geschwunden ist, immer noch über Bewusstsein verfügen können. Ich habe mit vielen Menschen darüber gesprochen und bin sicher, dass es wahr ist. Bei Menschen, die im Sterben lagen, konnte ich feststellen, wie ihre Sensitivität aufhörte, ohne dass ihr Bewusstsein schwand.

Was normalerweise »Bewusstsein« genannt wird, ist nichts anderes als Sensitivität verbunden mit dem assoziativen Prozess unseres Gehirns oder Denkzentrums. Wenn wir einschlafen, tritt diese in den Hintergrund; aber weil wir uns an Träume erinnern können, ist es offensichtlich, dass die Assoziationen und Bilder nicht aufhören. Die Sensitivität des Denkzentrums unterscheidet sich nicht von der Sensitivität des Instinktzentrums oder des Gefühlszentrums. Infolge unserer Lebensumstände wird unser Wille oder unser »Ich« häufiger von unseren Assoziationen gefangen genommen, so dass die Illusion entsteht, wir wären »identisch mit unseren Gedanken«.

Das Beispiel meiner Erfahrung als Junge zeigt, wie ein Schock Sensitivität vertreiben kann. Ein schwer Verwundeter, der nur noch wenige Minuten zu leben hat, fühlt normalerweise keine Schmerzen, er ist sich nicht einmal mehr seines Körpers bewusst, der sich mit automatischer Energie bewegt. Dr. Maurice Vernet hat entscheidende Experimente beschrieben, die beweisen, dass die Sensitivität vom tieferen Bewusstsein unabhängig ist. Es ist zum Beispiel möglich, im Zustand völliger Anästhesie eine Dosis tödlichen Gifts, wie Curare, zu injizieren, ohne irgendwelche schädlichen Folgen. Elektroschocks, die bei vorhandener Sensitivität sofort tödlich wären, verletzen einen Menschen nicht, der ganz ohne Sensitivität ist. Es ist bekannt, dass einige Mörder in Amerika auf dem elektrischen Stuhl nicht hingerichtet werden konnten. Wahrscheinlich fielen sie in einen Zustand hysterischer Total-Anästhesie.

Wie dem auch sei, für uns kommt es jedenfalls darauf an zu erkennen, dass das, was wir als gewöhnliches Bewusstsein ansehen, an die sensitive Energie gebunden ist. Gurdjieff bestand darauf, dass das, was die Menschen »Bewusstsein« nennen, nicht wirklich Bewusstsein ist; aber soviel ich weiß, hat er es nie so erklärt, wie ich hier. Wie viele von Ihnen wissen, bezieht sich auch Bapak Subuh auf »ein feineres Bewusstsein hinter dem gewöhnlichen Bewusstsein«, ohne eine Erklärung zu geben.

Ich verdanke mein eigenes Verständnis dieser höchst wesentlichen Unterscheidung teilweise, wie ich sagte, Dr. Vernet und teilweise meinen Gesprächen mit dem Shivapuri Baba. Zwei Quellen, die nicht weiter auseinander liegen könnten! Als ich diesen Zusammenhang zwischen Sensitivität und gewöhnlichem Bewusstsein für mich verifiziert hatte, fühlte ich mich wie Christopher Columbus!

Frage: Sie sagten vorhin, dass wir am gesamten Leben teilhaben könnten, wenn wir in diesem sensitiven Körper ganz lebendig sein könnten; und dann sagten Sie, dass wir mit unserer Sensitivität nur uns selbst empfinden, und nicht, was sich in einem anderen Menschen abspielt. Wie sollen wir das verstehen?

Bennett: Wenn diese sensitive Energie wirklich einer höheren Energie untergeordnet ist, können wir uns mit was immer wir möchten in Kontakt bringen; aber wenn das nicht der Fall ist, dann bleiben wir im Zustand der Trennung. Die sensitive Energie ist polarisiert, positiv und negativ. Wenn die Polarität gemeistert ist, verfügt man über die ganze Kraft, die darin steckt. Wenn man sie nicht gemeistert hat, steht man unter ihrem Joch, und das bedeutet, dass man jeweils nur eine Seite empfinden kann. Wenn ich meinen eigenen Zustand fühle, dann kann ich den Zustand eines anderen nicht fühlen, außer ich empfinde »Sympathie« für ihn.

In der Terminologie von Gurdjieffs und Ouspenskys System würde ich sagen, dass das Reagierende Selbst zu dem gehört, was der »emotionale Teil« der Zentren genannt wird. Manche Leute fanden das verwirrend.[20] Es war in diesen frühen Tagen schwierig, die richtigen Übersetzungen für die russischen Worte zu finden. Heute würde ich vom sensitiven Teil der psychischen Funktionen sprechen. Physischer Schmerz und andere Dinge durchdringen das Materielle Selbst und berühren das Reagierende Selbst.

Frage: Könnte es sein, dass man übermäßig leidet, wenn der sensitive Teil zu offen gegenüber dem Druck des Lebens wird? Ich denke an den Maler Van Gogh, der ein extrem sensitiver Mensch war. War er vielleicht in gewisser Weise zu sehr ausgesetzt?

Bennett: Wenn Sie über einen ungewöhnlichen Menschen wie Van Gogh sprechen, müssen Sie größere Tiefen seines Wesens in Betracht ziehen. Ich bin sicher, dass sich in Van Gogh mehr geformt hatte als das Sensitive Selbst. Ich würde sagen, dass er nicht vom sensitiven Selbst beherrscht war, nicht in der Gewalt von Vorlieben und Abneigungen. Aus seinen Briefen und seinem Leben wird klar, dass etwas Tieferes in ihm gewirkt hat. Es ist durchaus wahr und sehr wichtig zu verstehen, dass diese besondere

---

20. Eine Beschreibung der Zentren findet sich bei John G. Bennett: *The Crisis in Human Affairs,* sowie bei P.D. Ouspensky: *Auf der Suche nach dem Wunderbaren* und *The Psychology of Man's Possible Evolution.*

Struktur des sensitiven Selbsts in Schwierigkeiten kommen kann, und dann geraten die Reaktionen außer Kontrolle. Das Materielle Selbst sollte wie ein Schwungrad funktionieren, das die Dinge verlangsamen oder zumindest regulieren kann. Wenn alles richtig arbeitet, besteht ein Gleichgewicht zwischen der Aktivität des Selbsts einer jeden Ebene. Wenn sich auf einer tieferen und wichtigeren Ebene des Selbsts ein Übermaß an Energie – oder wie Jung es nennt, Libido, ansammelt, das nicht mehr reguliert werden kann, kann das innere Funktionieren der ganzen Person gestört werden. Etwas derartiges geschah Van Gogh. Im Weiteren werden Sie sehen, dass es gefährlich sein kann, die tieferen Teile des Selbsts übermäßig anzuregen, bevor sie transformiert und vergeistigt worden sind.

Frage: Im Gurdjieff-System wird von »Selbsterinnerung« gesprochen. Wird damit das Reagierende Selbst zu einem gewissen Grad aufgebrochen?

Bennett: Selbsterinnerung ist kein zerstörender Prozess; Selbsterinnerung sollte ein integrierender Prozess sein. Sein Ziel ist es, die tieferen Teile des Selbsts mit den mehr an der Oberfläche liegenden in Verbindung zu bringen. Aber es ist durchaus richtig, dass es im Gurdjieff-System – wie im Zen und anderen Techniken zur Entwicklung des Menschen – Methoden gibt für das, was Gurdjieff »Dekristallisierung« nennt, um, wie Sie sagen, etwas »aufzubrechen«, das festgerastet ist. Was bedeutet das hinsichtlich des Reagierenden Selbsts? Wir müssen im Auge behalten, dass das Reagierende Selbst der Menschen weitgehend aus konditionierten Reaktionen besteht, die sehr starr werden können, so dass sich die dahinter liegende Spontaneität nicht äußern kann. Die Teile des Selbsts, die über weit größere und wesentlichere Kräfte verfügen, werden durch das begrenzte und fixierte Reaktionsrepertoire des Reagierenden Selbsts in Schach gehalten. Manchmal muss das erst aufgebrochen werden, um wieder etwas in Bewegung zu bringen. Es können auch verschiedene Teile innerhalb des Reagierenden Selbsts sich gegenseitig aus dem Gleichgewicht bringen. Anstatt ein abgerundetes Ganzes zu sein, können gewisse Reaktionen im Verhältnis zu anderen hypertrophiert und andere unterentwickelt oder sogar atrophiert sein. Um Normalität zu erreichen, muss das ausgeglichen werden, damit die Reaktionen auf eine Art von Reiz und von einem Teil der Person nicht im Missverhältnis zu anderen

Reaktionen stehen. Selbst für ein normales, ausgeglichenes Leben, ohne das weitergehende Ziel der spirituellen Vervollkommnung, ist es manchmal notwendig, die fixierten Reaktionsgewohnheiten auf der Ebene der Sensitivität einzureißen oder aufzulösen.

Frage: Manche Systeme brechen sie ganz und gar; zum Beispiel zerbricht Scientology alle Reaktionsmuster, so dass sich keine Gefühlsmassen mit vergangenen Erfahrungen im Körper verbinden. Kann dadurch nicht ein gewisses Schutzschild der Natur zerstört werden, das vielleicht nützlich ist?

Bennett: Ich stimme Ihnen zu, dass es da Gefahren gibt. Der sensitive Teil des Menschen muss entweder mit großem Wissen und Verständnis behandelt werden, oder er muss in Ruhe seiner natürlichen Veränderung überlassen werden. Ich erinnere mich an eine Szene, in der Gurdjieff sich unglaublich widerwärtig gegenüber einer Person verhielt – es war genau dieses Aufbrechen, von dem Sie reden – und er drehte sich zu mir und sagte in seinem sonderbaren Englisch: »Sie nicht überrascht, was ich bin so impertinent?« Ich antwortete: »Nichts, was Sie tun, erstaunt mich.« Er darauf: »Warum, Sie denken, ich kann tun dies?« Ich sagte: »Weil Sie wissen, was Sie tun.« Er antwortete: »Ja, weil ich habe *Wissenschaft*, so dass ich kann tun dies; wer nicht hat Wissenschaft, darf nicht tun!«[21]

Es ist riskant, auf das Reagierende Selbst eines Menschen direkt einzuwirken. Es gibt natürlichere Wege, auf denen der Zustand der sensitiven Natur harmonisiert und entwickelt werden kann. Das ist eines der Wunder des Subud; die Wirkung des Latihan auf das Reagierende Selbst ist etwas sehr Außergewöhnliches, weil es zu einer natürlichen Reorientierung dieses Teils des Menschen führen kann. Ich meine damit nicht, dass es nie Schwierigkeiten geben kann. Ich glaube nicht, dass Subud für jeden eine sichere Methode sein kann, so wie es nichts gibt, das absolut sicher ist. Bei allem können wir Fehler machen. Aber wenn Subud in der richtigen Weise wirksam wird, dann ist es wirklich wunderbar zu sehen, wie diese Richtigstellung ohne Schaden vor sich geht, ohne Erschütterung des ganzen Gebäudes.

---

21. *"You not surprised what I am so impertinent?"* // *"Why you think I can do this?"* // *"Yes, because I have* science *so I can do this; who has not* science *must not do!"*

Frage: Wenn beim Testen eine Antwort durch das sensitive Selbst käme, woran würde man das erkennen?

Bennett: Nicht jeder weiß hier, was mit »Testen« gemeint ist; ich sollte es deswegen zuerst erklären. In der Praxis des Subud kommt es zu einer Öffnung und Erweckung der tieferen Teile des Selbsts. Wenn diese richtig arbeiten, sind ihnen Wissensquellen zugänglich, die dem normalen Bewusstsein verschlossen sind. Hellsichtigkeit ist ein Beispiel für diese Art des »Wissens ohne Mitwirkung der Sinne und des Denkens«. Bapak Subuh hat denen, die das Latihan praktizieren, gezeigt, dass es häufig möglich ist, Antworten auf Fragen zu finden, die uns belasten, wenn wir sie in Worte fassen und uns dann in den Zustand des Latihan versetzen. Manchmal können wir auf diese Weise Antworten oder zumindest Hinweise empfangen, die sehr dabei helfen können, eine Situation klar zu erkennen und Entscheidungen zu fällen. Bapak Subuh hat erklärt, dass die Ergebnisse des Testens davon abhängen, welcher Teil des Selbsts in der Lage ist zu antworten. Es dauert lange, bis Antworten empfangen werden können, die das Verstehen direkt erhellen.

Zu Anfang kommen die Ergebnisse des Testens vom Materiellen Selbst; durch Bewegungen des physischen Körpers, die für andere nicht unbedingt sichtbar zu sein brauchen. Antworten des Reagierenden Selbsts kommen später. Sie müssen im Gedächtnis behalten, dass bei aller Kompliziertheit der Reaktionen das Reagierende Selbst immer auf der Grundlage von Annahme und Ablehnung arbeitet. Das kann auf verschiedenste Weise erfahren werden; am einfachsten und direktesten durch ein inneres »Ja« oder ein inneres »Nein«, das keine Worte hat. Manchmal vermittelt es sich durch ein Gefühl wie Freude oder Traurigkeit oder durch eine Empfindung wie Licht oder Dunkelheit. Sie können es von der Art des »Empfangens« vom Materiellen Selbst leicht unterscheiden, denn im Letzteren gibt es kein Element des Gefühls. Das Materielle Selbst kann unter den Einfluss des Latihan kommen – tatsächlich muss es das, soll es sich in ein richtig funktionierendes Instrument verwandeln –, aber es wird nie *fühlen* können. Wenn es also auf das Testen antwortet, dann durch eine Bewegung, eine Geste der Arme oder des Kopfes.

Übrigens ist es wichtig, zwischen dem, was auf Deutsch »Gefühl« und »Empfindung« heißt, zu unterscheiden. Das Materielle Selbst kann Empfindungen haben. Im Latihan kann es sogar in den Anfangsphasen starke Empfindungen geben, die für Gefühl gehalten werden. Es kann auch zu einer physischen Entspannung kommen mit den damit einhergehenden Empfindungen von Friede und Glück, ohne eine entsprechende Entspannung der Sensitivität. Auf dieser Stufe fühlen sich Leute innerlich im Frieden, aber werden leicht durch andere irritiert. Das ist ein Hinweis darauf, dass das Reagierende Selbst noch nicht, wie wir im Subud sagen, »gereinigt« ist. Das geläuterte Reagierende Selbst hat reine Gefühle, es kennt weder Vorlieben noch Abneigungen.

Wenn das Reagierende Selbst am Testen beteiligt ist, dann empfängt es oft Hinweise, die den Erwartungen unseres Verstandes ganz entgegengesetzt sind. Beim Hören einer Frage mag uns ein Gefühl großer Traurigkeit oder großen Glücks überkommen. Dies gehört zum sensitiven Selbst. Vielleicht versteht man es nicht und kann es nicht interpretieren. Man kann leicht Fehler machen, weil möglicherweise feinere Einflüsse am Werk sind, die vom Reagierenden Selbst nicht aufgenommen werden können. Aber der Unterschied zwischen dem, was das Reagierende und das Materielle Selbst empfangen können, liegt eben darin, dass es sich beim Materiellen Selbst als Bewegung äußert, beim sensitiven Selbst jedoch als Reaktion.

Wir müssen für heute die Diskussion beenden. Aber zuvor will ich Ihnen noch ein *Symbol* zeigen, das ich sehr nützlich finde für die Vorstellung, die wir uns vom ganzen Menschen machen, von dem wir bis jetzt erst zwei Teile studiert haben. Mit »Symbol« meine ich eine visuelle Form, die sich unserer inneren Schau darstellt, um uns etwas sehen zu lassen, das nicht in Worten allein gefasst werden kann. Das Symbol hilft uns, eine Verbindung herzustellen zwischen der unsichtbaren oder übersinnlichen Welt und der sichtbaren oder sinnlichen oder »erkennbaren« Welt.

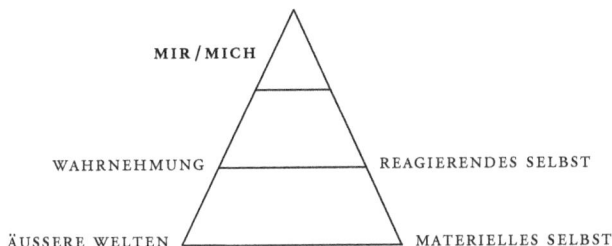

Das Symbol des »Mir/Mich«

Das Dreieck verengt sich zu einem Punkt an der Spitze. Die Verengung repräsentiert »Innerlichkeit« oder zunehmende Wendung nach innen. Die Grundlinie des Dreiecks steht für die gesamte Welt unserer täglichen Erfahrung; alles, was wir sehen, hören und anfassen können, gehört hierher. Es ist die Welt der materiellen Objekte, der *Dinge*. Die entsprechende Ebene von »mir« ist das Materielle Selbst. Es ist fast das Gleiche, wie das Bewusstsein in den Psychologien von Freud und Jung. Man kann es auch »die erkennbare Welt« nennen. Sie erinnern sich auch, dass ich es als »Erde« und »ersten Himmel« bezeichnet habe.

Die zweite horizontale Linie steht für *Leben*. Es ist der verborgene Bereich, wo das Leben zuhause ist. Wir können das Leben selbst nie sehen – nur die äußeren Formen lebender Dinge. Es ist auch der Ort des zweiten Teils von »mir«, des Reagierenden Selbsts. Es ist ein riesiger Bereich, nicht gemessen in Millionen Meilen, sondern in Tiefe. Er ist in einer Weise substanziell, wie es materielle Objekte nie sein können. Man könnte sagen, dass es eine andere Dimension hat: die Dimension der *Sensitivität*.

Das ist der zweite Himmel. Wir leben darin; aber wir wissen es nicht, und weil wir es nicht wissen, missbrauchen wir die Kräfte, die er verleiht. Wir sind lebendig, aber wir wissen nicht, wie wir leben sollen oder was Leben wirklich bedeutet. Als Ergebnis wird uns unsere Sensitivität zur Last und zu einer Quelle von Leiden, anstatt eine Brücke zu sein von bloßem Wissen zu der riesigen Freude, die aufkommt, wenn unser Verstehen erwacht. Morgen werden wir übergehen zum Studium des Zustandes und der Welt, wo wirkliches Verstehen möglich ist.

Kapitel drei

Das Geteilte Selbst

gestern zeigte, dem Symbol des »Mir/Mich« oder der äußeren
Selbste.

MIR/MICH

GETEILTES SELBST

REAGIERENDES SELBST

MATERIELLES SELBST

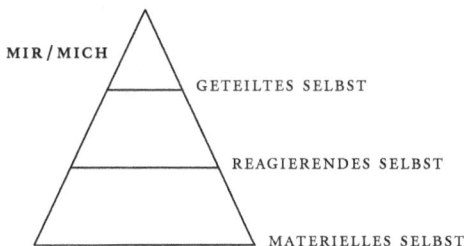

Das Symbol der äußeren Selbste

Da wir auf dieses Symbol später oft Bezug nehmen werden, möchte ich erklären, wie Sie es betrachten sollen. Der Punkt an der
Spitze repräsentiert das Wahre Selbst des Menschen. Dies lässt den
Eindruck entstehen, dass wir vom Materiellen Selbst »aufwärts«
gingen zum Wahren Selbst. In Wirklichkeit gehen wir nach innen.
Es gibt kein Höher oder Niedriger wie bei den Sprossen einer
Leiter. Alle Teile des Selbsts sind notwendig – gleichermaßen notwendig – zur Vollständigkeit des Menschen. Nur können wir nicht
innen beginnen, wir müssen da anfangen, wo wir sind.

Die Idee der Innerlichkeit ist wichtig. Pierre Teilhard de
Chardin macht dies zum Prüfstein des evolutionären Fortschritts,
wie er ihn in seinem Buch *Der Mensch im Kosmos* und in anderen
Werken zur Diskussion stellt. Ich glaube nicht, dass damit alles gesagt ist, denn, wie Sie sehen werden, wenn wir zum Problem des
»Ich« und des »Ich bin« kommen, wird die Unterscheidung zwischen innerhalb und außerhalb durch eine ebenso wichtige
Konzeption ersetzt. Nichtsdestoweniger ist die Idee der »Innerlichkeit« für das Studium von »mir« sehr wichtig. Wir haben uns nach
innen zur verborgenen Natur des Menschen bewegt. Sensitivität ist
weiter innen als Materialität. Der Unterschied zwischen sensitiver

und nichtsensitiver Existenz besteht darin, dass sich innerhalb jedes Lebewesens etwas bildet und ein unabhängiges Dasein gewinnt, das in leblosen Zuständen fehlt. Selbst im einfachsten Lebewesen gibt es etwas, das in der kompliziertesten Maschine nicht vorhanden ist. Die Idee des Inneren ist an Erfahrung geknüpft; alles Lebendige hat diese innere Erfahrung, und das ist es, was wir Sensitivität nennen.

Sie werden bemerkt haben, dass ich nicht sage, Sensitivität sei bei nicht lebender Materie abwesend, sondern dass sie nicht »geformt«, das heißt organisiert ist. Wenn Sensitivität eine universale Energie ist, müssen wir davon ausgehen, dass sie überall vorhanden ist und in alles eindringt. Aber sie kann sich nicht selbst wahrnehmen, solange sie keine organisierte Form angenommen hat. Es scheint, dass dieses Wahrnehmen bereits in den allereinfachsten Lebensformen vorkommt. Es ist in Tieren, in Zellen, in Viren und möglicherweise sogar in jenen Säuren, die die Eiweißbildung regulieren.

Jetzt müssen wir noch weiter nach innen gehen, von der sensitiven Energie zu etwas, das dahinter liegt. Wir haben mehr oder weniger ein Gefühl dafür, dass es hinter unserer Sensitivität etwas gibt, hinter unseren Vorlieben und Abneigungen, unserem Ja und Nein, aber es ist nicht leicht, zu erkennen, was dieses »etwas« eigentlich ist. Es ist immer noch ein Teil von »mir«, es ist nicht das »Ich«.

Was gibt es hinter der Sensitivität? Jede dieser Energien repräsentiert eine große kosmische Qualität, so als wäre die Schöpfung aus bestimmten Grundqualitäten aufgebaut, die sich in unendlicher Variation verbinden zu der endlosen Mannigfaltigkeit der Existenz. Aber dennoch bleiben die Qualitäten deutlich getrennt, so wie sich die Qualität des Lebens klar von der Qualität der Materie unterscheidet, so ist diese dritte Qualität deutlich von der des Lebens abgesetzt.

Wir sprechen jetzt über eine Energie, die sowohl hinter der Sensitivität als auch in ihr vorhanden ist. Versuchen Sie, das den heutigen Tag hindurch in Ihrer eigenen Erfahrung zu überprüfen. Das bereitet keine Schwierigkeit, wenn Sie einmal wissen, wonach Sie suchen müssen. Sie können *mit* Ihrer Sensitivität wahrnehmen; Sie können aber auch die Sensitivität *ihrerseits* beobachten. Die erste Art der Beobachtung sagt Ihnen, was vor sich geht; die zweite bringt Sie mit dem, was geschieht, in Kontakt. Die erste nennen wir normalerweise »bewusste Erfahrung«, aber in Wahrheit ist nur die zweite wirklich bewusste Erfahrung.

Die Haupteigenschaft der dritten Art von Energie besteht darin, dass sie uns die Kraft verleiht, mit etwas außerhalb unserer selbst *in Kontakt zu kommen*. Wenn Sie, so wie Sie es gestern getan haben, Ihre eigenen Reaktionen beobachten, um zu erkennen, wodurch diese ins Spiel kommen, werden Sie bemerken, dass eine Art Zusammentreffen erfolgt zwischen etwas, das von außen – oder aus der Vergangenheit oder der Zukunft – kommt, und etwas, das aus Ihnen selbst hervortritt: etwas in »mir«, das den Kontakt mit dem sucht, was nicht »ich« bin. Wer Systematics studiert hat, wird hier das Merkmal der Bezogenheit erkennen, die zur Triade gehört. In seiner einfachsten Form ist es nicht mehr als das Bedürfnis sich auszudrücken, sich zu behaupten, das wir schon in der Tierwelt finden, besonders bei den Chordatieren, also bei Tieren mit einer gewissen Form von Nervensystem. Dies scheint sich im Leben der Erde vielleicht vor zweihundert Millionen Jahren gebildet zu haben und hat immer kompliziertere Strukturen im gesamten Tierreich hervorgebracht. Bei niedrigeren Lebensformen wie Pflanzen, Würmern oder sogar Insekten ist es nicht erkennbar. Doch es ist nichts ausschließlich Menschliches, denn wir teilen es mit einer sehr großen Palette von Tieren. Gemeint ist dieser Drang, über sich hinaus zu greifen, etwas erreichen zu wollen, seine eigene Gegenwart spürbar werden zu lassen. Wahrscheinlich ist diese dritte Kraft oder Energie das Gleiche wie das, was C.G. Jung und andere Psychologen als Libido beschreiben. Es wäre ein Fehler, wenn man versuchte, zwischen verschiedenen Systemen genaue Parallelen zu ziehen – besonders in der Psychologie, wo es naturwissenschaftliche Exaktheit nicht geben kann –, und deswegen schlage ich nicht vor, das Wort »Libido« zu verwenden, obwohl es inzwischen zu einem gängigen Begriff geworden ist. Wir könnten das alte, einfache Wort »Bedürfnis«[22] nehmen; obwohl ich sehe, dass das am Anfang verwirrend sein könnte, weil wir gewöhnlich Bedürfnisse für etwas halten, dessen wir uns bewusst sind. Sie scheinen, zu einem ziemlich oberflächlichen Teil unserer selbst zu gehören, von dem wir glauben, wir kennten ihn recht gut. In

22. Der englische Ausdruck *desire* bedeutet Wunsch, Verlangen. Er ist hier mit »Bedürfnis« übersetzt, weil im Deutschen ein Verlangen oder Begehren selten mit einem bewussten Drang in Verbindung gebracht wird (Anmerkung der Übersetzerin).

Wahrheit verschleiern gewohnheitsmäßige Einstellungen des Reagierenden Selbsts unsere wahren Bedürfnisse. Es ist vielleicht besser, so ein unpersönliches Wort wie »Streben« zu wählen oder Begriffe, wie sie von den Evolutionsphilosophen geprägt wurden, wie Bergsons *elan vital* oder Driesch's Entelechie oder vielleicht am besten die *idée directrice* jenes großen Biologen Claude Bernard. All diese Begriffe – Libido, Lebenskraft, *elan vital,* Entelechie, *idée directrice* und Bedürfnis – beziehen sich auf dieselbe Energie, deren Realität anzuerkennen, wir kaum umhin können, sobald wir die Entwicklung des Lebens, ausgehend von den niedrigsten Formen innerhalb des Tierreichs, verfolgen. In den letzten Jahren ist das Wort *mana* bei Anthropologen und Psychologen sehr beliebt geworden. In fast all seinen Bedeutungen meint *mana* wahrscheinlich dasselbe wie unsere dritte Form der Energie. Es ist das, was Bilder, Orte, Menschen und Worte mit Kraft begabt. Ich werde es nicht gebrauchen, weil es mit Animismus assoziiert wird, einer zu engen Vorstellung für unsere Zwecke.

Der korrekte Name für diese dritte Energie ist »Bewusstsein«. Auch etymologisch ist das Wort brauchbar, weil es die Idee des »Zusammenbringens« beinhaltet. Bedürfnisse sind das Ergebnis von Bewusstsein. Von dem, was in unser Bewusstsein tritt, werden wir angezogen. Wir müssen uns lediglich daran erinnern, dass Sensitivität nicht mit Bewusstsein verwechselt werden darf. Normalerweise sind wir mit unserer Sensitivität identifiziert und »verlieren unser Bewusstsein«. Deswegen haben unsere Bedürfnisse Folgen, deren Wie und Warum uns dunkel bleibt.

Alles, was ein Bedürfnis will, ist, mit dem in Verbindung zu gelangen, was fehlt, was im Moment nicht vorhanden ist. Die einfachsten Tierarten kennen ein Streben nach etwas, das noch nicht da ist. Wir können zum Beispiel eine noch erhaltene, aber sehr ursprüngliche Fischart beobachten, deren Lebenshunger beinahe ausschließlich auf dem Geruchssinn basiert. Sobald sie Nahrung riechen, empfinden die Fische eindeutig etwas sehr Ähnliches wie das, was sie später erleben werden, wenn sie die Beute fangen und verzehren. Diese primitiven Haifische scheinen über nichts zu verfügen, das man Bewusstsein nennen könnte oder Ausrichtung oder Absicht, und doch besitzen sie unzweifelhaft ein Streben, einen Drang zur Befriedigung eines Bedürfnisses nach etwas nicht direkt Vorhandenem; dessen Erfüllung geschieht nicht derart unmittelbar, wie es bei Reaktionen der Fall ist. So scheint es denn, dass diese Energie etwas mit einer Intelligenz zu tun hat, die in einigen anderen Lebensformen nicht vorhanden ist.

Bis jetzt habe ich von diesem Drang in Bezug auf seinen sichtbaren Einfluss auf uns gesprochen als Auslöser unserer Handlungen. Wir müssen jetzt versuchen, zur eigentlichen Quelle unserer Bedürfnisse und Impulse vorzudringen. Wenn diese innere Kraft, dieser Drang und Trieb, auf seine Umwelt Eindruck zu machen, sich von seiner Umwelt zu befreien, zu suchen und zu finden, zu haben und festzuhalten, durch den Mechanismus unseres Reagierenden Selbsts gefiltert wird und sich im äußeren Mechanismus unseres materiellen, physischen Körpers ausdrückt, dann nimmt er natürlich die Formen an, die wir sehen. Das können wir schon am Beispiel des Haifisches beobachten: Sobald er eine mögliche Beute riecht, ändert sich alles in ihm; die chemischen Sekretionen im Blutkreislauf ändern sich, er erfährt einen starken Energieschub, bewegt sich mit großer Geschwindigkeit in Richtung der Beute, der er dann über den Geruch folgt, bis er sie erlegen kann. Ich bin sicher, dass der Fisch einen Erregungszustand erlebt, aber alles, was wir sehen und studieren können, gehört dem äußersten physischen Organismus an. Bestimmt gibt es dahinter ein Sensitivitätsmuster, und dahinter wiederum jenes Etwas, das den Fisch dazu treibt, aktiv auf Befriedigung auszugehen, anstatt zu warten, was zu ihm kommt, wie das ein Schwamm, eine Qualle oder eine Pflanze tun. Es scheint offensichtlich hinter dem Körper, hinter der Sensitivität, tief innen etwas zu geben, das uns treibt. Danach müssen wir jetzt suchen, aber wir müssen im Auge behalten, dass es durchaus nicht wünschenswert wäre, wenn überhaupt möglich, diesen Teil aufzudecken und zu entblößen. So ein psychischer Eingriff könnte gefährlich sein. Zweifellos befasst sich das, was »Tiefenpsychologie« genannt wird, mit der Organisation der Energie dieser dritten Ebene.

In seinem Buch *All und Alles,* im Kapitel *Fegefeuer,* weist Gurdjieff auf die Gefahr hin, dass diese schöpferische Kraft, die uns vorwärts treibt, auch destruktiv werden kann.[23] Sie bringt Dinge in Verbindung, aber sie kann die falschen so gut wie die

23. In Gurdjieffs besonderer Terminologie heißt sie *piandschoächari* oder die »fünfte Energie«. Die fünfte deswegen, weil Gurdjieff unterhalb der Ebene des Materiellen Selbsts mit Energieformen ansetzt, die in unserem gewöhnlichen Bewusstsein nicht erfahrbar sind. Siehe: G.I. Gurdjieff: *All und Alles, Beelzebubs Erzählungen für seinen Enkel.* Südergellersen 1977. Seiten 811f u. 842f.

richtigen verbinden. Wenn Bedürfnis in uns Gestalt annimmt, wird es zu einem Selbst. Es ist der dritte Teil von »mir«, die dritte Art, auf die wir uns erkennen können, und diese Erkenntnis ist das Wissen um das Muster unserer Bedürfnisse und Impulse.

Den analytischen Psychologen Freud, Adler und Jung zufolge kann man durch Selbstbefragung auf der Ebene des gewöhnlichen Bewusstseins dieses Muster nicht erkennen. Das ist zweifellos wahr, weil das gewöhnliche Bewusstsein ja nur die Sensitivität des Gehirns ist; aber daraus folgt nicht, dass der Mensch sich dieses dritten Teils des Selbsts nicht direkt bewusst werden könnte. Das ist es, was Jung »Individuation« nennt, und er behauptet, dass dieses Durchstoßen bis zur dritten Ebene das Ergebnis einer richtig durchgeführten Analyse sein kann. Es gibt verschiedene Ansichten darüber, was den wesentlichen Inhalt des dritten Selbsts ausmache. Freud bringt ihn mit Sex in Verbindung, Adler mit einem sozialen Impuls und Jung mit einem allgemeinen Drang zur Vollkommenheit. Zur Entdeckung dieses Selbsts führen Fragen wie: »Woher kommt diese Handlungsweise? Warum verhalte ich mich so?« Beobachten Sie heute Ihr Verhalten unter diesem Gesichtspunkt. Diese Fragen führen in die Richtung des dritten Teils des »Mir/Mich«, und wenn wir es auch nicht direkt erkennen können, so ahnen wir doch, dass es hinter dem Denken, Fühlen, Verhalten, Träumen »etwas« geben muss. Das ist der Anfang zur Erkenntnis dieses dritten Teils von »mir«, der zweifellos subtiler und schwerer zu verstehen ist als die ersten beiden Teile. Der Zugang eröffnet sich uns am leichtesten, wenn wir über den großen Unterschied zwischen Reagieren und Suchen nachdenken oder zwischen Reaktion und Bedürfnis. Unsere Reaktionen umfassen die Dinge nicht, nehmen sie nicht auf, während Bedürfnisse Dinge umfassen und ergreifen.

Vielleicht gelingt es Ihnen bei der Beobachtung und Reflektion Ihres Verhaltens zu entdecken, was ich mit der Kraft des Bedürfnisses hinter unseren Reaktionen meine. Wenn wir uns unserer Reaktionen bewusst werden, können wir häufig erkennen, dass sie von einem dahinter verborgenen Trieb verursacht werden. Manchmal werden sie einfach durch einen äußeren Reiz ausgelöst, oder sie sind ein »konditionierter Reflex«, dem in unseren inneren Bedürfnissen überhaupt nichts entspricht. Wenn Sie eine Störung spüren, die Sie nicht verstehen können, dann wissen Sie, dass etwas »aus der Tiefe« kommt.

* * *

Die Teilnehmer des Sommerkurses vermochten über diese dritte
Ebene des Selbsts wenig zu berichten. Der Grund mag darin liegen, dass ich sie zu abstrakt erklärt hatte, ohne Beispiele zu nennen
für die Art und Weise, in der sie sich in unserem Leben zeigt.

* * *

Frage: Kann dieser Trieb, von dem Sie sprechen, entweder gut oder
schlecht sein?

Bennett: Ich kann darauf nicht antworten, wenn Sie nicht zuerst
sagen: »Gut wofür? Schlecht wofür?« Bedürfnisse lassen sich auf
dreierlei Weise betrachten. Erstens können sie sich auf die äußeren
Teile der Selbste richten, auf Lust und Unlust oder auf Empfindung und Aktivität. Zweitens können sie sich nach innen, auf das
Zentrum des Selbsts richten. Drittens besteht die Möglichkeit,
dass sie miteinander in Konflikt kommen. Alle drei können »gut«
oder »schlecht« sein, je nach der Idealvorstellung, die Sie vom
Menschen haben. Der Konflikt zwischen Bedürfnissen und ihre
Bewertung als gut oder schlecht gehören zur menschlichen Natur.
Bei einem Tier ist es nicht so, weil ein Tier nur sein kann, was es
ist. Es kann zwischen seinen Bedürfnissen nicht wählen, hat keine
Macht über sie, weil es im Tier nichts Höheres gibt, nichts hinter
seinen Trieben.

Wahrscheinlich fiel es Ihnen schwer, mit all dem Gesagten
etwas anzufangen. Das ist nicht erstaunlich, denn es ist nicht
leicht, hinreichend ruhig zu werden, um die Situation erkennen zu
können. Normalerweise ist unsere Aufmerksamkeit so mit dem beschäftigt, was in den äußeren Teilen unseres Selbsts, dem materiellen und dem sensitiven, vor sich geht, dass wir dahinter nichts
wahrnehmen können.

Frage: Ist es dieser Teil des Selbsts, der einen befähigt, das Muster
der Gurdjieffschen Movements im Kopf zu behalten und auszuführen?

Bennett: Es kann so sein. Wenn Sie dies beobachten konnten,
dann ist es so. Wenn hinter Ihrer Äußerung eine eigene innere
Erfahrung steht, die Ihnen bewusst geworden ist, dann ist sie stich-
haltig und interessant.

Das Üben der Movements im Garten von Coombe Springs.

Frage: Mir ist aufgefallen, dass mich eine Movement unterschiedlich beeindruckt, wenn ich sehe, wie Sie sie vormachen, oder wenn Sie sie nur beschreiben. Durch das Sehen wird das Interesse eines Teils geweckt, aber dann gibt es noch etwas anderes, das in mir berührt wird.

Bennett: Deswegen sage ich Ihnen ständig, dass Ihr Verstand beim Üben der Movements leer sein muss; nur dann hat Ihr »wirkliches« Bewusstsein eine Chance, Ihnen zu helfen. Das Bewusstsein allein kann *verbinden.* Movements können nicht über das Denken gemacht werden, wie jeder feststellt, der es versucht hat. Sobald Sie anfangen, über das nachzudenken, was Sie tun, verlieren Sie zwangsläufig den Kontakt. Es ist möglich, die Movements durch direkte oder indirekte Imitation zu lernen; das ist aber nichts anderes als Konditionierung. So lernt man jede beliebige Bewegung, sei es den Gebrauch einer Maschine, Autofahren, Ballett tanzen oder die Ausführung einer präzis und schwierig koordinierten Bewegungsabfolge – all das kann dem sensitiven Selbst eingegeben werden. Das ist der übliche Weg, auf dem körperliche Fertigkeiten gelernt werden. Aber unserer Ansicht nach ist es nicht gewinnbringend, sie so zu lernen, weil wir ein anderes Ziel haben. Es geht uns nicht einfach darum, die Movements zu lernen; es geht darum, uns selbst und die Weise, wie wir funktionieren, besser zu verstehen. Dazu müssen wir unsere Aufmerksamkeit näher an unser wahres Bewusstsein heranbringen, und um das zu erreichen, müssen wir das sensitive Pseudo-Bewusstsein leer machen.

An diesem Punkt ist es, glaube ich, nützlich, wenn ich etwas über *Aufmerksamkeit* sage und deren Zusammenhang mit den verschiedenen Teilen unseres Selbsts und auch mit unserem *Willen*. Es ist zu unterscheiden zwischen Wachheit [Englisch: *awareness*], die ganz passiv sein kann, und Aufmerksamkeit [*attention*], die eine Manifestation des Willens ist. Unsere Wachheit ist Resultat unserer Sensitivität. Das Wesen der Sensitivität ist es, sensitiv zu sein – nämlich wach. Man könnte sagen, dass die zweite Linie im Symbol des »Mir/Mich«, die das Reagierende Selbst darstellt, aus Sensitivität besteht, ähnlich des empfindlichen Films, den wir in der Fotografie benutzen. Hier ist er allerdings auf beiden Seiten sensitiv, so dass er Eindrücke von außen und innen aufnehmen kann. Man kann es sich auch vorstellen wie eine Leinwand, auf die Bilder geworfen werden. Diese können von verschiedenen Ebenen aus projiziert werden; wenn aber auf der Ebene des materiellen oder mechanischen Teils des Selbsts zu viel Aktivität stattfindet, dann ist die Leinwand damit voll, und es ist fast unmöglich, die Aufmerksamkeit auf irgendetwas anderes zu richten. Wenn der mechanische Teil richtig arbeitet, dann bleibt die Leinwand frei, aber dann kriegen Sie es direkt mit dem reagierenden Teil zu tun. Wenn die Leinwand selbst schadhaft ist, dann können Sie überhaupt nichts scharf in den Blick bekommen. Das ist der Zustand, in dem wir zwischen Ja und Nein schwanken, zwischen Vorlieben und Abneigungen, Freude und Jammer, Interesse und Abneigung, Überaktivität und Trägheit hin- und hergerissen werden. Unter diesen Umständen hört die Sensitivität auf, eine Leinwand für den Empfang von Bildern zu sein, so dass wir nur noch reagieren. Nur wenn die Sensitivität ruhig wird, kann auf die Leinwand projiziert werden; erst dann beginnen zusammenhängende Muster hervorzutreten.

Die Movements so zu üben, wie ich es Ihnen gezeigt habe, nämlich zu versuchen, die sensitive Aufmerksamkeit leer zu machen, damit ein relativ einfaches Muster auf den sensitiven Schirm projiziert werden kann, ist außerordentlich wertvoll. Wenn man irgendetwas schnell lernen will, so gibt es keine bessere Methode.

Die Energie des Bewusstseins schafft jene Triebe, die wir als Bedürfnisse wahrnehmen, weil sie sich immer mit etwas verbinden will. Wenn sie richtig arbeitet, dann verbindet sie uns mit uns selbst. Das ist, was Gurdjieff »Selbsterinnerung« nennt. Wenn sie sich sozusagen losreißt, dann sucht sie nach einem Haltepunkt, und dieses »Suchen« erscheint als Bedürfnis. Aus derselben Qualität entsteht die weitere Fähigkeit, *in einem Muster Zusammenhänge zu erkennen*. Die sensitive Wachheit – unser normales Bewusstsein – kann nur annehmen oder zurückweisen. Wenn seine Aufmerksamkeit von einem Gegenstand angezogen wird, muss diese von einem anderen abgezogen werden. Sie kann wie eine Kette arbeiten, von Glied zu Glied. So funktioniert unser normales assoziatives Denken. Dagegen kann das wahre Bewusstsein zusammenhängende Muster erfassen und *bewahren*. Damit ist eine zusätzliche Dimension gegeben.

Ein weiteres Charakteristikum der bewussten Energie besteht darin, dass sie Reaktion in *Bezogenheit* umsetzt. Es lässt sich immer feststellen, ob zu einer anderen Person eine Beziehung besteht oder nur ein Reaktionsverhältnis. Wenn man nur reagiert, kann man den anderen durchaus gern mögen, aber dieses Mögen schafft keine wirkliche Beziehung. Umgekehrt kann eine echte Beziehung zu jemand bestehen, selbst wenn man ihn nicht mag. Wenn Sie beobachten, wie die Dinge bei Ihnen stehen, können sie verifizieren, dass Beziehung keine Frage von Zuneigung oder Abneigung ist.

Ich möchte daran erinnern, dass das Leben in unserem Symbol mit einer einzigen Linie dargestellt wird, der zweiten von unten. Diesem Bild zufolge ist das Leben nicht der »innerste« Teil des Menschen. Es gibt eine tiefere Ebene, die man »Jenseits des Lebens« nennen könnte. Die Energie des Bewusstseins braucht das Leben, um wirksam zu werden; aber es handelt sich nicht einfach um eine Art des Lebens.

Nicht nur kann es Leben ohne organisiertes Bewusstsein geben, sondern höchst wahrscheinlich gab es dies auf dieser Erde auch tausend Millionen Jahre lang, zwischen dem ersten Auftreten des Lebens bis zum Erscheinen von Tieren mit einem Nervensystem. Daraus sehen Sie, dass für das Leben als solches organisiertes Bewusstsein nicht notwendig ist, genau so wie organisierte Sensitivität zu mehr dient als bloßem Lebendigsein.

Teilhard de Chardin scheint Recht zu haben, wenn er sagt, dass hier auf der Erde eine Bewegung nach innen stattgefunden hat. Das ist der wertvollste Beitrag, den er in seinem Buch *Der Mensch im Kosmos* leistet; aber er sieht, glaube ich, nicht den entscheidenden Unterschied, der durch das Bewusstsein entsteht, dass nämlich Bezogenheit möglich wird.

Wir wollen nun versuchen zu verstehen, was mit »organisiertem Bewusstsein« gemeint ist. Man kann es auch als »ein Muster der

Beziehungsnotwendigkeit« bezeichnen, das sich in der Form von Trieben, Bedürfnissen, Handlungsimpulsen und Charakterzügen äußert. In jedem von uns ist dieses Muster mehr oder weniger stabil. Das meine ich mit »organisiert«. Natürlich ist es nicht ein starres Muster, wie etwa eine technische Zeichnung, jedoch ein Bündel von Neigungen, das sich in den meisten Menschen ihr Leben lang nicht verändert. Größtenteils ist dieses Muster angeboren; das heißt, es bildet sich im Menschen, bevor er geboren wird. Deswegen kann es ein »Selbst« oder ein Teil des ganzen Selbsts genannt werden. Welchen Namen sollen wir diesem »Selbst der Bedürfnisse« geben? Im Sanskrit heißt es *kamarapa,* die Form der Bedürfnisse. Die Theosophen sprechen vom »mentalen Körper«; der Grund hierfür wird Ihnen gleich klar werden.

Keiner der Namen beinhaltet meiner Meinung nach das Wichtigste dieser dritten Form des Selbsts. Je mehr ich dieses Selbst in mir und anderen erkannt habe, desto mehr hat mich seine Zweideutigkeit beeindruckt – man könnte fast von »zwei Gesichtern« sprechen. Ohne Bedürfnisse können wir überhaupt nichts erreichen. Selbst wenn alle anderen Bedürfnisse ausgelöscht werden könnten, müsste wenigstens jenes letzte Bedürfnis bestehen bleiben, das Bedürfnis nach Vervollkommnung, nach Vollständigkeit und Richtigkeit, nach Gott oder der Erfüllung Seines Plans. Wenn wir unserem Schicksal gegenüber vollkommen gleichgültig würden, würden wir zu schwachsinnigen Tölpeln degenerieren. Alle Leistung entsteht durch Bedürfnis; die Kraft bewusster Energie ist wahrscheinlich der Antrieb, durch den sich die Erfüllung der gesamten Schöpfung vollzieht. Sogar Buddha, der die Aufgabe der Bedürfnisse gepredigt hat, saß unter seinem Bodhi-Baum mit der unerschütterlichen Absicht, solange dort zu bleiben, bis der Tod oder die Erleuchtung über ihn kommen würden. Was ist diese Entschlossenheit anderes als die Konzentration aller Kraft der Bedürfnisse in ein einziges Bedürfnis: von *dukha* frei zu werden, der Bürde der Existenz? In unserem eigenen, sehr gewöhnlichen Leben brauchen wir mehr Begehren, nicht weniger; denn ohne das können wir keine wahrhaft bewussten Menschen werden. Die meisten von uns sind sehr schwach auf dieser dritten Ebene des Selbsts, und wir alle wissen nur zu gut, dass es an Triebkraft fehlt. Gurdjieff sagte, dass ein Mensch umso weiter auf dem Wege der Vollendung gelangen kann, je stärker seine Bedürfnisse sind. Wie wir es auch wenden, wir bedürfen der Bedürfnisse.

Nun lassen Sie uns die andere Seite betrachten. Es ist offensichtlich, dass ein Mensch zum »Sklaven seiner Begierden« werden kann. In so einem Zustand hört der Mensch tatsächlich auf zu bestehen – die Begierden haben freie Bahn und regieren sein gesamtes Leben. In der Tat kann man sagen, dass wir beim Eintritt in diese dritte Region der Psyche in den Dschungel geraten, wo der Löwe nur ein Ziel kennt, so viele Lämmer zu fressen, wie er kann, und das Lamm nur wieder Lämmer zeugen will. In unserem menschlichen Dschungel gibt es sehr wenig »Beieinander-Liegen«. Nicht nur liegen unsere Bedürfnisse miteinander im Krieg, sondern – wie ich schon sagte – unser Bewusstsein ist so beschaffen, dass sie sehr leicht nach außen gezogen werden und sich an einer oberflächlichen Ebene des Selbsts festmachen. Wir wollen »haben«, anstatt zu »sein«. Schlimmer noch, wir ersehnen nur den Schein des Besitzes, anstatt wirklichen Besitz. Mit anderen Worten, unsere Bedürfnisse können sich auf imaginäre Werte richten, wie die Wertschätzung und die Bewunderung anderer, die sich in Schmeichelei und Untertänigkeit äußern. Hierzu brauche ich nicht mehr zu sagen, denn es ist für uns alle offensichtlich, dass ein Mensch, der von seinen Begierden regiert wird, ein schwacher Mensch ist. Er ist nicht »sein eigener Herr«.

Der Januskopf des Bewusstseins hängt mit dessen Fähigkeit zusammen, Verbindungen herzustellen. An sich hat es keine Vorlieben. Unser Bewusstsein heftet sich genau so leicht an etwas, das wir hassen, wie an etwas, das wir lieben. Wenn jemand bei einem Autounfall grauenhaft verstümmelt wird, wird unser Bewusstsein angezogen, während unsere Sensitivität davor zurückschreckt. Das Bewusstsein kann auch von Schönheit und Güte angezogen werden, selbst wenn wir in unserer Sensitivität leiden müssen, um sie zu erreichen. Es kann uns nach außen in die Welt der Dinge ziehen, oder es kann uns nach innen, zu unserem eigenen verborgenen Wesen treiben. Es kann uns mit Menschen verbinden und den sozialen Trieb hervorbringen. Es kann uns auch nach Herrschaft und Macht streben lassen. Schließlich kann es uns an die Welt der organisierten Materie fesseln oder uns nach dem Sinn hinter der Existenz suchen lassen.

Ich habe den Namen »Geteiltes Selbst« für diesen Teil des »Mir/Mich« aus einem anderen Grund gewählt, aber ich denke, Sie stimmen mir zu, dass er für den Bedürfniszustand des Durchschnittsmenschen korrekt ist. Ich habe den Namen in *The*

Dramatic Universe so gewählt, weil dieses Selbst jener Ebene im Menschen entspricht, auf der er gleichzeitig in zwei Richtungen gezogen wird: zum *Wesen* und zur *Existenz.*

Das Geteilte Selbst steht tatsächlich zwischen beiden. Es hat ein äußeres Auge und ein inneres Auge. Es weiß, dass es eine dem äußeren Auge verborgene Realität gibt; aber es wird ebenso von der handfesten Welt der »soliden Fakten« angezogen. Die wirkliche Bedeutung des Geteilten Selbsts liegt in dieser Spaltung, und alle anderen leiten sich davon ab.

Weil im Geteilten Selbst die mächtige Energie des Bewusstseins wohnt, liegt in seinen Händen der Schlüssel zu unserem Schicksal. Es muss bereit sein, den Schlüssel dem nächsten und innersten Teil des Selbsts zu übergeben, den wir morgen behandeln wollen. Wenn es den Schlüssel festhält, bleiben wir im Konflikt unserer Bedürfnisse und Begierden hängen – in einem Konflikt, den das Geteilte Selbst allein nicht lösen kann.

Um das Geteilte Selbst besser zu verstehen, wollen wir uns ihm von einem anderen Punkt aus nähern – dem des *Charakters.* Unter »Charakter« verstehen wir eine bestimmte Kombination von Neigungen, Trieben, Bedürfnissen, Zielen, Idealen und Gelüsten, die alle in unserem Verhalten zum Ausdruck kommen, aber auf eine indirekte Weise, weil sie von den Konditionierungen der äußeren Schichten des Selbsts verschleiert sein können. Der Charakter ist im Geteilten Selbst angesiedelt. Unser Charakter bestimmt, welche Beziehungen wir eingehen können. Deswegen können wir manchmal Menschen, die uns nahe stehen, wie unsere eigene Familie, nicht verstehen, während wir andere, die uns viel weniger nahe sind, verstehen können.

Man kann den Charakter wie einen Schlüssel betrachten, der einige Schlösser öffnet und andere nicht. Mit anderen Worten, je nach unserem Charakter gibt es einige Lebensmöglichkeiten, die wir leben können, und andere, die wir nicht leben können, weil wir nicht den inneren Druck in uns erzeugen können, den so ein Leben erfordert. Wenn jemand in Lebensumstände kommt, die seinem Charakter nicht entsprechen, dann wird er – außer unter größter Anspannung als Ergebnis harter Konditionierung des Sensitiven Selbsts – unter diesen Umständen nicht existieren können. Die Erkenntnis wäre ihm sehr zu wünschen, dass diese Tür mit seinem Schlüssel nicht geöffnet werden kann und er seine Lebensumstände verändern sollte.

Charakter kann auch als *Typ* gesehen werden. Es gibt unterschiedliche Typen, und das Muster, das einen Menschen zu diesem oder jenen Typ macht, gehört zu dieser Ebene des Selbsts; aber der Begriff »Typ« bezieht sich hier auf das, was Jung »Archetypen« nennt, und nicht auf Funktionen.

Da wir uns in ein Gebiet begeben, das als Reservat der Tiefenpsychologen gilt, sollte ich versuchen, den Zusammenhang zwischen meinem Schema und dem von C.G. Jung, so wie es sich mir darstellt, zu erläutern. Ich kann nichts über Freud, Adler und die anderen sagen, weil ich mich mit Analytischer Psychologie fast nur in dem Werk von Jung beschäftigt habe. Jung unterscheidet drei Ebenen oder Regionen des Unbewussten und des Selbsts. Mir scheint, dass sie mehr oder weniger dem Reagierenden, dem Geteilten und dem Wahren Selbst, über das wir morgen reden werden, entsprechen. Die individuellen Reaktionsgewohnheiten der Sensitivität in jedem von uns können gut als »persönliches Unbewusstes« bezeichnet werden. Das Geteilte Selbst enthält – wie ich gerade ausgeführt habe – das Muster unseres Charakters. Jung nennt es »das kollektive Unbewusste«. Der Grund wird deutlich, wenn wir Jungs diesbezügliche Schriften studieren. Sicher hätte er mit mir darin übereingestimmt, dass das Muster des tiefen Unbewussten für jeden Menschen einzigartig ist; aber er war zu dem Ergebnis gekommen, dass die Elemente, aus denen es sich zusammensetzt, aus der uralten Erfahrung der Menschheit stammen, die wir alle teilen. Ich neige dieser Ansicht zu, aber ich finde, dass Jung zu sehr von seiner klinischen Praxis beeinflusst wurde und den Inhalt dessen, was wir das Geteilte Selbst nennen, eher zu eng definiert. Später pflegte Jung seine Fälle zunehmend in den Begriffen einiger weniger »Archetypen« zu diagnostizieren, womit komplexe Strukturen des Unbewussten gemeint sind.[24] Zwei der wichtigsten beziehen sich auf das Liebesbedürfnis und den Machtwillen. Er personifiziert den ersten als Anima bei Männern und Animus bei Frauen und den zweiten als »Zauberer« bei Männern und »Große Mutter« bei Frauen. Jungs Theorie zufolge sind diese Archetypen in uns allen vorhanden, aber in manchen Menschen erlangen sie eine unabhängige Existenz und beeinflussen dann deren Verhalten auf eigenartige Weise. Wenn einem

24. Eine Darstellung dieser Theorie findet sich in: C.G. Jung: *Zwei Schriften zur Analytischen Psychologie, Gesammelte Werke,* Band VII, Zürich 1960.

Mann oder einer Frau Handlungen bewusst werden, die dem, was sie von sich selbst erwarten, ganz widersprechen, dann kann man wahrscheinlich die Wirkung eines archetypischen Impulses vermuten. Jung versucht diesen Zustand dadurch zu »heilen«, dass er den Patienten ermutigt, diese verborgenen Kräfte zu erkennen und sie als »nicht ich selbst« zu behandeln. Ein Zugang zu ihrer Erkenntnis sind Träume. Die Anima erscheint als schöne, mitfühlende Frau und der Zauberer als der eigene Vater, ein König, ein Prophet oder ein merkwürdiger Wundertäter. Manchmal erscheinen sie in der Form von Symbolen, die von einem Experten interpretiert werden müssen, so wie es Daniel für Nebukadnezar tat.

Uns geht es hier nicht um das therapeutische Problem, sondern um die Entsprechungen zwischen Jungs Archetypen und den charakteristischen Strukturformen, die das Geteilte Selbst ausmachen. Meine eigene Erfahrung mit Hunderten von Menschen, von denen einige in einem ernsten Zustand geistiger Unordnung waren, und mit anderen ganz normalen Menschen auf der Suche nach Gott haben mich davon überzeugt, dass das Geteilte Selbst eine Realität ist und zum großen Teil das umfasst, was die Tiefenpsychologie über die verborgenen Teile der menschlichen Natur entdeckt hat. Ich glaube allerdings, dass eine zu große Betonung der Archetypen in die Irre führen kann.

Was sagt Bapak Subuh zu diesem Bereich der Psyche? Er gebraucht die Sufi-Terminologie, wo die dritte Ebene der Psyche auf Indonesisch *roh haiwani* oder »Tier-Seele« heißt, und zwar deshalb, weil die Tiere von diesem Teil des Selbsts gesteuert werden. Tatsächlich gibt es im Tier keine höhere organisierte Energie als die bewusste Energie. Bei einem Tier steht nicht so sehr sein individueller Charakter im Vordergrund als der Charakter der jeweiligen Tierart. So erkennen wir beispielsweise einen bestimmten dominierenden Charakterzug bei allen Katzen, einen anderen bei den grasenden Tieren, wieder einen anderen bei allen Insektenfressern und so weiter. Auch bestehen zwischen den Arten, genau so wie zwischen einzelnen Spezies, deutliche Wesensunterschiede wie zum Beispiel zwischen Schaf und Kuh. Diese Besonderheiten sind so klar erkennbar, dass sie seit je her zur Beschreibung von Menschen herangezogen werden. Oft sind Tieranalogien zur Charakterisierung eines Menschen sehr brauchbar, weil es leichter ist zu sagen, jemand sei wie ein Fuchs, als in Worten zu beschreiben, was diese Fuchshaftigkeit ausmacht. Oder man sagt, jemand sei wie ein Wolf, ein Tiger, ein Schaf oder eine Maus. Sie bemerken, dass beim Aussprechen dieser Worte ein bestimmtes Gefühl über die Triebstruktur der so beschriebenen Menschen erweckt wird.

Es ist durchaus möglich, dass im Laufe der Entwicklung des Lebens auf der Erde, seitdem die Säugetiere auftauchten und sich in hoch spezialisierte Arten differenziert haben, diese verschiedenen Charaktere getestet und fixiert und die sie tragenden Energien organisiert wurden. Das war die Vorbereitung für das Erscheinen des Menschen auf der Erde, damit er aufgrund dieser Differenzierung der Charakter-tragenden Energien seine besondere Natur entfalten konnte, die so viel mannigfaltiger ist als die der Tiere. Der menschliche Charakter ist so unterschiedlich, dass man bei den Menschen zu jedem Tier die charakterliche Entsprechung finden kann. Und nicht nur das, sondern auch Eigenschaftskombinationen, so dass man den Charakter eines Menschen wahrscheinlich recht präzis mit einem Rezept etwa der Art beschreiben könnte: »einen Löffel voll Tiger, eine Tasse voll Lamm« usw.

Es ist interessant festzustellen, wie schwer sich Charakter in Worten beschreiben lässt, die von der materiellen Ebene stammen. Wenn wir Tiernamen gebrauchen, vermitteln wir Charakterisierungen viel differenzierter. Reden wir zum Beispiel über eine Kuh im materiellen Sinn, dann meinen wir ein bestimmtes Tier von besonderer Form, Farbe und Größe. Wenn wir uns dem vegetativen Leben der Kuh zuwenden, dann fällt uns gleich auf, dass wir uns mit diesem Teil der Existenz der Kuh nur selten befassen: nämlich mit ihrer Reaktionsweise. Wenn wir jedoch von der tierischen Ebene ausgehend sagen »wie eine Kuh«, dann klingt sofort etwas, das wir auf uns als Menschen beziehen können. Dieser Bezug stellte sich höchstwahrscheinlich nicht her, wenn es nicht wirklich etwas Gemeinsames zwischen den Eigenarten der Menschen und der der verschiedenen Tierarten gäbe. Ich glaube, es besteht kein Zweifel an dieser Verwandtschaft, die mit der Organisation der bewussten Energie zusammenhängt, das heißt mit dem *Charakter*. Insoweit als es bestimmte Muster gibt, die nicht so sehr mit dem Charakter von Tieren als mit der gemeinsamen Erfahrung der Menschheit zu tun haben, ist es zweifellos auch legitim, von Archetypen zu sprechen.

Vor drei oder vier Jahren hörte ich Bapak Subuh über etwas sprechen, was mich sehr stark beeindruckte, etwas, das mir vorher nicht klar gewesen war. Er sprach über die Tier-Seele des Menschen und sagte, dass jede Tierform alle übrigen zu beherrschen trachte, aber jede Spezies dies anders tue. Das hat offensichtlich mit dem zu tun, was Freud »Vaterkomplex« und Jung »Archetyp des Zauberers« nennen. Mir scheint die Assoziation mit Tierarten jedoch eine fruchtbarere Symbolik zu sein. In der Jungschen Sprache könnten wir vom »Dschungel-Archetyp« sprechen. Bapak Subuh erwähnte das Beispiel der Raubtiere Wolf und Tiger. Offensichtlich versucht der Wolf auf andere Weise zu dominieren als der Tiger. Der Unterschied ist so unverkennbar, wie man bei Menschen im Zweifel bleibt, ob sich dieser Trieb als Tiger- oder Wolfsgewalt äußert. Aber damit ist nicht alles gesagt, denn andere Tiere streben nicht durch Zerstörung nach Vorherrschaft, sondern mittels ganz anderer Kräfte. Zum Beispiel versucht das Kaninchen durch seine große Fruchtbarkeit, die Erde in seinen Besitz zu bringen. Es würde den Rest der Welt bis zur Existenzvernichtung kahl fressen, wenn sich die Welt nicht vor ihm schützen würde. Mäuse täten dasselbe, wenn sie Gelegenheit dazu hätten. Alles hält sich gegenseitig in Schach und muss in Schach gehalten werden, von den scheinbar harmlosesten und schwächsten Kreaturen bis zu den wildesten Tieren, und ebenso die scheinbar indifferenten, wie der Elefant oder das Nilpferd, die sich nur um sich selbst zu kümmern scheinen. Um die Jungsche Methode ein wenig weiter zu treiben, könnte man sagen, dass der Mythos des Paradieses, wo der Löwe neben dem Lamm liegt, das Symbol für die Harmonie des Geteilten Selbsts ist, nach der sich der Mensch sehnt, sie aber in die Vergangenheit projiziert – vielleicht in den Mutterschoß!

Bedenken wir, dass sich jede Tierart auf ihre eigene, besondere Weise ihrer Umwelt aufzwingen will und dass jeder menschliche Charakterzug eine besondere Form des Herrschaftsstrebens darstellt, dann haben wir einiges über das Bewusstsein und das Geteilte Selbst im Menschen verstanden. Aber es wäre falsch, danach anzunehmen, das Geteilte Selbst sei gänzlich negativ, nur darauf aus, andere zu übervorteilen. Es gibt immer noch etwas Höheres, aber dieses schläft bei den meisten Menschen und ist unwirksam.

Nun ist dies aber nicht alles; wir müssen das Geteilte Selbst noch von einem weiteren Blickwinkel betrachten. In seinem Herrschaftstreben verwirklicht sich nur eine Seite des Geteilten

Selbsts. Jedes Tier strebt noch nach etwas anderem, nämlich sich dem Ganzen einzufügen. Das Leben auf der Erde vollzieht sich in einer wunderbaren Symbiose, die die gegenseitige Angewiesenheit aller Lebewesen manifestiert. Das Tier hat nicht nur den Trieb zu dominieren, sich zu behaupten, sondern auch das Bedürfnis, seinen richtigen Platz zu finden. Beim Menschen ist es ähnlich; es gibt ein zweifaches Streben im Geteilten Selbst: zum einen Selbstbehauptung gegenüber der Umwelt, zum anderen Einfügung in die Situation. Beide Triebe bezeichnen die widersprüchlichen Tendenzen im Geteilten Selbst. Ich würde nicht so weit gehen, sie mit Jungs Zauberer- und Anima-Archetypen gleichzusetzen. Ich glaube nicht, dass sie »aufgelöst« werden müssen, wie er es nennt. Vielmehr ist es das Ziel, sie unter den harmonisierenden und vereinheitlichenden Einfluss des Wahren Selbsts zu bringen; das Zentrum des ganzen »Mir/Mich«, um dessen Verständnis wir uns bemühen. Ich werde bald auf die wirklich positive Rolle zu sprechen kommen, welche die Energie des Bewusstseins in unserem Leben spielen sollte sowie auf den richtigen Platz für das Geteilte Selbst.

Das Geteilte Selbst hat also positive und negative Seiten. Man kann sie »höher« und »niedriger« nennen, weil die erste nach dem Wahren Selbst strebt, während die zweite nach der materiellen Welt verlangt. Diese widersprüchlichen Impulse in der Tiefe des Menschen, außer Reichweite seines gewöhnlichen Bewusstseins, sind oft beschrieben worden. Sehen können wir nur die »Leidenschaften«, wie sie Aristoteles nannte und wie sie in Spinozas *Ethik* beschrieben werden; aber ich möchte Sie besonders auf die Bhagavad-Gita hinweisen, wo sie so beschrieben werden, wie sie der alte Shivapuri Baba vor einigen Monaten in Gesprächen mit uns dargestellt hat. Sie treten in Gegensatzpaaren auf, wie Furchtlosigkeit und Feigheit, Ehrlichkeit und Unehrlichkeit und so weiter, all die verschiedenen Triebe und Begierden, deren jede ihre Umkehrung oder ihren Gegensatz hat, eine Tendenz nach oben und eine nach unten. Es gilt zu erkennen, dass das Geteilte Selbst diese Ausdehnungskraft nach zwei Richtungen hat: Einerseits versucht es, die pflanzliche und materielle Welt in Besitz zu nehmen; das treibt den Menschen dazu, die Herrschaft über die Natur gewinnen zu wollen, Herr der Dinge, mit denen er umgeht, und Herr des Lebens zu werden, das ihn umgibt. Es ist die Quelle der Forderung: »Ich muss der Herr sein.« Aber andererseits gibt es in diesem Selbst das Verlangen: »Ich muss mich einfügen, ich will meinen Platz finden«.

Ich komme damit zur wahren Rolle des Geteilten Selbsts und zum Zweck, auf den hin die bewusste Energie in uns organisiert werden kann. Ich will mit der Antwort anfangen und dann die Erklärung geben: Das Geteilte Selbst ist unser Instrument des Verstehens, und der Gebrauch des Bewusstseins soll uns befähigen zu verstehen.

Der Unterschied zwischen Wissen und Verstehen liegt in der Bezogenheit. Wir können etwas wissen oder jemanden kennen – aber wenn wir nur *wissen,* dann bleibt dieses etwas oder dieser jemand von uns getrennt. Wir wissen durch das, was wir dem Äußeren entnehmen können. Wir verstehen von innen her, durch bewusste Teilhabe. Wissen ist indirekt und auf unsere Instrumente der Wahrnehmung und des Denkens angewiesen. Verstehen ist direkt und entsteht durch Kontakt. Aber Kontakt braucht zwei, einen von jeder Seite. Wenn ich einen anderen verstehen soll, so muss es in mir etwas geben, das mein Bewusstsein mit dem anderen in Kontakt bringen kann. Das ist das Geheimnis des Geteilten Selbsts: Es funktioniert durch eine Art »Entsprechung«. Deshalb sagt Gurdjieff, dass Verstehen ohne Erfahrung unmöglich sei, und spricht von *Konfrontation.* Wir können niemals einen anderen Menschen verstehen, wenn es in unserem eigenen Muster, unserem eigenen Charakter, nicht etwas gibt, dass dem anderen gleichkommt.

Jetzt verstehen Sie vielleicht, warum wir all diese »Tiere« in uns haben müssen. Man könnte sagen, dass in jedem Tier der Schlüssel zu einer bestimmten Art des Verstehens liegt: Eine Kuh versteht Gras, ein Bär Honig. Jede Spezies und jede Art der Tierwelt ist für das gesamte Leben auf der Erde notwendig. Mit jeder verbindet sich eine besondere Art der Erfahrung. Unzweifelhaft gibt es die typische Erfahrung einer Maus, einer Kuh, eines Schafes, eines Tigers, eines Wolfes und so fort. Soweit wir sie in uns haben, bilden sie den Reichtum der inneren Natur des Menschen. All diese Erfahrungen erlauben uns, nach außen zu greifen. Sie verleihen dem Menschen die besondere und außergewöhnliche Macht, die Welt, in der er lebt, nicht nur zu kennen, sondern *sie auch zu verstehen.* Wir können teilhaben, weil wir etwas in uns haben, das jedem Teil unserer Welt entspricht.

Jetzt sehen Sie, warum das Geteilte Selbst der Sitz des Verstehens ist. In der Psychologie von Ouspensky und Gurdjieff entspricht es dem höchsten Teil, den Gurdjieff den »intellektuellen Teil der Zentren« nennt. Dieser Begriff war uns in den Anfängen seines Studiums schleierhaft geblieben; er ist mir jedoch viel verständlicher geworden, seit all diese weiteren Ideen mit ihm in Verbindung gebracht werden.

Für jene, die Gurdjieffs System nicht studiert haben, will ich sagen, dass er, wie bereits einmal erwähnt, die Funktionen instinktiv-motorisch, emotional und intellektuell unterteilt und jeder ein »Zentrum« oder »Gehirn« zuschreibt, das diese Kräfte steuert. Jedes dieser Zentren hat nach Gurdjieff – und wie auch wir aus eigener Erfahrung bestätigen können – drei Teile, die er »mechanisch«, »emotional« und »intellektuell« nennt. Diese entsprechen den drei Selbsten, die die Zentren benutzen. Demzufolge ist die mechanische Ebene des emotionalen Zentrums das emotionale Leben des Materiellen Selbsts. Der emotionale Teil des intellektuellen Zentrums ist das Gedankenleben des Reagierenden Selbsts. Der intellektuelle Teil des instinktiv-motorischen Zentrums ist als Bewusstsein der wahren Natur des Lebens im Geteilten Selbst zu sehen. Der intellektuelle Teil des intellektuellen Zentrums in Gurdjieffs Schema ist der Sitz der ersten Stufe objektiver Vernunft – die wir »direktes Verstehen« nennen würden. Der intellektuelle Teil des emotionalen Zentrums ist der Sitz des Gewissens. Ich sage Ihnen das, weil ich das Symbol, das ich Ihnen gezeigt habe, hilfreich fand, um zu sehen, wie verschiedene Systeme der Psychologie, die sich mit den verschiedenen Teilen von »mir« beschäftigen, zusammenpassen.

Interessanterweise sagt Bapak Subuh auch, dass der Mensch nur dann zum Verstehen gelangen kann, wenn seine Läuterung bis zur dritten Stufe fortgeschritten ist und die Tier-Seele von den niedrigen Kräften befreit wurde. Erst dann kann er zum Beispiel verstehen, was das Latihan ist, und zwar deswegen, weil dieser Teil fähig geworden ist, sich selbst zu überschreiten. Bis dahin reagiert oder antwortet er nur auf das, was auf ihn einwirken mag.

Gestern Abend wurde ich etwas gefragt über Testen auf der Ebene des Reagierenden Selbsts. Alles, was auf dieser Ebene geschehen kann, ist ein Schließen oder Öffnen, ein Annehmen oder Zurückweisen. Auf Stufe des Geteilten Selbsts jedoch kann es Verstehen geben, also das Sehen einer Situation, wie sie wirklich ist.

Jeder von uns ist anders zusammengesetzt. Wie ich schon sagte, kann man den Charakter als Rezept beschreiben, mit Zutaten aus der großen Zahl von Neigungen, Merkmalen, Qualitäten und so weiter, die sich im Geteilten Selbst verbinden. Diese Verbindung ähnelt einem Satz chemischer Reagenzien, mit deren Hilfe alles Mögliche getestet und verstanden werden kann. Das Geteilte Selbst könnte ein außergewöhnliches Instrument sein; aber nur wenige Menschen lernen, es zu gebrauchen. Es ist sehr schwer, dieses Instrument in unseren Besitz zu bringen, weil wir fast ständig außerhalb, und nicht innerhalb davon leben.

Ich bin sicher, dass es eine tiefgehende Erziehung des Charakters geben kann. Es ist nicht so sehr eine Frage der Veränderung als der Transformation. Derselbe Zug kann positiv oder negativ sein. Es gibt zum Beispiel echten Stolz und falschen Stolz. Wir sollten stolz darauf sein, Kinder Gottes genannt zu werden; aber es ist falscher Stolz und von Übel, wenn wir uns Qualitäten zuschreiben, die wir nicht haben. Wahrer Stolz ist das Gleiche wie Demut. Ebenso gibt es notwendige Angst und negative, destruktive Angst (wie die Angst, falsch zu handeln, und die Angst zu leiden). Letztere muss zur ersten transformiert werden. Aber wir könnten die Angst in anderen nicht verstehen, wenn wir sie nicht in uns selbst erkannt hätten. Dasselbe gilt für alle Elemente unseres Charakters.

Aber meistens wollen sich die Menschen auf andere Art verändern: wollen ausmerzen, was sie an sich selbst nicht mögen und sich mit Qualitäten schmücken, die ihnen besser gefallen. Da besteht wenig Aussicht auf Erfolg, denn dieses »Mögen und Nicht-Mögen« gehört zum Reagierenden Selbst, welches zu schwach ist, um auf das Geteilte Selbst verändernd einzuwirken. Sensitive Energie ist viel schwächer als bewusste. Nichtsdestotrotz können mit Beharrlichkeit oder groben Eingriffen Veränderungen im Geteilten Selbst erreicht werden. Das aber ist gefährlich. Der neue Zustand kann schlechter sein als der alte.

Das Geheimnis liegt im *Bewusstsein.* Wenn unser Bewusstsein Form gewinnt, so dass es stabil bleiben kann, dann können wir alles erkennen, was wir erkennen müssen, und uns selbst verstehen. Dann werden wir sehen, dass es nicht so sehr darauf ankommt, *was* der Inhalt unseres Geteilten Selbsts ist, als vielmehr auf die *Quelle,* von der her es gesteuert wird. Zwar wächst unsere Fähigkeit zu verstehen mit dem Inhalt, das heißt dem Maß an Erfahrung. Aber wenn wir *uns sehen* können, stellten wir fest, dass unser Charakter gar nicht so wichtig ist, wie wir geglaubt haben. Wirklich wichtig ist etwas Tieferes als Charakter.

* * *

Hier unterbrachen wir, um unserer Aufmerksamkeit eine Pause zu geben. Nach dem Kaffee machten wir weiter. Ich hatte gehofft, dass einige Beobachtungen über den Unterschied zwischen Sensitivität und Bewusstsein vorgebracht würden; aber die Idee schien zu neu zu sein, um gleich aufgenommen werden zu können. Die Fragen zeigten aber doch, dass ein gewisser Fortschritt erreicht worden war.

* * *

Frage: Wenn unsere Fähigkeit zu verstehen und unser Gewissen durch unsere persönlichen Charakterzüge begrenzt werden, kann all das geändert werden?

Bennett: Manchmal fällt es Leuten sehr schwer, ihren eigenen Charakter zu tolerieren, wenn sie anfangen, ihn zu erkennen. Ich kenne dieses Gefühl sehr gut, da ich meinen eigenen Charakter lange Zeit gehasst habe, weil er so war, wie er war. Man muss lernen, ihn nicht zu hassen. Man muss sehen lernen, dass er zu einem Instrument gemacht werden kann, zu einem Mittel des Verstehens. Wir müssen hinnehmen, dass er so ist, wie er ist. Wenn wir versuchen würden, ihn zu ändern, könnten wir vielleicht Schaden anrichten und ihn ganz unbrauchbar machen.

Frage: Sagen Sie, dass das Geteilte Selbst beschädigt werden könnte beim Versuch, es zu ändern?

Bennett: Ich bezweifle, ob es wünschenswert wäre, dass jemand sich zum Beispiel noch mehr zu einem Tiger macht, als es ihm in die Wiege gelegt wurde. Ich glaube, dass hier etwas kaputt gemacht werden kann, weil sehr starke äußere Einflüsse die Schutzschichten des Materiellen und des Reagierenden Selbsts durchdringen und auf das Geteilte Selbst einwirken können und so Veränderungen hervorbringen, die oft pathologisch sind. Schaden am Geteilten Selbst könnte eine teilweise Auflösung unseres Charaktermusters bedeuten. Während vorher die verschiedenen Triebe und Neigungen zusammengepasst haben, könnte sich dann ein Teil dieses Selbsts vom Rest isolieren und unabhängig entwickeln. Es käme dann zu einer sehr tiefen Spaltung innerhalb des Selbsts. Das ist eine der Formen, in denen sich psychopatische Zustände entwickeln.

Frage: Kann so ein Schaden wieder behoben werden?

Bennett: Alles kann wieder ganz gemacht werden, wenn wir es nur wirklich wünschen. Obwohl die Kräfte auf dieser Ebene sehr stark sind – unverhältnismäßig viel stärker als jene der niedrigeren Ebenen – sind sie doch verschwindend im Vergleich zu den Kräften, die im Zentrum wirken. Gelingt es, diese zum Tragen zu bringen, kann beinahe jeder Schaden wieder behoben werden.

Frage: Wenn Gurdjieff vom Rollenspiel sprach, war damit gemeint, Charaktere oder verschiedene Menschen zu spielen? Bedeutet es, diese Menschen wirklich zu sein?

Bennett: Ich glaube, Gurdjieff blieb bis zuletzt ganz er selbst, das heißt, er blieb seinem individuellen Muster immer treu; aber er hatte zweifellos die Fähigkeit, verschiedene Rollen – wie Sie sagen – so perfekt zu spielen, dass niemand wissen konnte, wer oder was er wirklich war. Es war eine höchst merkwürdige Erfahrung zu sehen, wie er sich in einem Augenblick vollkommen von einer Person in eine andere verwandeln konnte. Um das zu können, muss man – sagte er – sein eigenes »Ich« haben. Darauf werden wir noch kommen.

Frage: Oft versuchen Leute, Türen zu öffnen, die nicht zu ihrem Charakter passen; aber ich verstehe nicht, wie Ziele und Ambitionen hier hineinpassen. Vielleicht ist man wie eine Maus und möchte trotzdem Rollen spielen, die überhaupt nicht mäusehaft sind.

Bennett: Genau genommen können Charakterqualitäten nicht als »Rollen« beschrieben werden. Rollen sind äußerliche Verhaltensformen. Selbst wenn man sich dessen nicht immer bewusst ist, kann man lernen, Rollen anzunehmen und zu spielen. Charakterzüge liegen tiefer, und wir können uns ihrer nicht direkt bewusst sein, solange nicht eine sehr beträchtliche Veränderung in unserem Bewusstsein vorgegangen ist. Sie sagen, jemand sei »wie eine Maus«; aber wenn er wirklich so ist, dann wird er wahrscheinlich in seinem Reagierenden Selbst kompensierende Rollen entwickelt haben, die seine ›Maushaftigkeit‹ vor ihm selbst und vielleicht sogar vor anderen verschleiern. Auf diese Art versuchen wir tatsächlich, »die falsche Tür zu öffnen.«

Ihre Frage zeigt mir, dass ich noch einmal betonen muss, *dass wir uns normalerweise unseres Geteilten Selbsts nicht bewusst sind.* Es gibt keinen Zweifel an der Wahrheit dessen, was uns Freud, Jung und die Tiefenpsychologen über die Bedeutung des Unbewussten gelehrt haben. Jung wiederholt ständig, es sei das wichtigste Charakteristikum des Unbewussten, *dass es unbewusst ist,* und wir deswegen nicht durch die Art von Selbstbeobachtung Zugang finden können, die uns erlaubt, unsere Gedanken und Gefühlszustände zu studieren. Jung erhebt den Anspruch, den *Inhalt* des kollektiven Unbewussten ins Bewusstsein heben zu können – aber er sagt, dass es weder möglich noch wünschenswert ist, ihn zu zerstören.

Gurdjieff sagt in seiner Terminologie und in seiner ganz anderen Gewichtung dasselbe. Es war uns immer gelehrt worden, dass »die intellektuellen Teile der Zentren in unserem gegenwärtigen Zustand« gänzlich außerhalb unserer Reichweite lägen. Lassen Sie mich sagen, dass meiner Meinung nach in der Art, wie Ouspensky und andere Gurdjieffs System präsentiert haben, das »gänzlich außerhalb unserer Reichweite« zu stark betont wurde. Dennoch bleibt es vollkommen richtig, dass wir diese dritte Ebene der menschlichen Psyche, diese dritte Ebene des »Mir/Mich«, nicht direkt wahrnehmen können.

Bapak Subuh sagt vom Standpunkt des Latihan aus genau das Gleiche. Der Mensch, in welchem die *roh haiwani,* die Tier-Seele, die dasselbe ist wie unser Geteiltes Selbst, geläutert und erweckt worden ist, ist – nach Bapak Subuh – auf dem spirituellen Weg weit fortgeschritten. Dieser Mensch wird mit der Fähigkeit betraut, den Willen Gottes zu verstehen. Bapak Subuh beschreibt drei Stufen der spirituellen Entwicklung, die von den Figuren Adam, Abraham und Moses repräsentiert werden. Abraham hat Glauben, aber nicht Verstehen. Moses empfängt direkt die Gebote Gottes auf dem brennenden Berg. Während die Kinder Israels nur das Brennen des Feuers sehen können, geht er mitten in das Feuer und »weilt dort mit Gott«. Das heißt natürlich nicht, dass der historische Moses nur die dritte Stufe der Vervollkommnung erreicht hätte, aber dass er das Symbol dafür ist. Bapak Subuh hätte Jung zweifellos zugestimmt, hinsichtlich des *Inhalts* des Geteilten Selbsts. Was in der Tiefenpsychologie die Assoziationen und Träume sind, sind bei Subud das Latihan. Wer das Latihan praktiziert, sieht sich sonderbare Geräusche und Bewegungen ausführen: bellend und schnüffelnd auf dem Boden herumrennen, wie ein Wolf heulen oder wie ein Löwe brüllen. Bapak Subuh erklärt, dass solche Manifestationen zeigen, dass Qualitäten in uns sind, die den verschiedenen Tieren entsprechen. Manchmal haben Leute auch Visionen, sehen Symbole oder machen symbolische Bewegungen. Höchstwahrscheinlich sind das Manifestationen der Archetypen, ganz ähnlich, wie sie Jung in den Träumen seiner Patienten entdeckte. Bemerkenswert an Subud ist, wie schnell es zu solchen Manifestationen kommt, bei denen, die das Latihan praktizieren. In keiner Weise folgt daraus jedoch, dass sie in der Lage wären, sie zu verstehen, selbst wenn Bapak Subuh ihnen ihre genau Bedeutung erklärte.

Ich habe noch nicht über die soziale Bedeutung des Geteilten Selbsts gesprochen und welche Rolle es bei menschlichen Beziehungen spielt. Bei einzelnen Tieren ist nicht ein so großer Charakterunterschied festzustellen, wie bei Spezies und Arten. Für den Menschen gilt auch, dass das Muster seiner Triebe nur im Rahmen der menschlichen Gesellschaft verstanden werden kann. Es wird oft gesagt, dass der Mensch ein soziales Tier ist. Wahrscheinlich hat das seinen Grund im Geteilten Selbst. Das Materielle Selbst ist nur für seine eigenen Zwecke sozial: es hat keinen ›sozialen Sinn‹. Das Reagierende Selbst ist als soziale Einheit gänzlich unzuverlässig. Eine Gesellschaft kann nicht auf Zuneigung und Abneigung aufgebaut werden. Tatsächlich wirkt das Reagierende Selbst in der Gesellschaft fast immer als sprengendes Element. Das Geteilte Selbst ist jedoch dem Wesen nach sozial. Das führte Jung wahrscheinlich dazu, es mit dem »kollektiven Unbewussten« zu identifizieren. Das Geteilte Selbst ist vom menschlichen Kollektiv abhängig; ihm fehlt die Fähigkeit zu unabhängigem und freiem Handeln, die zum Wahren Selbst des Menschen gehört. Wie ich schon sagte, ist es eingespannt zwischen Wesen und Existenz. Es kann nicht sein, was es sein möchte, weil es nicht ›für sich selbst‹ existiert. Wenn es seinen richtigen Platz finden kann, verschwindet die Spannung, und die Kraft, die es birgt, wird zur Kraft des bewussten Verstehens, nicht nur zum Wohle dieses einen Menschen, sondern zum Wohle der menschlichen Gesellschaft in ihrer Gesamtheit.

Das heißt nicht, dass das Geteilte Selbst ein guter Bürger ist, solange es unbewusst bleibt. Jung hat ganz recht, wenn er sagt, dass es sowohl anerkannt und gestreichelt werden möchte (die Anima) als auch nach Macht strebt (der Zauberer). Bapak Subuh sagt uns, dass die Tiere in uns andere Tiere nicht tolerieren. Aber all das ist eine Folge der Deformation des Geteilten Selbsts, die durch Vererbung, durch schlechte Bedingungen bei der Zeugung und durch schädliche Einflüsse während der Kindheit bewirkt wird. Das sind Unfälle, ohne Zweifel sehr ernste und schlimme, aber sie charakterisieren nicht das Geteilte Selbst, so wie es gedacht war.

Wir alle haben hier etwas Wichtiges für den Umgang mit Kindern zu lernen. Wir müssen unterscheiden lernen, was notwendige Disziplin für die Entwicklung und das Funktionieren des Reagierenden Selbsts ist und was als ein illegitimer Eingriff ins Geteilte Selbst anzusehen ist. Diese antisozialen Defekte würden viel weniger Schwierigkeiten bereiten, wenn wir für unsere Kinder Verhältnisse schaffen könnten, die gestatteten, dass das Geteilte Selbst seinen wahren Platz in unserem Leben einnimmt.

Wir haben noch nicht über eine der wichtigsten Fragen gesprochen, die mit der bewussten Energie zusammenhängt. Wir erleben oft, dass wir unser eigenes Handeln beobachten. Am deutlichsten ist das beim Denken. Einmal denke ich, ohne meine Gedanken wahrzunehmen; dann geschieht es, dass etwas oder jemand meine Gedanken sozusagen ›von innen‹ beobachtet. Das beruht auf zwei verschiedenen Zuständen des Bewusstseins. Wie Sie sich denken können, sind »meine Gedanken« ein Zustand der Wachheit, der von der sensitiven Energie hergestellt wird, während »meine Gedanken beobachten« auf bewusster Energie beruht.

So weit, so gut. Aber ›wo sind‹ die Gedanken, die ich beobachte? Ich könnte auch »mein Sehen« beobachten. Ich betrachte einen Gegenstand und sehe ihn; und gleichzeitig bin ich wach dafür, dass ich mich selbst als Betrachtender sehe. Was ist dieses »ich selbst«, das ich wahrnehme?

Solche Beobachtungen kennt jeder, auch wenn er nie Psychologie studiert hat; aber ich habe nie eine wirklich befriedigende Erklärung für sie gefunden, außer in Begriffen von Sensitivität und Bewusstsein. Aber wir können noch ein gutes Stück weiter gehen. Die Sensitivität verhält sich wie ein Schirm, auf den Bilder geworfen werden, sagen wir wie ein Zink-Schirm bei Röntgenstrahlen. Auf diesen sensitiven Schirm werden ständig Bilder geworfen aus mindestens drei verschiedenen Quellen:

A Durch die Sinne: Sehen, Hören, Empfindungen durch Berührung, Geruch und so weiter.
B Vom Reagierenden Selbst: Erinnerungen, Gedanken, Bilder.

c Vom Geteilten Selbst: Bilder, die einen Wesenszug des Charakters repräsentieren.

Vielleicht hilft es Ihnen, wenn ich es an unserem Symbol verdeutliche:

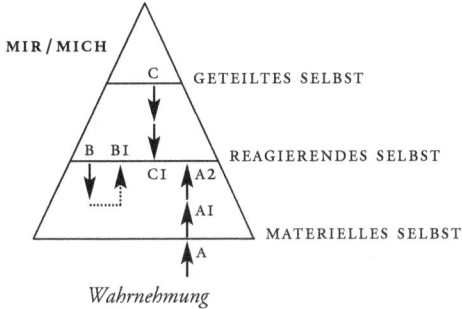

MIR / MICH

C   GETEILTES SELBST

B   BI   REAGIERENDES SELBST

CI   A2

AI

MATERIELLES SELBST

A

Wahrnehmung

A ist ein Objekt, zum Beispiel ein Baum. AI ist die Empfindung, die durch das Auge, den Sehnerv und das Gehirn ausgelöst wird. A2 ist das Bild auf dem sensitiven Schirm, der uns sagen lässt: »Ich sehe einen Baum«.

B ist die Erinnerung an einen Baum. BI ist das Bild, das uns sagen lässt: »Ich sah einen Baum«. Oder B ist die Gesamtheit der Klasse der Baumbilder, innerhalb der BI den Gedanken darstellt: »Ich habe die Idee von einem Baum«.

C ist ein Charakterzug, nennen wir ihn »Naturliebe«. CI ist dann das Bild: »Was für ein schöner Baum!«

Das ist ein sehr vereinfachtes Schema. Ein wesentlicher Punkt muss betont werden, und zwar der Unterschied zwischen »Ich sehe einen Baum« und »Ich sehe mich, einen Baum anschauen«. Für diese doppelte Wachheit brauchen wir sowohl bewusste Energie auf der Ebene des Geteilten Selbsts als auch sensitive Energie auf der ›Schirm-Ebene‹.

Es bleibt noch zu sagen, dass viele Sinneseindrücke auf der ersten Ebene Halt machen. Wir »sehen, ohne zu sehen«. Dann gibt es nichts außer der automatischen Arbeit der Maschine. Der Schirm fängt unsere Bilder auf; aber er fängt unsere Gedanken auch ab, wenn sie tiefere Schichten von uns erreichen wollen. Sicher haben viele von Ihnen die Erfahrung gemacht, dass Sie sich beim Versuch, die Gedanken zu beruhigen und einen Zustand tiefen inneren Gewahrwerdens zu erreichen, mit völliger Leere konfrontiert sehen. Ein anderes Mal werden wir tief hinunter getragen, ohne dass wir wüssten wie oder warum, und es tut sich eine wunderbare Welt auf, wo es keine Bilder gibt, aber herrliche Klarheit. Solche Erfahrungen helfen uns zu verstehen, dass es diesen inneren Schirm wirklich gibt, auf den das Meiste unserer so genannten »bewussten Erfahrungen« geworfen wird. Wir nennen das unser »Innenleben«, es ist jedoch sehr nah an der Außenseite.

Alles, oder fast alles, was ich Ihnen bisher gesagt habe, können Sie in Ihrer eigenen Erfahrung prüfen und nachvollziehen. Ich hoffe, dass Sie in den nächsten Tagen Ihre eigenen Daten sammeln. Nur so kann man zu Überzeugungen kommen.

Morgen müssen wir tiefer gehen, über die Reichweite unseres gewöhnlichen Bewusstseins hinaus zum Zentrum des menschlichen Selbsts.

※

Kapitel vier

Das Selbst und die Seele

Verstand etwas ausruhen zu lassen. Ich hielt einen Vortrag über
meinen ersten Besuch beim Shivapuri Baba zu Anfang des Jahres
und zeigte einen Film über den wunderbaren alten Mann – damals
136 jährig, aber bereits sehr, sehr schwach. Am darauffolgenden
Tag kehrten wir zum Thema der spirituellen Psychologie zurück
und widmeten uns direkt dem Zentrum, in dem der Mensch sich
als derjenige finden sollte, der zu sein er gedacht ist.

* * *

Wir müssen nun den »Schleier des Bewusstseins« – wie der Shivapuri Baba sagt – durchstoßen, um das wahre Selbst des Menschen
zu finden. Wir können nicht mit dem Bewusstsein das Bewusstsein
überschreiten oder mit dem Denken das Denken. Aber sowohl
Denken als auch Bewusstsein können durch den Verstand – mit
der Hilfe von Symbolen und Bildern – über sich hinaus geführt
werden, bis zu Einsichten in einen Bereich, den sie nicht direkt erreichen können.

Den Weg, den ich dazu eingeschlagen habe, führt über das
Studium der Energien. Die Tiefenpsychologen glauben, die
Geheimnisse des Selbsts über seine indirekten Manifestationen lüf-
ten zu können. Jung selbst sagt, dass es keinen Anhaltspunkt dafür
gebe, dass ein »Selbst« überhaupt existiere, und nennt es ein psychologisches Konzept. Die Veden und Upanishaden haben eine
einfache Lösung: Das Selbst des Menschen ist mit dem Selbst des
Ganzen identisch – Atman ist Brahman. Aber dieser Ansatz lässt
das Problem der Bedeutung des individuellen Selbsts bestehen,
und hat Menschen vom Weg der positiven Erfüllung abgebracht.
Die Sufis sagen: »*Fana* ist *baka* – Auslöschen ist Wiederauf-
erstehen«, womit ausgedrückt werden soll, dass das Selbst, das
gegenüber der Welt der Trennung stirbt, zur Einheit mit Gott wieder aufersteht. Das ist eine mystische Formel, die uns außerordentlich gefallen mag; aber ich glaube nicht, dass sie irgendjemand ver-

stehen kann, solange er nicht die entsprechende Erfahrung gemacht hat.

Ich komme deswegen auf meinen eigenen, mehr wissenschaftlichen Ansatz zurück. Es gibt verschiedene kosmische Energien. Das sind die Materialien, aus denen Gott dieses gewaltige Universum hat Existenz werden lassen. Sie bilden eine Reihe, die mit der formlosen, unbestimmten Wärmeenergie beginnt und über verschiedene materielle Energien zur Energie des Lebens aufsteigt. Die höchste Lebensenergie ist *Sensitivität*, und wir haben gesehen, wie daraus das Reagierende Selbst gebildet wird. Über der Lebensenergie ist die Energie des Bewusstseins, die zum Geteilten Selbst gehört und den Menschen unter die Herrschaft seiner Leidenschaften und Begierden bringt. Jetzt müssen wir uns fragen, was es ›innerhalb‹ des Bewusstseins geben kann. Sie erkennen sofort, dass sich das nicht in dieser Form beantworten lässt. Drücken wir es also anders aus und fragen wir: Welche Energie könnte Herr der Begierden sein? So formuliert, findet die Frage eine sehr einfache Antwort: Herr der Begierden ist die Macht, die diese benutzen und für die eigenen Zwecke dienstbar machen kann. Diese Macht muss selbst von Begierde frei sein. Es ist nicht vorstellbar, dass eine farblose Energie, eine Art leeres Bewusstsein, über die wilde Kraft der Begierden Macht gewinnen könnte.

Um Begierden zu zähmen, muss man sowohl frei als auch stark sein. Aber das bedeutet, dass es ein festes, dauerhaftes Zentrum geben muss, von dem aus die Herrschaft ausgeübt werden kann. Doch soweit sind wir noch nicht. Vorerst möchte ich Ihnen nur ein Gefühl vermitteln für die Qualität, nach der wir suchen müssen, um die Energie zu definieren, die alle anderen Energien kontrolliert, welche das Selbst des Menschen antreiben. Die Maschine wird von der Energie des Lebens in Schwung gehalten. Das Leben wird von der Energie des Bewusstseins erhalten, woraus unsere Bedürfnisse und unser Charakter entstehen. Was uns bewusst macht, ist etwas jenseits des Bewusstseins. Was unsere Begierden verursacht und Begierden auch meistern kann, ist etwas jenseits der Begierden.

Nun haben wir alle eine vage Vorstellung davon, dass es einen Lebenstrieb gibt, der uns trägt, selbst wenn das Leben elend ist. Wenn dieser Lebenstrieb versiegt, dann sterben die Menschen und keiner weiß, warum der ›Todestrieb‹ sich ihrer bemächtigt. Wir können die Energie des Wahren Selbsts mit diesem Lebenstrieb irgendwie in Zusammenhang bringen, der stärker ist als das Leben selbst. Wir können ihn aber nicht verstehen oder uns auch nur bewusst werden, welchen Platz er in uns einnimmt.

Gurdjieff hat mit allem Nachdruck gesagt, dass sich der Mensch den Vorgang seines eigenen Sterbens nicht wirklich vorstellen kann. Sein und Aufhören-zu-sein sind tiefere Wirklichkeiten als Bewusstsein, Sensitivität und unsere automatische Aktivität.

Es lässt sich wohl sagen, dass diese vierte Energie etwas von der intensiven Stärke haben muss, die uns an das Leben bindet. Aber das ist offensichtlich nur ein Aspekt. Hand in Hand mit dem Lebenswillen geht der Selbstwille, der bewirkt, dass wir uns selbst und unsere Angelegenheiten wichtiger nehmen als irgendetwas anderes. Im negativen Sinn können wir von der Energie des Egoismus sprechen: »Ich muss leben. Ich muss es auf meine Art tun. Ich bin das einzig Wichtige in der Welt, und jeder muss das anerkennen. Ich! Ich! Ich!« Diese Stimme spricht in jedem von uns, wie sehr wir auch behaupten möchten, es sei nicht so. Gibt es etwas, das stärker ist? Beugen sich nicht sogar die leidenschaftlichsten Begierden der Macht des Egoismus? Nimmt ein Mensch nicht jedes Leiden und jeden Verzicht auf sich, um seinen Egoismus zu befriedigen?

Aber das kann nicht alles sein. Es ist nicht vorstellbar, dass wir im Zentrum unseres Wesens nichts als unseren Egoismus finden. Egoismus kann nur das missgebildete Gegenstück dessen sein, was wir dort eigentlich finden sollten: einen freien Willen, der sowohl Herr als auch Diener sein kann. Der Mensch ist mit einer besonderen Natur ausgestattet worden, die ihm erlaubt, ein freies und verantwortliches Wesen zu sein. Deshalb hat er Zugang zu dieser vierten Energie, die ihn befähigt, sein eigenes Schicksal zu gestalten und in der Großen Schöpfung seinen eigenen, unabhängigen Beitrag zur Erfüllung des Göttlichen Zweckes zu leisten.

Dazu muss der Mensch zuerst und vor allem *er selbst werden,* das heißt, werden, wozu er bestimmt ist. Es scheint, dass diese vierte Energie mit der Entstehung *der Selbste* eigentümlich verknüpft ist. Bis jetzt haben wir uns mehr oder weniger im Unpersönlichen bewegt. Nun können wir die Energie nicht mehr vom Selbst, durch das sie wirkt, trennen. Wir können Lebenswillen und Egoismus einerseits und Freiheitswillen und schöpferische Kraft andererseits nicht mehr von dem Selbst getrennt sehen, in welchem und durch welches diese Kräfte wirken.

Deshalb widmen wir uns heute zuerst der Idee des Wahren Selbsts des Menschen. Bei der Behandlung der ersten drei Ebenen des Selbst sprachen wir von Energien und Qualitäten, aus denen sich das Selbst entwickelt. Jetzt kommen wir zu der Vorstellung, dass im eigentlichen Mittelpunkt von »mir« das »Ich selbst« liegt und dass diese beiden hier verschmelzen. Bei den äußeren Lagen können wir von unterschiedlichen Graden der Innerlichkeit von »mir« sprechen, aber hier gibt es kein Innen und Außen mehr.

Doch dies ist noch nicht alles. Bisher habe ich sorgfältig vermieden, das Wort »ich« zu gebrauchen, außer als ich vom Schrei des Egoismus sprach: »Ich! Ich! Ich!« Hier im Zentrum kommen das »Ich« und das »Mir/Mich« zusammen. Damit ist nicht gesagt, das »Ich« sei mit dem Wahren Selbst identisch, sondern nur, dass es beim Wahren Selbst seinen Platz hat.

Wir sagten, es sei die Gegenwart des »Ich«, die ein Instrument zu einem eigenständigen Selbst macht. Zieht sich das »Ich« zurück, so bleibt nur ein potenzielles Selbst. Wenn das »Ich« anwesend ist, ist es ein aktualisiertes Selbst.[25] Das »Ich« hat keine Stufe, keine Höhe, keine Tiefe; es kann überall sein, und wo immer es hingeht, gibt es ein Selbst, das »ich« sagt. Deswegen kann die trivialste Zuneigung oder Abneigung sagen: »Ich mag« oder »ich mag nicht«. Das »Ich« sollte nicht ziellos von einem Selbst zum anderen wandern, vom Automatismus zur Sensitivität, von der Sensitivität zum Bewusstsein und wieder zurück in die Maschine. Das »Ich« ist im Wahren Selbst zuhause. Dort sollte es sich als Herrscher über das ganze »Mir/Mich« verankern.

Bevor wir weitergehen, wollen wir wieder das Symbol des »Mir/Mich« zeichnen, das wir jetzt bis zu dem Punkt vervollständigen können, wo das Wahre Selbst in Erscheinung tritt.

Das Wahre Selbst ist der eigentlich menschliche Kern, der die grenzenlosen Möglichkeiten der Entwicklung und Transformation enthält, die im Schicksal des Menschen liegen. Es wird als Punkt dargestellt, als Spitze des Dreiecks. Dies illustriert die Tatsache, dass wir uns jetzt im Zentrum befinden. All die anderen Selbste

---

25. In *The Dramatic Universe,* Band II, Kapitel 29–30, beschreibe ich die Selbste als Zusammensetzungen oder Kombinationen aus Essenz und Existenz. Individualität, schreibe ich dort, »existiert« nicht. Für die nachfolgende psychologische Erörterung sind diese schwierigen philosophischen Unterscheidungen nicht notwendig. Deshalb ließ ich sie in diesem Sommerkurs unerwähnt.

WAHRES SELBST

MIR / MICH

GETEILTES SELBST

REAGIERENDES SELBST

MATERIELLES SELBST

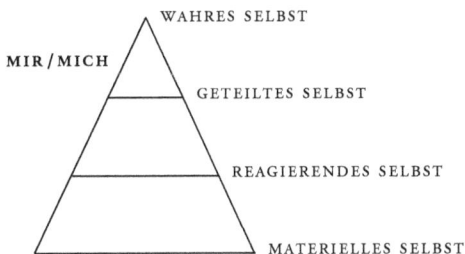

Die vier Selbste

mit ihren verschiedenen untergeordneten Qualitäten breiten sich davor aus.

Es gibt noch eine andere Betrachtungsweise, die Ihnen vielleicht hilfreich ist und die sich der Begriffe der Materialität bedient. Man kann sagen, dass das Symbol den Weg zeigt, den die Materie gehen muss, um mit dem Geist zusammenzutreffen, oder den Weg, der von der Quantität zur Qualität führt. Von einem Selbst zum nächsten wird die Energie feiner und feiner, bis es an der Spitze kein Element von Quantität mehr gibt. Deswegen gibt es im Wahren Selbst keine Vielheit. Wir können jedoch auch nicht sagen, dass wir hier den Bereich reiner Qualität, das heißt den Geist, erreicht hätten, weil das Wahre Selbst insoweit der Materie gleicht, als es sich wandeln und transformiert werden kann. Das Wahre Selbst steht am Schnittpunkt von Geist und Materie. Wenn Sie darüber nachdenken, werden Sie erkennen, dass dies der Ort der Kreativität ist. Nur an diesem Punkt existiert Freiheit, die wirkliche – das heißt substantielle – Veränderungen möglich macht, sei es innen oder außen.

Ich kann Sie nicht auffordern, Beobachtungen über das Wahre Selbst anzustellen, denn es ist im Mittelpunkt unseres Seins verborgen. Wir können allenfalls über das Problem von Egoismus und Nicht-Egoismus nachdenken und, was damit eng zusammenhängt: über die Bedeutung von Schaffen und Zerstören. Beides steht in Zusammenhang mit dem Wesen des Wahren Selbsts im Menschen.

* * *

157

Hier unterbrachen wir, um an die praktischen Aufgaben des Tages zu gehen. Trotz der Schwierigkeit der Thematik gaben die Ausführungen Anlass zu einer lebhaften Diskussion mit vielen Fragen und Beiträgen beim abendlichen Austausch.

* * *

Frage: Hat dieses vierte Selbst etwas mit dem Sinn zu tun, dem Zweck der individuellen Existenz, dem Grund, warum ein Mensch hier auf der Erde ist?

Bennett: Nein. Es hat mehr damit zu tun, *was* jemand ist, als *warum* er ist. Bedeutung und Zweck unserer Existenz liegen nicht in der Existenz selbst, sondern im Wesen. Oder in der Sprache, die wir vorhin gebrauchten: Die Materie gibt Aufschluss über das Was, und der Geist über das Warum. Wir müssen versuchen zu verstehen, was das Wahre Selbst des Menschen enthalten muss, um seine Bestimmung zu erfüllen.

Frage: Ist es Freiheit?

Bennett: Ja, Freiheit ist notwendig. Aber vielleicht zäumen wir das Pferd von hinten auf. Wie können wir Freiheit verstehen, wenn wir nicht verstehen, auf was sie sich bezieht? Wir reden über Freiheit, aber welcher Teil von uns kann frei sein? Wenn wir das wüssten, wüssten wir, was Freiheit ist. Wissen wir wirklich, was Freiheit ist? Wir kennen verschiedene Gebrauchsformen des Wortes »Freiheit«, etwa »Freiheit von« etwas. Wenn ich in ein Zimmer eingeschlossen bin und jemand öffnet die Tür, dann bin ich von dieser besonderen Gefangenschaft befreit; oder wenn ich mich in Gefahr befinde, sagen wir durch eine Infektion, und werde geheilt, dann bin ich frei von dieser Infektion. Wenn wir einer Einschränkung unterworfen sind und sie aufgehoben wird, dann empfinden wir den Vorgang als Befreiung. Aber diese Freiheit gewinnt ihre Bedeutung nur aus einem vorhergegangenen Zustand der Beschränkung. Welche Bedeutung hat das Wort »Freiheit« noch außer Fortfall irgendeiner Einengung? Wenn man etwas finden könnte, von dem sich sagen ließe, dass es frei ist, nicht *frei von* etwas, sondern einfach *frei,* dann wüssten wir eher, was dieser zentrale Punkt enthalten sollte.

Frage: Könnte man sagen, dass das der Punkt wäre, wo das Selbst fähig ist zu sehen und deshalb die anderen Ebenen organisieren und auf Einflüsse von oben ausrichten kann?

Bennett: Um diese sehr gute Frage zu beantworten, müssen wir uns darüber verständigen, was mit »von oben« gemeint sein kann. Das heißt, wir müssen an dieser Stelle anfangen, über Geist zu sprechen, obgleich dies eigentlich das morgige Thema sein wird. Zum besseren Verständnis werde ich unser Symbol erweitern, so dass ein zweites Dreieck das erste an dem Punkt berührt, über den wir sprechen.

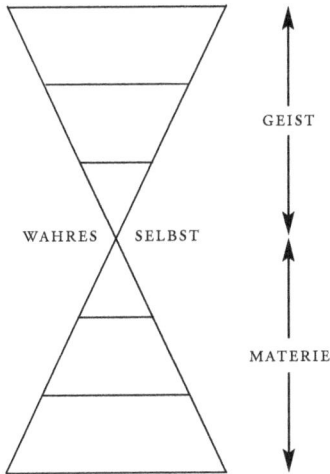

Geist und Materie

Es gibt verschiedene Beschreibungen des Unterschiedes zwischen Materie und Geist, doch stimmen sie darin überein, dass sie einen absoluten Gegensatz konstruieren, als wäre Materie ganz ungeistig und Geist ganz unmateriell. Das führt zu einem Problem, das die Philosophen seit Plato und Aristoteles beschäftigt hat. Wenn Materie und Geist nichts miteinander zu tun haben, wie können sie dann aufeinander einwirken? Wie kann das Eine überhaupt von der Existenz des Anderen wissen? Damit hängt die Frage eng zusammen, welches der beiden »real« sei. Manche sagen, dass die Realität nur im Geist zu finden und Materie eine Illusion sei. Andere sagen, nur Materie sei real und alles andere Unsinn.

Sicherlich erkennen Sie in solchen Haltungen die Begrenzungen des Reagierenden Selbsts. Es ist höchst unwahrscheinlich, dass dieses Entweder-oder ein Bild der tieferen Realität geben kann. Der Fehler liegt teilweise in einem Missverständnis der Ideen von Aristoteles. Wenn er sagte, dass die Seele die »Form« des Körpers sei, dann hat er gewiss nicht die Gestalt des Körpers gemeint, sondern die Kraft oder Energie, die die Bildung des Körpers lenkt und ihn erhält. Das klingt wie die sensitive Energie, über die wir im Zusammenhang mit dem Reagierenden Selbst gesprochen haben; und in der Tat scheint Aristoteles in vieler Hinsicht mit »Seele« nichts anderes gemeint zu haben als das, was wir als Reagierendes Selbst und Bapak Subuh als *roh nabati* bezeichnen.

Eine tiefere Einsicht in die Beziehung zwischen Geist und Materie hat der heilige Thomas von Aquin erlangt, der die Theorie von Aristoteles mit der pythagoreischen Tradition verbunden hat, die er den *Namen Gottes* des Dionysius Areopagita entnommen hat. Soweit ich glaube, das System des heiligen Thomas zu verstehen, würde ich sagen, dass nichts von dem, was ich vor Ihnen ausgebreitet habe, mit seiner Lehre in Widerspruch steht. Er unterscheidet wie andere scholastische Philosophen zwischen »geistigen Wesenheiten« und »materiellen Formen«. Dabei kommt die Frage gar nicht auf, ob eines wirklich und das andere illusionär sei. Keines von beiden ist aus sich selbst heraus real. Beide bleiben Möglichkeit, *potentia,* bis sie durch einen Akt realisiert werden. Wir werden darauf übermorgen noch einzugehen haben; aber vielleicht ist es von Nutzen, wenn ich hier etwas darüber sage, wie der heilige Thomas die zwei Arten der Erkenntnis der Wahrheit unterscheidet: Intellekt und Verstand. Der Verstand ist die in der Selbstheit des Menschen wohnende Macht, die Außenwelt in Erfahrung zu bringen und sie zu verstehen. Er arbeitet in Stufen, außen beginnend mit der Wahrnehmung der materiellen Welt. Aus diesen Wahrnehmungen formen wir Bilder (Phantasmen, wie sie Aquinus nennt), die wiederum das Rohmaterial für Verstehen bilden können. Diese Stufen entsprechen genau den ersten drei Ebenen des Selbsts. Das Materielle Selbst steht in direktem Kontakt mit der materiellen Welt. Das Reagierende Selbst erkennt diese Welt über Bilder und Phantasmen. Das Geteilte Selbst – wenn es erwacht und gereinigt ist – kann die wirkliche Bedeutung der inneren Vorstellungen und Bilder erkennen.

Anders der Intellekt. Das Wort kommt vom lateinischen *inter-legere,* was unserem »Zwischen den Zeilen lesen« entspricht. Der Intellekt kann die wahre Bedeutung der Dinge, die »geistigen Wesenheiten«, wie es der heilige Thomas nennt, direkt wahrnehmen. Wenn der Verstand vervollkommnet wird, dringt er allmählich zum gleichen Punkt vor, den der Intellekt mit einem einzigen Sprung ins Dunkle erreicht. Dieser Punkt ist unser Wahres Selbst. Wie der heilige Thomas sagt, gibt es im Zentrum des menschlichen Wesens einen Platz *(habitas),* wo sich Verstand und Intellekt treffen und sich die direkte Einsicht in spirituelle Wirklichkeiten mit den Erkenntnissen des geläuterten Verstandes vereinigt.

Für diejenigen unter Ihnen, die das Latihan praktizieren, und besonders für jene, die Erfahrung mit dem »Testen« gewinnen, sind diese Ideen sicherlich erhellend. Das wirkliche Testen – von dem Bapak Subuh sagt, dass es erst nach der völligen Reinigung der vier *roh,* der vier Selbste im Menschen, möglich sei – sollte eine Arbeit des Intellekts sein, das heißt eine geistige Wahrnehmung unabhängig von materiellen Mittlern. Es sollte aber dennoch durch Vergleich mit den Ergebnissen des Verstandes verifiziert werden. Lassen Sie mich aber sofort hinzufügen, dass unser »Testen« auf der Stufe, die wir erreicht haben, keine direkte Verbindung mit dem haben kann, was der heilige Thomas die »höchste Macht des Menschen« nennt – dem Intellekt.

Ich möchte mich hier nicht tiefer auf philosophische Erklärungen einlassen, so verlockend es auch sein mag. Wir können Geist und Materie anders und vielleicht einfacher unterscheiden, wenn wir sagen, Materie sei Quantität und Geist Qualität. Oder auch: Materie ist Wirklichkeit, wenn sie von der Seite der Quantität aus erfahren wird, Geist aber die gleiche Wirklichkeit, von der Seite der Qualität aus. In *The Dramatic Universe* habe ich zwischen Tatsachen als der Materie und Werten als dem Geist zugehörig unterschieden[26] und habe gesagt, dass ihr Gegensatz im Bereich der Harmonie aufgehoben werde. Der springende Punkt ist, dass Tatsachen und Werte, obwohl immer unterschieden, doch gleichzeitig immer verbunden sind. Es scheint, als könnte man sie mit Öl und Essig vergleichen, die sich nie vermischen und doch zu Mayonnaise zusammengerührt werden können. Aber dies ist keine

---

26. *The Dramatic Universe,* Band II, Kapitel 25, Seiten 33–36.

wirklich gute Analogie. Wir haben es also nicht nur mit einer Art Materie zu tun, sondern mit einer Stufenfolge von Energien. Diese lassen sich nicht alle mit gleicher Elle messen. Nur eine Art der Materie können wir sehen, jene die in festem oder flüssigem Zustand kondensiert ist. Wir können wissen, dass es Materie im sensitiven Zustand gibt, und wir können uns der Materie in jenem feineren und intensiveren Zustand bewusst sein, der Bedürfnisse entstehen lässt. Zu den unterschiedlichen Ebenen der Energie gehören verschiedene Arten von Tatsachen, so wie im Selbst verschiedene Arten von Tatsachen erkennbar sind. Wir müssen also die Idee der »Relativität der Materie« annehmen. Wer mit Gurdjieffs Ideen vertraut ist, weiß, wie wichtig das Prinzip der Relativität der Materie in seinem System ist. Unser Symbol repräsentiert dieses Prinzip dadurch, dass es ein Dreieck und keine Gerade ist. Wenn es nur eine Art von Materie gäbe, dann genügte die Grundlinie des Dreiecks; es gäbe kein Unbewusstes, keine verborgene Tiefe in unserer menschlichen Natur.

Hinzu kommt die anfangs verblüffende Vorstellung der »Relativität des Geistes«. Sie ist nicht neu. In den Werken des Thomas von Aquin ist sie zu finden, der sie den *Namen Gottes* entnahm. Darüber werde ich morgen mehr sagen. Es geht uns jetzt darum, Sie mit der Vorstellung eines Aufsteigens der Materie zum Geist und eines Absteigens des Geistes zur Materie vertraut zu machen. Diese treffen im Mittelpunkt zusammen. Deswegen heißt es, der Mensch habe ein zweifaches Wesen, bestehend aus Geist und Materie.

Bevor wir das Thema Geist und Materie verlassen, möchte ich noch eine weitere Betrachtungsweise einbeziehen, die zur hinduistisch-buddhistischen Tradition gehört. Dort werden sieben Stufen unterschieden, von denen vier Gestalt haben, *rupa,* und drei gestaltlos sind, *arupa.* Die vier Welten der Gestalt oder *rupa-loka* entsprechen unseren vier Ebenen des Selbsts. Sie erinnern sich, dass auch Bapak Subuh über die »vier Himmel« oder Welten spricht. Die *arupa-loka* sind die gestaltlosen Welten des Geistes, die unserem diskursiven Verstand verschlossen sind.

Ich könnte noch viele andere Beispiele für die Überzeugung anführen, dass es sieben Ebenen gibt, von der groben, sichtbaren Materie bis zum reinen Geist; aber alle können nur eine Annäherung an das sein, was sich in Worten nicht ausdrücken lässt. Wir müssen lernen, zwischen den Zeilen zu lesen – *interlegere –,* wenn wir diese subtilen und wichtigen Ideen begreifen wollen.

Wir kommen zu der Frage zurück, inwieweit das Selbst die verschiedenen Ebenen organisieren und auf Einflüsse »von oben« ausrichten kann. Wenn wir den Geist als »über« der Materie stehend betrachten, dann können wir sagen, dass das Wahre Selbst eine geistige Kraft in sich einlassen kann, die alle Teile des Selbsts lenken und organisieren kann. Subud gründet sich auf den Glauben, dass eben dieser Vorgang möglich ist, und wir können es aus eigener Erfahrung bestätigen.

Bevor wir darüber mehr sagen können, müssen wir zu der Energie zurückkehren, die die vierte Ebene charakterisiert. Wir haben die Sphäre der Materialität noch nicht ganz verlassen; was also ist die entsprechende Energie? Es muss eine Energie sein, die feiner als Bewusstsein und stärker als Begierde ist. In *The Dramatic Universe* habe ich sie »die kreative Energie« genannt, und ich glaube immer noch, dass dieser Name am besten trifft. Man könnte sie auch Energie des Aktes der Verwirklichung nennen, was zu dem passen würde, was der heilige Thomas über den zentralen Punkt im Menschen sagt. Aber »kreative Energie« ist kürzer und hat den Vorteil, uns die Vorstellung wieder nahe zu bringen, dass der Mensch in diesem zentralen Teil seines Wesens nach dem Ebenbild Gottes geschaffen ist.

Eine Energie feiner als Bewusstsein – ist sie vorstellbar? Wir pflegen, uns Bewusstsein als auf einen Punkt konzentriert vorzustellen. Es fällt uns schwer, die Idee zu erfassen, dass wir vielleicht innerhalb des Bewusstseins sind, wie ein Fisch im Meer. Wir stellen uns Wasser als etwas vor, das wir in uns aufnehmen, aber nicht als ein Medium, in dem wir leben. Die kreative Energie macht es möglich, im Bewusstsein zu leben wie ein Fisch im Wasser. In der gesamten mystischen Literatur werden Sie Hinweise finden auf »die Dunkelheit, in der Gott erscheint«. Das wird sehr schön vom heiligen Johannes vom Kreuz in seinem *Aufstieg zum Berge Karmel* beschrieben. In der indischen Tradition ist von *sushupti* die Rede, was üblicherweise als traumloser Schlaf aufgefasst wird, was aber einen Zustand jenseits des höchsten Bewusstseins meint. Bapak Subuh spricht im gleichen Zusammenhang über »das schwarze Licht«, ein Begriff, den die Sufis gern gebrauchen.

Viele Mystiker haben versucht, diese vierte Energie zu beschreiben. Die Verbindung von Mystizismus und Energie mag Ihnen sonderbar erscheinen. Mittelalterliche Christen wären jedoch nicht erstaunt gewesen, wenn man ihnen gesagt hätte, dass ihr letztendlicher »Sprung in die Dunkelheit« auf der Einwirkung einer besonderen Energie beruhe. Das Griechische Wort *energeia* bezeichnet im Neuen Testament die Macht zu handeln – sowohl als auch satanisch. Zum Beispiel schreibt Paulus in Ph 3.21: »Es wird unsern nichtigen Leib verklären, dass er ähnlich werde seinem verklärten Leibe, nach der Wirkung [*energeia*], mit der er auch alle Dinge sich untertänig machen kann.« Bemerkenswert ist, was in dem heiligen Buch der taoistischen Religion Chinas, dem *Tao Te King* darüber gesagt wird. Tao wird als nicht bewusst und nicht aktiv, und dennoch als alles erschaffend beschrieben. Von dem Weisen, der das Tao erreicht hat, heißt es, dass er nichts tue und sich dennoch Friede und Glück durch ihn verbreiten. Wir kennen auch den Ausdruck »Stimme der Stille« – ein Widerspruch, der andeuten soll, dass es einen Zustand ohne Bewusstsein gibt, in dem sich aber dennoch alles Wesentliche ereignet.

Ich erinnere daran, dass ich beim Vergleich unseres Symbols mit der Tiefenpsychologie Jungs das Reagierende Selbst mit dem persönlichen Unbewussten und das Geteilte Selbst mit dem kollektiven Unbewussten in Zusammenhang gebracht habe. Dahinter postuliert Jung, wie schon gesagt, ein Selbst, das nicht mehr als ein psychologisches Konzept ist, weil wir es niemals erkennen können.[27] Nach Jung ist das Selbst sowohl das Ziel der Individuation als auch die Quelle der Existenz des Ego. Er sagt auch, dass das Selbst präexistent sei und von den Wandlungen, die eine Person erfahren mag, unberührt bleibe. All das ist vereinbar mit der Ansicht, dass das Wahre Selbst der Sitz der kreativen Energie ist, mit der der Mensch im Unterschied zu allen anderen Tieren betraut worden ist. Jung zitiert zustimmend aus jenem bemerkenswerten chinesischen Buch *Das Geheimnis der Goldenen Blüte,* eine Art symbolischer Psychologie. Darin heißt es: »Wenn keine Ideen mehr da sind, kommen die richtigen Ideen.« Mit anderen Worten:

27. Jung bezieht sich darauf an vielen Stellen, so in *Zwei Schriften zur Analytischen Psychologie, Gesammelte Werke,* Band VII, Seite 260: »Intellektuell ist das Selbst nichts als ein psychologischer Begriff, eine Konstruktion, welche eine uns erkennbare Wesenheit ausdrucken soll, die wir als solche nicht erfassen können, denn sie übersteigt unser Fassungsvermögen, wie schon aus ihrer Definition hervorgeht.« Jung geht offensichtlich davon aus, dass Verstehen nur über den Verstand erreicht werden kann und keinen Raum hat für den Intellekt, der dem heiligen Thomas zufolge über die Macht verfügt, das Wesen des Selbsts zu erkennen. Siehe: *Summa Theologica,* Kapitel 87.

Der schöpferische Akt wird nicht durch unser bewusstes Bemühen herbeigeführt, sondern eher durch das Nachlassen unseres Bemühens. Das ist natürlich genau das Gleiche, wie das, was Bapak Subuh über das Latihan sagt oder die christlichen Mystiker über den Übergang von aktiver Meditation zu dunkler Kontemplation.[28]

* * *

Frage: Würden Sie bitte die vier Energien, von denen Sie gesprochen haben, mit Gurdjieffs Tabelle der Wasserstoffe in Beziehung bringen?

Bennett: Gurdjieff lehrte, dass es zwölf kosmische Energien oder Stoffe gibt, von der unteilbaren reinen Substanz der Sonne Absolut bis zur toten Materie. Er bezeichnete diese universalen Energien als »Wasserstoffe«, um die Vorstellung zu erwecken, dass sie – wie der Kern des Wasserstoffatoms – die Bausteine alles in der Schöpfung Existierenden sind. In *The Dramatic Universe*[29] habe ich eine ähnliche Skala der verschiedenen Energien, die wir in der Natur finden, aufgestellt. Es gibt vier Energien der physischen Welt, vier vitale Energien und vier höhere oder kosmische Energien. Die ersten beiden sind bei der Schaffung des Menschen beteiligt.

Ich will sie in Form einer Tabelle darstellen mit den Bezeichnungen, die ich in *The Dramatic Universe* gebraucht habe, und den entsprechenden Selbsten. Wir brauchen nur vier der zwölf Energien zu berücksichtigen. Die vier tieferen liegen außerhalb der Selbste, das heißt, wir erfahren sie nur durch ihre Wirkung auf lebende und materielle Objekte. Die zwei höchsten Energien sind außerhalb unserer Reichweite; sie sind nur der Vollständigkeit halber aufgeführt. Vielleicht stehen sie Engeln und Erzengeln zur Verfügung!

Jede der vier Energien kann ein Instrument des Wissens und ein Instrument des Handelns sein. Die vierte, die kreative Energie, hat die besondere Eigenschaft, dass Wissen und Handeln ein und dasselbe werden. Das ist mit dem Verstand nicht zu begreifen. Vor

---

28. Siehe: John G. Bennett: *Christian Mysticism and Subud.*
29. Band II, Kapitel 32, *Energies:* Dort ist die ganze Skala der zwölf Energien im Zusammenhang dargestellt. Vgl. auch: John G. Bennett: *Energien – materiell, vital, kosmisch.* Frankfurt 1977.

langer Zeit, als ich *The Crisis in Human Affairs* schrieb, kam ich zu einer Unterscheidung der verschiedenen Arten der Sprache. Die Sprache des Wahren Selbsts ist die Sprache der *Mimik*. Alles, was vom Wahren Selbst kommt, drückt aus, was wir wirklich sind. Leider geht diese Sprache denen verloren, die das Reagierende Selbst nicht transformieren. Dieser Schirm muss zu einem ›Kristall‹ werden, so klar, dass er alles ohne Brechung oder Trübung hindurchlässt. Das ist jenes »stille Wasser«, in dem alle Dinge so gesehen werden, wie sie wirklich sind. Diese Stille ist schwer zu erreichen.

Die Energien des Selbsts

Gurdjieffs Tabelle der Wasserstoffe	Energie gemäß The Dramatic Universe	Name der Energie	Art der Selbstheit oder des »Mir/Mich«
H 1	E 1		
H 3	E 2		
H 6	E 3	kreativ	Wahres Selbst
H 12	E 4	bewusst	Geteiltes Selbst
H 24	E 5	sensitiv	Reagierendes Selbst
H 48	E 6	automatisch	Materielles Selbst

Frage: Gibt es nicht manchmal mitten in der eigenen Aktivität einen ruhigen Zustand?

Bennett: Manchmal spürt man einen ruhigen Punkt in sich, der durch nichts, was man auch tun mag, berührt wird. Zum Beispiel kann das beim Reden vorkommen; alles scheint innen still zu sein, fast wie leer. Zumindest können wir sagen: Solche Erfahrungen lassen den Schluss zu, dass es »etwas« hinter all unserer Aktivität, hinter dem Ablauf des Geschehens gibt. Es scheint, als ob es einen Ort in uns gäbe, wo alles still ist. Aber dennoch ist dort Bewusstsein, andernfalls wüssten wir nichts davon. Die Empfindung innerer Ruhe kann also nicht zu diesem vierten Punkt [des Wahren

Selbsts] gehören. Wahrscheinlich ist es zutreffender, dieses Gefühl innerer Stille mit der Wachheit des wahren Bewusstseins zu verknüpfen, welches hinter unserer Sensitivität liegt. Gestern sprach ich von »doppelter Wachheit«. Die Verbindung zwischen den vier Teilen der menschlichen Selbstheit wird durch ein uraltes, ja prähistorisches Bild illustriert, das bereits in den ältesten ägyptischen und sumerischen Texten und den frühesten vedischen Hymnen auftaucht: Der Mensch wird in Zusammenhang gebracht mit einem Streitwagen mit Zugpferden und einem Wagenlenker. Das sind drei – und der Vierte ist der Besitzer des Wagens. Gurdjieff beschreibt dieses Bild auf sehr lebendige Weise im letzten Kapitel von *All und Alles*. Eine noch buntere und schönere Darstellung finden wir in der Kathaka Upanishad. Das Materielle Selbst wird mit dem Wagen verglichen, die Pferde stellen das Reagierende Selbst dar, und das Geteilte Selbst ist der Kutscher. Das Wahre Selbst ist der Besitzer des Wagens, der Herr. Wenn Sie sich dieses Bild vor Augen führen, dann rollt der Wagen dahin, im Kontakt mit der Erde; Lärm, Quietschen und so weiter kommen vom Wagen. Das entspricht dem, was wir in der Welt der materiellen Objekte sehen und hören. Er wird von den Pferden gezogen; das ist die sensitive Energie des Lebens, die uns vorwärtszieht. Der Kutscher bestimmt die Richtung; das ist der dritte Teil des Selbsts, der Sitz unserer Begierden. Bisweilen sitzt jemand ruhig im Wagen mit zusammengefalteten Händen; das ist der Herr, dem die Kutsche gehört. Unter günstigen Umständen kann er vielleicht dem Kutscher mitteilen, wohin er fahren möchte. Aber nach Gurdjieff schläft der Fahrer meistens, und der Besitzer ist nicht da. Dieses Gefühl der »inneren Stille« ist vielleicht nicht mehr als die Wahrnehmung des Kutschers, der auf dem Bock sitzt und schläft. Mag sein, dass er angenehme Träume hat und wir ihn nicht aufwecken mögen. Gerade der Kutscher müsste aber wach sein. Er ist das Bewusstsein, und nur er kann verstehen, was der Herr will.

Frage: Wenn einen etwas aufregt und ein Teil in einem nicht verhaftet ist und zuzusehen scheint, ist das näher der vierten Stufe?

Bennett: Wenn uns wirklich zu Bewusstsein käme, dass das Wahre Selbst hilflos im Wagen sitzt und zuschauen muss, wie der Wagen dahinfährt, wohin ihn die eigenwilligen Pferde zufällig lenken, würden wir schreckliche Reue empfinden. Aber was Sie meinen, ist etwas anderes. Ich würde sagen, es ähnelt mehr einem

Wandfries aus Abu Simbel: Schlacht bei Kadesch, Ramses II im Streitwagen

Zustand, wo der Fahrer im Halbschlaf zwar merkt, dass die Pferde durchbrennen, aber zu faul ist, etwas zu unternehmen. Außerdem kümmert es ihn wirklich nicht. Schließlich ist es nicht seine Kutsche.

Frage: Ist Bewusstsein das Mittel, mit dem der Besitzer seine Wünsche durchsetzt?

Bennett: Sie haben einen äußerst wichtigen Punkt getroffen, aber ich zweifle, ob Sie ihn verstehen. Kaum etwas ist für uns schwerer zu verstehen als die Verbindung zwischen der kreativen und bewussten Energie. Wie kann Bewusstsein »gebraucht« werden? Allerhöchstens hat es einige wenige Momente wahren Bewusstseins in unserem Leben gegeben. Vergessen Sie nicht den entscheidenden Punkt, dass das, was wir »Bewusstsein« *nennen,* nur Sensitivität ist. Was wir unser »Innenleben« *nennen,* sind nur die bewegten Bilder, die auf den Schirm unserer Sensitivität geworfen werden. Das Bewusstsein ist dahinter. Und noch hinter dem Bewusstsein liegt der schöpferische Akt. Es ist durchaus wahr, dass Bewusstsein das Instrument der Kreativität ist, aber Sie müssen versuchen, sich vorzustellen, wie weit jenseits unserer alltäglichen Wahrnehmung dies liegen muss.

Es ist absolut richtig, dass Sie fragen, was an diesem zentralen Punkt geschieht. Mit Hilfe unseres Verstandes können wir zu wertvollen Schlüssen darüber gelangen. Ich habe Sie gebeten, sich selbst die Frage zu stellen: »Was könnte der Fehler des Wahren Selbsts sein; wie könnte es irren?«

Um dies zu verstehen, gilt es, etwas ziemlich Sonderbares und sehr Interessantes zu bemerken. Es ist wahrscheinlich, dass die tieferen Ebenen des Selbsts in zwei Arten von Schwierigkeiten geraten. Die eine besteht in Unordnung und Verwirrung, die andere in einer falschen Befehlsgewalt, das heißt, wenn einer dieser äußeren Teile des Selbsts der Herr ist. Dieses »am falschen Ort sein« ist etwas anderes, als wenn der Ort selbst in Unordnung liegt. Im Falle dieses vierten Teils des Selbsts besteht dieser Unterschied jedoch nicht, denn dies *ist* der richtige Ort für den Herrn; dies sollte das Zentrum der Ordnung, der Herrschaft im Menschen sein. Dort sollte der Mensch sein. Daher ist das Einzige, was hier schief laufen kann, dass der Inhalt falsch ist.

Frage: Als ich heute Nachmittag in der Telefonzentrale arbeitete, fühlte ich eine innere Ruhe und eine Harmonie mit allen anderen, die im selben Raum tätig waren. Mir wurde auch klar, wie ich in der Vergangenheit dieses Gefühl manchmal in Träume und Phantasien hatte abgleiten lassen und dass dies nicht geschehen darf. Ich denke, wenn dies der Herr sein soll, dann muss es Diener von etwas Höherem sein.

Bennett: Das ist richtig, und es führt uns zu dem, was ich sagen will. Dieser zentrale Punkt ist der Ort, an dem der Egoismus des Menschen sitzt. Das ist das Problem. Egoismus bedeutet, dass man sich selbst zum Zentrum macht; das eigene Zentrum ist das Zentrum von allem. Wenn dies im Zentrum so ist, akzeptiert der Mensch weder Gott noch sonst etwas über sich selbst, was auch immer er in seinen äußeren Teilen denken oder fühlen mag. Dies ist eine Besonderheit, die mit der Art der Energie an diesem Ort zusammenhängt; die kreative Energie hat die Fähigkeit, mit sich selbst in Verbindung zu treten. Es ist eine außergewöhnliche Kraft, weil sie eine anderweitig nicht mögliche Freiheit eröffnet; aber sie ist auch ein außergewöhnliches Risiko. Das Risiko besteht darin, dass man an diesem Punkt Halt machen und versucht sein kann, ihn als das Ende zu betrachten. Dieses Zentrum kann uns zu einem gewissen Maß in uns selbst bewusst werden, und wir können etwas erkennen, das anders ist als das Bedürfnis zu dominieren: Es ist der Wunsch des »*Mir/Mich*«, angebetet zu werden; es ist das Bedürfnis, dass ich selbst als Gott akzeptiert werde. Vielleicht halten Sie das für sehr sonderbar und glauben, dass niemand dazu in der Lage wäre oder nur Verrückte so blasphemisch sein könnten – aber eben das ist hinter der Schranke des Bewusstseins verborgen. Fragen Sie sich selbst, was Egoismus bedeutet. Egoismus kann nichts anderes heißen, als dass man sich an Gottes Stelle setzt.[30]

Man kann es auch noch anders betrachten. Menschen mögen nach Vervollkommnung streben, nach Erfüllung oder Verbesserung; sie mögen gegen die Schwächen ihres Charakters kämpfen – aber sie können nicht gegen ihren Egoismus kämpfen, weil der Kampf von genau diesem Egoismus geführt wird. Aus Egoismus

---

30. Selbstanbetung ist nur eine der Formen des Egoismus. In *The Dramatic Universe,* Band II, Kapitel 31, finden wir sechs negative Gesetze, die zusammen den Kern unseres Egoismus bilden. Es sind dies: Verblendung, Selbstanbetung, Angst, Verschwendung, Subjektivismus und Identifikation.

kann ein Mensch, ohne es zu wissen, Dinge tun, die nicht nur den Anschein erwecken, sondern wirklich objektiv edel, aufopfernd, großartig oder nützlich, gut, freundlich und so weiter sind, die aber alle in seinem Eigenwillen ihre Wurzel haben. Ein Anderer mag äußerlich betrachtet sehr viel weniger im Recht sein als der Erste; aber vielleicht ist bei ihm im Zentrum etwas sehr viel weniger fixiert und sind seine Motive nicht nur im Eigenwillen begründet. Eigenliebe oder Selbstanbetung und Forderungen an andere, die aus dem Egoismus stammen, sind etwas ganz anderes als jene tierischen Impulse und archetypischen Triebe des Geteilten Selbsts. Hier liegt das große Wagnis der menschlichen Existenz: Begabt mit dieser besonderen Macht der Kreativität, kann das Selbst des Menschen zum Ort für etwas werden, was sich gerade gegen den Zweck wendet, um dessentwillen ihm diese besondere Macht gegeben wurde.

Ich weiß, dass meine Ausführungen der letzten Tage die Frage nach dem »Ich« herausfordern, aber ich habe mit der Antwort zurückgehalten. Ich werde auch jetzt noch nicht viel darüber sagen, außer: Im Zentrum ist für zwei kein Platz; entweder ist Platz da für den Egoismus oder für das »Ich«. Daraus lässt sich schließen, dass das »Ich« das Gegenteil von Egoismus ist. Wir sind noch nicht so weit, um sagen zu können, warum das so ist und was es bedeutet; aber wir können doch schon über Egoismus sprechen, weil er ein Charakteristikum dieses menschlichen »Mir/Mich«, unseres menschlichen Selbsts ist.

Es handelt sich darum, dass sich die kreative Kraft gegen sich selbst wendet; anstatt hinauszugreifen zum Unendlichen, zieht sie die Dinge an sich heran. Der Unterschied zwischen dem An-sich-ziehen und dem Sich-nach-außen-öffnen – möglicherweise ohne Grenzen – ist das Nächste, was ich über dieses Zentrum sagen möchte. Das Wesen des Zentrums des Menschen oder seines Wahren Selbsts besteht darin, dass es sowohl befehlen als auch gehorchen kann. Egoismus ist ein Zustand des Befehlens. Je stärker der Egoismus ist, desto entschlossener wird sich das Selbst durchsetzen. Auf der anderen Seite steht Gehorsam, der die Verbindung zur Welt des Geistes herstellt.

Warum sprechen wir manchmal über den *Platz* des Zentrums? Warum sprechen Mystiker, die Erfahrungen in diesen Dingen haben, über die »innere Wohnstatt« oder den »innersten Platz im Herzen«? Warum spricht der heilige Thomas von Aquin über den *habitas* oder den Hort von Verstand und Intellekt? Warum spricht die heilige Theresa über »die innere Burg«, und warum wird dieses Selbst als das »geistige« oder »innere Herz« bezeichnet, indem Gott Sich aufzuhalten liebt?

Um diese Frage zu beantworten, müssen wir tiefer in das Wesen der kreativen Energie eindringen. Wie alles, was existiert, ist sie ein Teil der Schöpfung Gottes, und wir können vermuten, wenn wir es auch nicht wissen können, dass sie das Instrument Gottes in Seinem unablässig schöpferischen Wirken ist. Wir stellten uns die Schöpfung – wenn wir überhaupt darüber nachdenken – üblicherweise als einen Akt vor, mit dem Gott in einem längst vergangenen Moment die Welt hat erstehen lassen; doch wir sollten auch versuchen, die Schöpfung als einen ewigen Akt jenseits von Zeit und Raum zu verstehen. In der Schöpfung erfüllt Gott Sich selbst; es handelt sich also um einen Akt, der in Gott seine Vervollkommnung findet, jedoch außerhalb Seiner vollzogen wird. Gott erschafft das Universum als eine Wohnstatt, nicht weil Er sie braucht, sondern weil sie ein Mittel ist (es mag andere geben, die uns vollständig unbegreiflich sind), dessen Er Sich bedient, um Sein eigenes Wesen zu manifestieren.

Sie sehen daraus, dass wir die Existenz (womit das Universum in seinen sichtbaren wie unsichtbaren Teilen gemeint ist) sowohl als den *Ort* betrachten sollten, in dem Gott arbeitet, als auch als das *Mittel,* durch das Er arbeitet. Wie wir in unserem letzten Vortag sehen werden, gewinnen die Worte »Lasst Uns den Menschen nach Unserem eigenen Bild erschaffen« ihre Bedeutung aus dem Akt, durch den Gott eine Spur Seiner kreativen Kraft in den Menschen gelegt hat. Deswegen muss der Mensch im Maßstab seiner eigenen sehr kleinen – aber doch nicht unerheblichen – Existenz den schöpferischen Akt Gottes nachvollziehen. Wir müssen unsere eigene Wohnstatt errichten, ein Haus, das nicht mit Händen gebaut ist, und wir müssen auch denjenigen schaffen, der darin wohnen soll, das heißt den Menschen, zu dem zu werden wir bestimmt sind. Diese Schöpfung ist sowohl die Vollendung unserer Natur als auch die Erfüllung des Zwecks unserer Existenz.

Nach diesen Erklärungen kann ich nun zu der Unterscheidung zwischen Selbst und Seele kommen. Das Selbst existiert mit den ihm eigenen Begrenzungen und Potenzialitäten, während die Seele eine neue Schöpfung ist mit Möglichkeiten, die über die Begrenzung der Existenz hinausgehen.

Die Seele ist der Teil des Menschen, in dem sein »Ich« seinen dauernden Aufenthaltsort haben sollte. In diesem Sinn ist sie eine Wohnstätte. Sie ist auch der Teil des Menschen, der wachsen und sich ausdehnen kann, so dass vieles, sogar andere Menschen, Zugang finden können. In diesem Sinn ist sie ein ›Ort der Begegnung‹. Sie ist außerdem jener Teil des Menschen, der zum Mittel der Wiederauferstehung bestimmt ist; in diesem Sinne ist sie der ›Werkplatz‹ für die vollständige Transformation der menschlichen Natur.

Lassen Sie mich noch näher ausführen, was ich meine, wenn ich sage, dass die Seele sich ausdehnen könne. Vielleicht kennen Sie aus eigener Erfahrung einen Zustand innerer Erweiterung und das Gefühl, dass Sie in diesem Zustand andere Menschen in sich hineinnehmen können; nicht nur, sich in andere hineinversetzen und sie verstehen – das kann auch das Geteilte Selbst –, sondern andere wirklich in sich aufnehmen. Vielleicht haben Sie so eine Erfahrung gehabt, die mehr ein Vorgeschmack wäre als die volle Wirklichkeit. Wenn Sie das nachvollziehen können, wird es Ihnen leichter fallen, sich vorzustellen, wie sich unsere Seelen ausdehnen können. Sicherlich kennen Sie auch den anderen Zustand, wenn sich das Zentrum zusammenzieht, gleichsam austrocknet, wenn jeder andere ein Fremder ist und im Inneren nichts bleibt als ein einsames, unglückliches Selbst.

Ich werde das Wort »Seele« in diesem besonderen Sinn gebrauchen, als Ausdruck für den Teil des Menschen, der wachsen kann, der aber auch schrumpfen und austrocknen kann. Wenn die Seele des Menschen wächst, wie sie soll, absorbiert sie alle Teile des Selbsts und gebraucht sie sozusagen zum Bau ihres eigenen Hauses. Von diesen Instrumenten wird sie mit allen Ausrüstungsgegenständen versorgt, die sie braucht. Selbst und Seele sind solange gesondert, wie der Egoismus das Zentrum okkupiert. Sie werden erst dann eins, wenn der Egoismus gebannt ist.

Diese Ideen sind derart wichtig, dass ich den Rest des heutigen Abends dazu verwenden will, Ihnen zwei oder drei andere Ansätze zum besseren Verständnis aufzuzeigen. Lassen Sie uns zum Symbol der vier Selbste des Menschen zurückkehren. Ein jedes Selbst hat einen anderen Grad der Materialität.

Alles Materielle hat Begrenzungen und Eigenschaften, die sich in drei Gruppen zusammenfassen lassen.

1   Materie kann direkt oder indirekt durch unsere Sinne er-
    kannt werden. Es ist die Aufgabe des Verstandes, jene
    Zustände der Materie zu erfassen, die weder gesehen noch
    berührt werden können. Wir wissen von ihnen durch Bilder
    und Ideen, und wir verifizieren sie durch ihr Wirken auf das,
    was wir sehen und anfassen können, nämlich unseren eigenen
    und andere Körper.

2   Materie ist immer begrenzt. Selbst jene Formen der Materie,
    die in Ausdehnung und Gestalt nicht begrenzt sind, wie Gase
    oder Strahlung oder Gedanken, sind in der Quantität be-
    grenzt. Sogar die feineren Zustände der Materie können – zu-
    mindest im Prinzip – gemessen werden. Wir können sagen,
    dass ein bestimmtes Maß an Sensitivität oder Bewusstsein in
    gewisser Quantität und Intensität vorhanden ist.

3   Materie hat keine eigenen Werte. Nichts in der materiellen
    Welt ist um seiner selbst willen wichtig oder wertvoll, son-
    dern ausschließlich durch den Zweck, dem es dienen kann.
    Anders ausgedrückt: Alles, was zum Bereich der Materie
    gehört, ist Fakt, während alle Werte aus den geistigen Essen-
    zen stammen.

Diese Eigenschaften der Materie sind nicht auf allen Ebenen die
gleichen. Je weiter wir uns nach innen bewegen, um so geringer
werden die Begrenzungen, bis wir mit der kreativen Energie zum
Treffpunkt von Geist und Materie gelangen. Die kreative Energie
hat Macht über alle anderen Formen der Materie, sie steht an der
Grenze dessen, was der Verstand, auf sich allein gestellt, direkt begreifen kann. Sie kann weder gemessen noch gezählt werden, und
keine unserer üblichen Kategorien des Denkens über die erkennbare Welt kann verlässlich zu ihrer Beschreibung dienen.
    Im Symbol wird sie durch einen Punkt dargestellt. Das weist
darauf hin, dass es sich um reine Intensität ohne Ausdehnung handelt. Vielleicht ist es leichter zu verstehen, wenn Sie sich die kreative Energie als den König des Reichs der Materie vorstellen. In
einem Königreich gibt es nur einen König. Seine Untertanen
mögen in Millionen zählen und über das ganze Land verteilt sein,
dennoch bestimmt das Wort des Königs das Verhalten seiner
Untertanen. Alle Macht ist im Wort des Königs konzentriert, und

die Frage kommt nicht auf, wie groß er ist oder wo er sich befindet. Sein Wort erfüllt sein ganzes Reich. Die kreative Energie verfügt über diese Art von Macht. Hinzu kommt die Fähigkeit, »in sich hinein zu nehmen«, was wir uns vorstellen können als das Schaffen eines Gefäßes oder einer Wohnstatt.

Des Weiteren kann die kreative Energie unter dem Aspekt ihrer Innerlichkeit betrachtet werden. Sie ist die innerste der Energien und kann deswegen alles durchdringen und alle Ebenen erreichen. Ist sie vom Egoismus durchtränkt, wird sie alle anderen Teile des Selbsts mit Egoismus durchsetzen. Deswegen kann ein Mensch, der ganz in seinem Materiellen Selbst lebt, gleichzeitig ganz egoistisch sein.

Der Platz der Seele ist nicht nur im Zentrum, sondern überall. Aber die Seele ist auch ein Gefäß, das mehr oder weniger aufnehmen kann, je nach seiner Ausdehnung oder Kontraktion. Wenn Sie das sehen können, dann werden Sie erkennen, dass kaum etwas wichtiger für uns ist als die »Vergrößerung« unserer Seele. Eine enge, beschränkte Seele kann nur ein enges, beschränktes Selbst beherbergen. Wie gut entwickelt die anderen Ebenen des Selbsts auch sein mögen, letztlich hängt alles vom Zustand der Seele ab.

Wenn wir noch einmal das Symbol betrachten, so sehen wir, wie das obere Dreieck im zentralen Punkt auf das untere stößt. Ich habe das obere mit dem Wort »Geist« bezeichnet. Wie ich schon sagte, muss es unterschiedliche Grade der Spiritualität geben. Das wird morgen unser Thema sein. Einstweilen wollen wir festhalten, dass der zentrale Punkt zu beiden Dreiecken gehört. Die Seele kann man als Brücke zwischen beiden bezeichnen; dazu muss sie Materielles und Geistiges gleichermaßen umfassen können. Das Wahre Selbst des Menschen hat eine derartige materielle und geistige Doppelnatur.

Ich stelle die Seele als Kreis dar [siehe nächste Seite], um zu zeigen, dass es außer dem zentralen Punkt etwas Geistiges darüber und etwas Materielles darunter gibt. Das bedeutet, dass das wahre menschliche Selbst eine dreifache Natur hat: einen Teil im unteren Abschnitt des Kreises, einen Teil im oberen Abschnitt sowie den Punkt in der Mitte, der weder zum einen noch zum anderen gehört. Dieser Punkt ist von großer Wichtigkeit, weil er sich in eine andere Richtung, eine andere Dimension ausdehnen kann, die wir in unseren Gesprächen schon mehrmals beinahe berührt haben. Wir müssen begreifen, dass es im Zentrum unseres eigenen

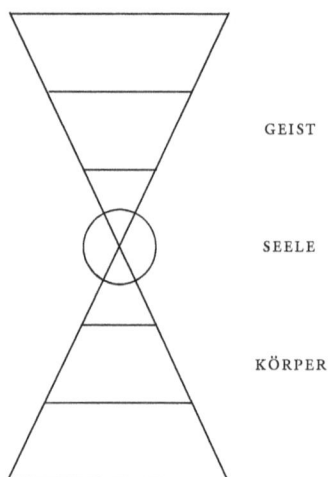

Die drei Teile des Menschen

Seins einen Punkt gibt, wo wir vom Materiellen ins Geistige hinü-
bertreten können, vom Quantitativen zum Qualitativen, von der
Form zum Formlosen, von *rupa* zu *arupa*. Diese Vorstellung des
Überganges von einer Art Realität zu einer anderen kann in jeder
Tradition gefunden werden; Menschen jeden Zeitalters haben die
Realität eines solchen Punktes des Übergangs erfahren.

Nun aber gibt es ein Drittes, das keinem von beiden angehört,
das weder materiell noch spirituell ist, sondern völlig anders gear-
tet: das »Ich«. Das heißt nicht, dass der zentrale Punkt des Symbols
»Ich« genannt werden dürfte. Nein. Wie schon mehrfach erwähnt,
hat das »Ich« keinen Ort und kann deswegen überall sein. Aber das
»Ich« kann »zuhause« sein oder »nicht zuhause«. Die Wohnung des
»Ich« ist keine gewöhnliche Wohnung, weil sie – wie der Punkt in
der Euklidischen Geometrie – »weder Ausdehnung noch Größe
hat«. Dennoch bin »ich« eins mit meiner Seele oder sollte es zumindest sein. Wir können deswegen sagen, dass die Seele drei Teile
hat: einen materiellen, einen geistigen und den Platz des »Ich«. Sie
bemerken, dass ich es tunlichst vermeide, das »Ich« den dritten
Teil der Seele zu nennen. Das wäre ein Fehler, denn es würde den
Eindruck erwecken, das »Ich« sei eine dritte Art Substanz neben
Materie und Geist. Der Mensch hat eine dreifache Natur. Das ver-

leiht ihm diese außergewöhnliche Fähigkeit, Beziehungen einzugehen. Er ist der Materie verwandt, er ist dem Geist verwandt, und er hat Verwandtschaft mit Gott, dem Schöpfer von beiden. Wenn er sich nur in seiner eigenen Seele »finden« könnte – und er kann neben diesem zentralen Punkt noch sehr viel anderes »finden« –, erhielte er Zugang zu vielen verschiedenen Welten, zu anderen Zuständen, und er könnte zu einem Menschen werden, der schöpferisch tun kann.

Gurdjieff gibt dieser Vorstellung Ausdruck, indem er sagt, der vervollkommnete oder vollständige Mensch habe sein eigenes Gesetz der Dreiheit *(triamazikamno)* in sich. Während der unvollständige oder unvollkommene Mensch immer etwas von außen braucht, damit irgendetwas vollendet werden kann, *ist* der vollständige Mensch aus sich selbst heraus vollständig, das heißt, dass er in seinen Handlungen von nichts Äußerem abhängig ist. Das ist möglich, weil er dieses dreifache Wesen hat. Das gilt natürlich nur für den Menschen, in dem es ein wirkliches »Ich« gibt. Es gilt nicht für den, in dem nur der Egoismus existiert, weil der Egoismus als Schranke zwischen der materiellen und geistigen Welt liegt, während das »Ich« zwischen beiden eine Brücke bildet.

Diese Erklärungen können eine besonders schwierige Aussage über das Wahre Selbst des Menschen verständlicher machen. Manchmal scheint dieses wie ein gewöhnliches Selbst – das heißt wie etwas, das tatsächlich existiert – und manchmal, als wäre es eine geistige Qualität oder eine geistige Wesenheit. Der Grund ist der, dass es beiden Seiten zugehört. Es wird leichter sein, über die Seele zu sprechen, weil wir sie gedanklich von den verschiedenen Selbsten unterscheiden können, die nur Instrumente der Seele sind.

Falls Sie die Vorträge von Bapak Subuh gelesen haben, wird Ihnen aufgefallen sein, dass er für die Beschreibung des Wahren Selbsts des Menschen zwei verschiedene Begriffe gebraucht: einmal *roh djasmani* und zum anderen *roh insani.* Diese Begriffe sind nicht seine eigenen; er bedient sich der Sufi-Terminologie, die mindestens tausend Jahre alt ist und sich auf die außerordentlichen Einsichten der Sufi-Mystiker während vieler Jahrhunderte gründet. Das Wort *djasman* heißt im Arabischen »Körper«, und das Wort *insan* heißt »Mensch«, und zwar in der höchsten Bedeutung des Wortes. Wenn der vervollkommnete Mensch gemeint ist, dann werden die Worte *insani kamil* gebraucht; während ein Wort wie »Adam« den Mensch als Person meint.

Warum werden für das gleiche Selbst zwei verschiedene Worte gebraucht? Deswegen, weil es zwei verschiedene Zustände des menschlichen Selbsts gibt. Es kann der Gipfel dieser ganzen materiellen Struktur sein, dann heißt es *roh djasmani,* was soviel bedeutet wie »Herr der Körper«. Wenn das Selbst sich zur geistigen Welt geöffnet hat und seine geistige ebenso wie seine materielle Natur verwirklicht hat, dann erst ist es wahrhaft menschlich und wird mit *insan* bezeichnet. Das klärt eine gewisse Schwierigkeit, weil beide Wörter sich auf diese vierte Ebene beziehen.

Damit Sie den Zusammenhang zwischen meinen Ausführungen und Bapak Subuh's Darstellung erkennen können, will ich unserem Symbol seine Namen für die verschiedenen Ebenen des Selbsts zuordnen:

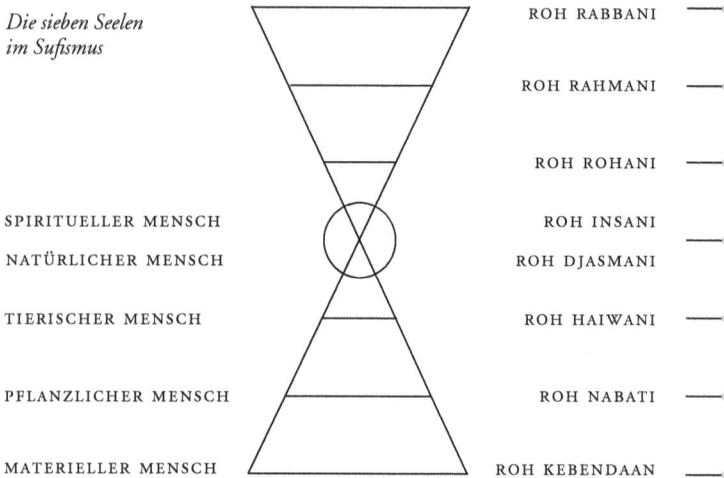

Die sieben Seelen im Sufismus	ROH RABBANI
	ROH RAHMANI
	ROH ROHANI
SPIRITUELLER MENSCH	ROH INSANI
NATÜRLICHER MENSCH	ROH DJASMANI
TIERISCHER MENSCH	ROH HAIWANI
PFLANZLICHER MENSCH	ROH NABATI
MATERIELLER MENSCH	ROH KEBENDAAN

Ich will jetzt nicht die drei höchsten *roh* erklären, weil sie zum geistigen Bereich gehören, über den wir morgen sprechen.

Frage: Könnten Sie sagen, welche Entsprechung zu Gurdjieffs sieben Ebenen des Menschen besteht?

Bennett: Diese Frage war die erste, die mir je über Subud gestellt wurde, und zwar 1955. Auf den ersten Blick scheint eine bemerkenswerte Übereinstimmung zu bestehen, aber es gibt einen wichtigen, wenn auch subtilen Unterschied. Ich brauche nicht zu betonen, dass die Idee der sieben Stufen des Menschen nicht neu ist; sie ist in den verschiedensten Traditionen zu finden. Gurdjieff gibt – wie immer – den traditionellen Lehren einen besonderen Dreh. Nach seinem Schema gibt es vier Menschen, die alle auf der gleichen Stufe des Seins stehen, sich aber in ihren Kräften unterscheiden. Und zwar der Mensch Nr. 1, der instinktiv-motorische Mensch; der Mensch Nr. 2, der emotionale Mensch; der Mensch Nr. 3, der intellektuelle Mensch; und der Mensch Nr. 4, der bereits insoweit gewandelt ist, als seine Kräfte harmonisiert sind und er von innerem Hader frei ist.

Gurdjieffs Schema	Die Selbste des Menschen	Energien oder Qualitäten
Mensch Nr. 7	Geistige Wesenheiten	
Mensch Nr. 6		Geistige Qualitäten
Mensch Nr. 5	Höhere Natur	
Mensch Nr. 4	Wahres Selbst Niedere Natur	Kreativ
Mensch Nr. 3	Geteiltes Selbst	Bewusst
Mensch Nr. 2	Reagierendes Selbst	Sensitiv
Mensch Nr. 1	Materielles Selbst	Automatisch

Alle vier gehören zur »gleichen Ebene«. Wahrscheinlich gibt es einen psychologischen Unterschied zwischen den vier Selbsten und Gurdjieffs vier Menschen; aber Sie müssen sich an das erinnern, was ich am Anfang sagte: Das Symbol stellt nicht wirklich ein Aufwärts und Abwärts dar. Die vier Selbste haben insofern die gleiche Natur, als sie existieren und Zustände von Materie oder Energie sind; während die höheren Teile von »mir« nicht Zustände von Energie sind und nicht »existieren«. Wenn wir also die Aussage »auf der gleichen Ebene« in diesem Sinn verstehen, dann stimmen die beiden Schemata überein. Gurdjieff selbst sagt, dass niemand als Mensch Nr. 4 geboren wird, obwohl alle eigentlich ein solcher sein müssten. In diesem Widerspruch drückt Gurdjieff die Lehre des Sündenfalls aus.

Mensch Nr. 4 ist der »normale Mensch«, der »übernormale« Eigenschaften erwerben kann. Diese bringen ihn auf Ebenen des Seins, die sich von den ersten vier grundsätzlich unterscheiden. Der erste »Übermensch« ist der Mensch Nr. 5, der sein eigenes »Ich« erworben hat. Der Mensch Nr. 6 hat Kräfte, die über seinen persönlichen Stand hinaus gehen. Der Mensch Nr. 7 ist der vervollständigte Mensch, der alles erreicht hat, was dem Menschen zu erreichen möglich ist. Gurdjieff sagt, dass dieser »innerhalb der Grenzen des Sonnensystems unsterblich« ist.

Es ist nicht ratsam, Übereinstimmung zwischen verschiedenen Beschreibungen der verborgenen Natur des Menschen zu erwarten. Eine Zeit lang wusste ich mir keinen Reim darauf zu machen, dass Gurdjieffs Mensch Nr. 7 sicherlich nicht Bapak Subuh's *roh rabbani* entspricht. Letzterer ist Bapak Subuh zufolge dasselbe wie die Heilige Essenz, was auf Arabisch *zatullah* heißt (nicht Gott, aber die spirituelle Kraft Gottes); während Gurdjieffs Mensch Nr. 7, wie rar und außergewöhnlich er auch sein mag, doch noch ein Mensch ist, ein geschaffenes Wesen, das, um es umgangssprachlich zu sagen, unten angefangen und sich hochgearbeitet hat. Der Schlüssel zu dem Geheimnis liegt in der doppelten Natur des Wahren Selbsts.

Ich kehre nun zu unserem Symbol zurück und zu dem Kreis, den ich um den zentralen Punkt gezogen habe. In diesem Kreis liegt die Herrschaftsgewalt: das *zvareno* der alten Zoroastrer. Wer mit *zvareno* begnadet ist, hat die unumschränkte Herrschaft über alles, was in seiner Reichweite liegt. Er ist der König. Wenn dieser König das »Ich« ist, dann kann diese Seele große Gnadengeschenke von Gott empfangen. Wenn der Egoismus König ist, dann wird er – selbst wenn es ihm gelingt, in die spirituelle Welt einzudringen – die geistigen Qualitäten ebenso vergiften, wie die materiellen Funktionen. Es gibt Grenzen, die der Egoismus nicht überschreiten kann, aber innerhalb dieser Grenzen kann er die Königsherrschaft an sich reißen.

Frage: Ist der Egoismus eine Fehlinterpretation des »Ich«, oder ist er wirklich ein falsches »Ich«?

Bennett: Ich wünschte, ich hätte darauf eine sichere Antwort. Mir scheint, dass »ich« immer »ich« sein muss, und in diesem Sinn kann das »Ich« nicht falsch sein. Es kann ein Bild des »Ich« geben, das auf den Schirm des Selbsts – den Schirm der Sensitivität – geworfen wird. Nicht das »Ich« ist dann falsch, sondern das Bild. Gurdjieff nannte es das »eingebildete Ich«. Aber das ist nicht das gleiche wie Egoismus; es ist einfach »der Truthahn, der sich Pfau nennt«, wie ein russisches Sprichwort sagt.

Egoismus ist keine Einbildung. Es bleibt uns nichts anderes übrig, als ihn »fehlentwickeltes Ich« zu nennen. Man kann nicht sagen, dass er das »Ich« repräsentiere oder falsch repräsentiere: er usurpiert den Platz, den das »Ich« einnehmen sollte. Aber ich glaube nicht, dass er dazu in der Lage wäre, wenn er nicht das Wesensmerkmal des »Ich« besitzen würde, nämlich *freien Willen*. Es scheint also, dass wir gezwungen sind, den Egoismus als das »gefallene Ich« zu betrachten. Aber das Problem ist schwieriger, als Sie glauben.

Frage: Wo gehört Gurdjieffs »Essenz« in diesem Schema hin?

Bennett: Das Wort »Essenz« wird von Gurdjieff anders gebraucht als in der Bedeutung, die ihm der heilige Thomas und die Scholastiker gegeben haben. Darüber habe ich mir lange den Kopf zerbrochen. Gurdjieff gebraucht das Wort an verschiedenen Stellen mit ganz verschiedener Bedeutung. Ich spreche heute nicht über dessen scholastischen Gebrauch; dies sparen wir uns für morgen auf, wenn wir uns dem Thema »Geist« widmen werden. Üblicherweise verstand Gurdjieff unter »Essenz« das, »was dem Menschen gehört«, im Unterschied zu dem, was er geliehen hat, was er im Kontakt mit anderen Menschen und durch das Leben im Allgemeinen erworben hat. Essenz ist hauptsächlich durch Vererbung bestimmt, aber sie hat ein spezifisches Muster. Dieses Muster kann nur fehlerhaft sein, denn seine Quelle ist die menschliche Natur. Die Essenz eines Menschen kann Eigenschaften oder Schwächen haben, die seine Entwicklung beeinträchtigen oder sogar die Transformation verhindern, um deren Verständnis wir uns bemühen. Gurdjieff besteht darauf, dass wir unsere eigene Essenz ohne tiefe Selbstbeobachtung nicht erkennen können; wahrscheinlich hat sie also hauptsächlich mit dem Charakter und dem Geteilten Selbst zu tun. Aber dann sagt Gurdjieff wiederum, dass der Körper Essenz sei; und in einem sehr schönen Vortrag, den er in Fontainebleau hielt, gebrauchte er »Essenz«, als bedeute sie nicht mehr als das Muster unseres Gefühlslebens. Diese verschiedenen Auffassungen sind nicht so inkonsistent, wie sie erscheinen, wenn sie in Worte gefasst werden.

Unsere Aufgabe ist es, unsere eigene essenzielle Natur zu erkennen, ihre Fähigkeiten zu entwickeln, sie zu harmonisieren und sie ihrem rechtmäßigen Gebrauch zuzuführen.

Frage: Kann das »Ich« unser Schicksal verändern?

Bennett: Ja, aber nicht immer. Das bedeutet nicht, dass ein Schicksal, das nicht wünschenswert erscheint, geändert werden müsste. Vielleicht ist gerade dieses besondere Schicksal notwendig; aber es hat zweifellos Menschen gegeben, zu deren Aufgabe auf der Erde es gehörte, ihr Schicksal zu verändern.

Frage: Ist der Egoismus dem Schicksal unterworfen, oder kann er tun, was er will?

Bennett: Seine Macht zu tun, was er will, ist begrenzt. Sicherlich hat er die Freiheit zu tun, was ihm gefällt, aber seine Möglichkeiten sind begrenzt. Hingegen sind die Möglichkeiten des »Ich« unbegrenzt. Der Egoismus kann seinen eigenen Weg gehen, selbst wenn dieser im Widerspruch zum wahren Schicksal eines Menschen steht. Er kann sich aller Kräfte bedienen, die den verschiedenen Teilen des Selbsts innewohnen.

Das Schlimmste, was dem Egoismus passieren kann, ist Macht über andere zu gewinnen. Diese unglücklichen Seelen, die der Gewalt ihres eigenen Egoismus' unterworfen sind, nennt Gurdjieff »Hasnamus«. Diese Bezeichnung ist ein Spiel mit den zwei Bedeutungen der arabischen Wörter *hass,* was »besonders« bedeutet, und *namus,* »Ehre«. Das Wort *hass* wird auch zur Bezeichnung der Toilette gebraucht. Hasnamus meint also jemanden, der äußerlich besondere Ehrung erfährt, aber innerlich nichts als Exkrement ist. Äußerlich besitzt er Macht und manchmal sogar eine großartige Stellung in den Augen der Menschen; schließlich wird er jedoch aus der Existenz ausgeschieden werden.

Es gibt nach Gurdjieff drei verschiedene Hasnamus, deren dritter und schrecklichster der ewige Hasnamus ist: Er hat große Macht und missbraucht sie zum Schaden der gesamten Menschheit. Mir scheint, dass die drei nicht so sehr dadurch unterschieden sind, wie sehr das Wahre Selbst durch den Egoismus korrumpiert wurde, sondern dadurch, bis zu welchem Ausmaß sich der Egoismus hohe spirituelle Qualitäten hat verfügbar machen und für seine eigenen Zwecke pervertieren können. Der ewige Hasnamus kann deswegen so furchtbaren Schaden anrichten, weil er seine egoistischen Ziele als Erfüllung hoher geistiger Zwecke darstellen kann.[31]

Es gibt und hat immer Menschen gegeben, die in ihrem Wesenskern so vom Egoismus korrumpiert sind, dass sich daraus »etwas« Starkes und Dauerhaftes gebildet hat. Sie können nur darauf hoffen, dass die Seele selbst vernichtet und aus dem Nichts wieder aufgebaut werde. Und es gibt die vielen anderen, die ernsthaft Gefahr laufen, in ihrem Egoismus umzukommen, sofern sie nicht das Glück haben, einen schmerzhaften Schock zu erleiden, der ihnen ihre Gefahr bewusst werden lässt. Die Schwierigkeit dieser Menschen ist, dass sie sich selbst nicht sehen können. Sogar wenn sie großen Schaden anrichten, sehen sie nicht, dass sie in diesem Handel Sklaven eines blinden Egoismus' sind.

Ich bin sicher, dass jeder einmal mit aller Schärfe das Gefühl hatte: »Nur ich bin wichtig. Alles sollte sich um mich drehen!« Man ist entsetzt, wenn man sieht, dass es so ist; aber man stellt fest, dass trotz des Schreckens das Gefühl nicht verschwindet. So weiß man also, dass – unserem Blick verborgen – etwas oder jemand in uns den Platz Gottes usurpiert hat. Dann müssen wir alles versuchen, um einen Weg zur richtigen Situation zurückzufinden, in der wir den uns bestimmten Platz anerkennen.

Hier gilt es, eine wichtige Realität zu verstehen: Dieses Wahre Selbst ist in einer Hinsicht der Gipfel, und in anderer Hinsicht ist es einfach der Wendepunkt, an dem eine Hälfte der Reise vollendet ist, nur um wieder von vorne anzufangen, wenn wir die Welt des Geistes betreten. Der Wendepunkt für uns alle ist die Aufgabe des Egoismus'. Hier liegt das Risiko des Scheiterns. Wenn ein Mensch die Stufe erreicht hat, auf der für ihn alles in Harmonie

---

31. Gurdjieff gibt hiervon eine lebhafte Beschreibung in der Gestalt des Lentrohamsanin in *All und Alles,* Kapitel XXVIII. Ein noch eindringlicheres und erschreckenderes Bild zeichnet Dantes *Göttliche Komödie* von den Verrätern, deren Körper noch immer auf der Erde leben, während ihre Seelen in der Hölle steif gefroren sind (*Inferno,* Kapitel XXXIII). Mit der für alle seine Werke so typischen wunderbaren Scharfsicht wählt Dante den Frato Albergio, den Mönch, der seine Freunde und Familie vergiftet, als Repräsentanten des Typs von Hasnamus, der hinter der Maske der Spiritualität die Seelen derer besudelt, die ihm vertrauen.

gebracht ist, und diese *roh djasmani,* oder das natürliche menschliche Selbst, die Herrschaft über alles Übrige erreicht hat – aber sozusagen innerhalb seiner eigenen Natur –, hat es in diesem Sinne nichts Weiteres zu tun, weil es sich zum Herrn gemacht hat und keinen anderen Herrn anerkennt. Dann hat sich eine Seele gebildet, die fixiert ist und nicht mehr verändert werden kann, außer wenn sie unter Einflüsse aus einer anderen Richtung oder aus gänzlich anderem Ursprung kommt. So eine Seele muss ihr Schicksal wenden oder elend zu Grunde gehen.

Frage: Was hat dieses Vernichten und Wiedererschaffen mit dem Astralkörper zu tun, der manchmal als »der vierte Körper« bezeichnet wird?

Bennett: Der Astralkörper ist nicht das Gleiche wie der vierte Körper. Es gibt verschiedene Ansätze, über *Körper* zu sprechen. Sie haben unterschiedliche Grade der Materialität; aber es gibt keinen Zweifel, dass sich im Menschen etwas Derartiges als Ergebnis seines Lebens bildet. Der Astralkörper besteht nicht auf derselben Ebene wie der materielle Körper, sondern ist aus einer feineren Energie gebildet, wahrscheinlich aus der sensitiven. Wenn sich die Sensitivität sozusagen zu etwas Stabilem kristallisiert, wird das Ergebnis »der zweite« oder der Astralkörper genannt. Was Gurdjieff den »höheren Seinskörper« nennt, ist das Gleiche wie Seele. Tatsächlich gebraucht er beide Ausdrücke oft gleichbedeutend, zum Beispiel im Kapitel *Fegefeuer* in *All und Alles.* Die Lehre der »vier Körper« bezieht sich zweifellos auf die vier Ebenen des Selbsts des Menschen. Ein jeder hat – wenn auch nicht notwendigerweise – das Potenzial zur unabhängigen Existenz. Das ist es, was wir mit »Körper« meinen: ein materielles Gebilde, das sich aus sich selbst heraus zusammenhalten kann, ohne auf ein Gefäß angewiesen zu sein.

Frage: Wie steht es mit der christlichen Idee der Wiederauferstehung des Körpers?

Bennett: Die Wiederauferstehung des Körpers ist eines der Mysterien der Religion. Wir können es in keinem natürlichen Erklärungsschema fassen. Laut herrschender Auffassung werden alle Seelen bei der Wiederauferstehung ihre Körper zurückerhalten. Das zu verstehen, liegt offensichtlich außerhalb der Kraft des Verstandes.

Dennoch glaube ich nicht, dass die Idee mit der Vernunft so unvermeidbar ist, wie dies heute die meisten Leute annehmen. Wir kommen dieser Vorstellung näher, wenn wir uns an den besonderen Charakter der kreativen Energie erinnern und außerdem daran, dass jeder von uns eine geistige Essenz oder Natur hat, die den Naturgesetzen nicht unterworfen ist. Diese spirituelle Essenz wirkt wie eine organisierende Kraft, die nach unten durchdringt. Sie können es sich mit Hilfe unseres Symbols vorstellen. Die Form unserer Natur macht uns zu dem, was wir sind. Alles bildet sich entsprechend einem Muster. Was den physischen Körper und zu einem gewissen Grad auch die Sensitivität angeht, ist dieses Muster hauptsächlich erblich.

Frage: Was ist der Unterschied zwischen einem geistigen Muster und dem Muster unseres physischen Körpers? Wie Sie sagen, ist dieses erblich; es hängt also wohl mit den Genen zusammen?

Bennett: Ja, ich glaube, dass es verschiedene Muster gibt. Bei der Herstellung eines Automobils gibt es zum Beispiel einen Konstruktionsplan für die Karosserie, einen für das Getriebe, einen für den Motor – und dann noch die Verkehrsregeln für den Fahrer! Ein jeder ermöglicht die Konstruktion eines Teils des Ganzen. Unser genetisches Muster wird von den Chromosomen übertragen. Innerhalb dessen gibt es die Muster der Sensitivität und des Charakters, die dem Motor entsprechen. Dann gibt es ein Muster für den Fahrer, der entweder fährt, wie er will, oder sich an die Verkehrsregeln hält, der also – mit anderen Worten – ein egoistischer oder ein selbstloser Fahrer sein kann.

Mit der Seele ist es anders. Sie schafft und wird geschaffen. Wenn Sie groß und stark geworden ist und mit ihrer kreativen Energie die anderen Energien des Selbsts zu beherrschen gelernt hat – die automatische, die sensitive und die bewusste Energie –, kann sie jedweden Körper entstehen lassen, dessen sie bedarf. Wenigstens kann man das vernünftigerweise von allem bisher Gesagten deduzieren. Ich kann nicht sagen, dass ich irgend einen überzeugenden Beweis dafür gesehen hätte, dass es sich so verhält. Aber nehmen wir an, dass so ein Akt möglich ist, und nehmen wir weiter an, dass die Seele, um dies zu erreichen, einer Kraft entbehrt, die ihr gegeben werden wird, wenn der Augenblick gekommen ist. Das würde eine tatsächliche Wiederauferstehung des Körpers möglich machen. Die fehlende Kraft wäre die Energie jenseits der Kreativität, die – wie ich sagte – nicht in Reichweite des Menschen liegt [siehe Philipper 3.12].

Ich will nun noch etwas über die Seele als Gefäß sagen. Sie ist kein gewöhnliches Gefäß, das der Trägheit unterworfen ist und etwas von sich Verschiedenes enthält. Sie ist eine Art Gefäß, *das ist, was es enthält.* Das ist das eigentliche Wesen der kreativen Energie.

Wir können uns unserer eigenen Seele nicht bewusst sein. Dafür gibt es den einen hinreichenden Grund, dass sie aus kreativer Energie gebildet ist, die nicht nur jenseits der Sensitivität, sondern auch jenseits des Bewusstseins liegt. Wir können jedoch den Kontakt zwischen Seelen erfahren und so den Unterschied zwischen dem äußeren Kontakt über die Sinne und dem inneren Kontakt erkennen, der entsteht, wenn wir einen Anderen in unsere eigene Seele einlassen. Das ist die wahre Vereinigung von Mann und Frau. Richtig verstanden, bedeutet Ehe, dass zwei Menschen, zwei Selbste, sich in einer Weise angenommen haben, dass tatsächlich jeder in den anderen eingegangen ist, so dass ihre Beziehung keine äußere, sondern eine innere ist. Mit »innere« meine ich nicht nur die Ebene ihrer Sensitivität, ihrer tierischen Natur, sondern ganz hier in ihrem eigentlichen Mittelpunkt. Deswegen heißt es, dass eine wahre Ehe unauflöslich sei. Tatsächlich ist es so, weil es an diesem Punkt zu einer wirklichen Seelenverschmelzung kommt.

Wahre Freundschaft ist eine Beziehung wie die Ehe, jedoch ohne gegenseitige Vervollständigung der männlichen und weiblichen Natur. Wahre Freundschaft ist das gegenseitige Akzeptieren zweier Seelen. Jede gewährt der anderen freien Zugang zu sich selbst. Dazu muss der Egoismus überwunden werden. Daher ist Freundschaft ein Mittel zur Reinigung der Seelen. Die Seele, die von Egoismus frei oder auch nur annähernd frei ist, wächst zu einer solchen Größe, dass sie sich jedem, der ihrer bedarf, in Freundschaft öffnen kann. Einer solchen Seele ist es eine besondere Befriedigung, dem Gebot zu gehorchen: »Liebet eure Feinde«, weil sie weiß, dass dies den Egoismus austreibt.

Die Sufi-Lehre der »drei Häuser« oder »Wohnstätten«, die Bapak Subuh oft angesprochen hat, wirft ein wertvolles Licht auf die Transformation der Seele. Das erste der drei Häuser ist der Ort der Vereinigung von Mann und Frau. Hier können Mann und Frau ineinander Eingang finden und sich wirklich begegnen. Dann gibt es das zweite, in dem alle Menschen sich begegnen können, in dem der wahre Mensch alle anderen Menschen in sich willkommen heißt. Das dritte Haus ist der Ort, wo die Seele Gott begegnet.

Eine andere Art, dies auszudrücken, ist, dass die Seele der Platz der *Begegnung* ist, das heißt des Treffens in gegenseitigem Annehmen. Das kann nur in der Seele geschehen und nur dann, wenn sie frei vom Egoismus ist, der sagt: »Nur ich, und nichts anderes, darf hier sein.« Unter diesen Umständen ist Begegnung nicht möglich. Das Zentrum panzert sich dann mehr und mehr, so sehr, dass nichts mehr eindringen kann. Ich werde mehr über die drei Häuser sagen können, wenn wir uns der spirituellen Hälfte unseres Symbols zuwenden. Vielleicht erinnern sich einige an Gurdjieffs Analogie der vier Räume. Das Ziel ist es, den vierten Raum zu erreichen, wo Begegnung möglich wird und wir uns so erkennen können, wie wir wirklich sind. Im vierten Raum bekommen wir alles, was wir wollen.

Frage: Was genau ist die Wirkung des Latihan in diesem Schema?

Bennett: Die Wirkung des Latihan scheint auf der Öffnung des Durchgangs zu beruhen, der durch den zentralen Punkt führt und den geistigen mit dem materiellen Teil unserer Natur verbindet. Dieser Durchgang ist blockiert, weil wir uns angewöhnt haben, uns immer der materiellen Welt zuzuwenden. Natürlich ist die Wirkung des Latihan äußerst vielschichtig, da unsere Situation sehr kompliziert ist. Es hat sicherlich einen reinigenden Einfluss, beginnend mit dem Materiellen Selbst. Aber es rührt auch die tieferen Teile des Selbsts auf. Es ist immer ein gewisses Wagnis, Teufel auszutreiben. Man stelle sich nur vor, sieben andere Teufel nehmen Einzug, von denen jeder schlimmer ist als der erste. Wenn man damit anfangen wollte, den vierten Raum zu säubern, das heißt den Platz der Seele, dann könnten die Ergebnisse schlimmer sein, als wenn wir gar nicht daran rührten. Deswegen betont Gurdjieff immer wieder die Notwendigkeit, einen Schritt nach dem anderen zu machen, erst den ersten oder äußeren Raum des Materiellen Selbsts in Ordnung zu bringen, bevor irgendetwas im zweiten unternommen wird, und erst dann zum dritten weiterzugehen.

Bapak Subuh hat gesagt, dass die Wirkung des Latihan außen, beim physischen Körper anfängt. Der physische Körper muss vorbereitet sein, bevor das Latihan nach innen, zur Pflanzenseele fortschreiten kann. Andernfalls kann es zu einem vorzeitigen Betreten der inneren Räume kommen, wo man vielleicht auf etwas Falsches stößt. Obwohl also die wichtigste Wirkung des Latihan jene auf die Seele ist, darf dies erst zur richtigen Zeit geschehen, muss der rechte Zeitpunkt abgewartet werden.

Frage: Was könnte zu einem vorzeitigen Betreten des vierten Raumes führen?

Bennett: Stolz, Ehrgeiz, Voreiligkeit, Ungeduld und so weiter. Diese Elemente des Geteilten Selbsts haben alle mit dieser Gefahr zu tun. Um den inneren Raum sicher zu betreten, darf man nicht mit Stolz, man muss mit Bescheidenheit eintreten; nicht mit Voreiligkeit, sondern mit Besonnenheit; nicht mit Ungeduld, sondern mit Geduld. All das finden Sie wunderschön in der Bhagavad-Gita beschrieben.

Wir sind so weit gekommen, wie wir hoffen konnten, ohne den spirituellen Teil unserer Natur mit einzubeziehen. Tatsächlich wären manche der Dinge, über die ich heute gesprochen habe, ohne spirituelle Hilfe unmöglich. Morgen haben wir also eine wichtige Aufgabe: den ganzen Bereich der geistigen Qualitäten zu studieren, die das Leben des Menschen beeinflussen können.

❦

Kapitel fünf

Die geistigen Welten

gewissen Beklommenheit entgegen. In den lange vergangenen
Jahren der Arbeit mit Quspensky war das Wort »Geist« tabu gewesen. Es hatte für uns den Charakter eines vagen und emotionalen
Glaubens an das »Unsichtbare« angenommen, und wir waren stolz
darauf, an nichts zu glauben, was wir nicht selbst verifizieren konnten. Diese kartesianische Haltung war so tief in mir verwurzelt,
dass es lange dauerte, bis ich mich selbst davon überzeugte, dass es
eine nicht-materielle Realität gibt, für die ein Name gefunden werden muss. Plotin, den ich einmal sehr eingehend studiert habe,
nennt sie »das Denkbare« *(noeton),* und wahrscheinlich ist es dasselbe, was die deutschen Idealisten »Geist« nennen. Ich zweifelte
nicht daran, dass es eine »höhere« Realität gibt; aber ich wollte
nicht glauben, dass sie sich in ihrem Wesen von der »gewöhnlichen« Realität unterscheidet – ich stellte sie mir nur feiner und bewusster vor. Die Vorstellung einer Realität jenseits des Bewusstseins wäre vollkommen unbegreiflich gewesen.

Die Subud-Erfahrung ließ mich dann erkennen, dass es nicht-
materielle Einflüsse gibt, die auf uns wirken und deren Kraft wir an
uns selbst erfahren können. Nach und nach wurde mir die ungeheure Wirklichkeit der geistigen Welten zur unmittelbaren Überzeugung. Besonders dankbar war ich für die Entdeckung, dass ich
nicht dem Dualismus von »zwei Substanzen« verfallen war, denn
ich vermochte zu erkennen, dass das Relative der Materialität und
das Relative des Geistigen, das deren Gegenstück ist, einen konti-
nuierlichen Übergang zwischen den beiden Bereichen zulassen.

Da der Sommerkurs von Psychologie, und nicht von Philosophie handelte, waren die Studenten vor allem daran interessiert
zu verstehen, was Transformation bedeutet. So gelang es mir, dem
Thema mehr durch psychologische Beobachtungen als durch rationale Argumente näher zu kommen, und ich schöpfte daraus
Mut, weiterzugehen.

* * *

Wir haben bereits über den Unterschied zwischen Geist und Materie gesprochen. Aber es gibt immer noch ein oder zwei Fallgruben, die wir vermeiden müssen. Der unterschiedliche Gebrauch des Wortes »Geist« kann verwirren. Wenn wir zum Beispiel über »einen Geist« sprechen, entsteht der Eindruck, dass etwas Körperähnliches existiert, nur auf einer feineren Ebene und für gewöhnlich unsichtbar. Wir haben bereits erwähnt, und ich bin überzeugt davon, dass es im Menschen feinere Körper gibt, die unabhängig vom physischen Körper bestehen können. Obwohl sie sehr viel feiner und ihre Existenzbedingungen vollkommen andere sind als die des physischen Körpers, bleiben sie doch Körper und damit in gewisser Weise materiell. Ich sprach schon über den Unterschied, zwischen einem festen Körper wie dem unseren und einem, sagen wir, aus Licht oder Luft. Ein Körper aus Licht hätte keinerlei Ähnlichkeit mit unserem physischen Körper; er könnte sich auf Arten bewegen, die für uns und selbst für einen Körper aus Luft unvorstellbar wären, aber er wäre immer noch materiell, denn Licht ist ein Zustand der Materie. Wenn er aus Gedanken bestünde – man kann sich einen Gedankenkörper vorstellen –, so wäre das eine andere Art der Materie, eben Materie des Denkens. Oder ein Körper aus Bewusstsein: Das wäre reines Licht, nicht das physische Licht dieser Welt, das unsere Augen sehen können, sondern reines Licht. Wir können uns sogar einen Körper aus kreativer Energie vorstellen: Das wäre die Seele, von der wir gestern sprachen. Es lässt sich nicht entscheiden, ob die Seele materiell oder nicht-materiell ist, denn ihr wahres Wesen besteht darin, Brücke zwischen Geist und Materie zu sein. Wenn wir also heute über Geist sprechen, müssen wir festhalten, dass Seele und Geist nicht dasselbe sind.

Die Begriffe *rupa* und *arupa* werden in hinduistischen Lehren gebraucht; *rupa* heißt »mit Form« und *arupa* »ohne Form«. Das Geistige verleiht Form, nimmt aber keine Form an; Materie nimmt Form an, aber verleiht sie nicht. Ein anderer Zugang zum Verständnis des Geistes ist, ihn als »Welt der Qualität« zu sehen. Qualität hat selbst keine Form, kann aber Form erzeugen. Eine Blauschattierung nehmen wir an einem Gegenstand wahr; aber Blau als solches hat keinerlei Form und entzieht sich dem Denken. Wenn Sie versuchen, sich Blau vorzustellen und jeden Gedanken an etwas, das blau ist, auszuschließen, werden Sie sehen, wie schwierig das ist. Sie stellen sich blaues Licht oder blauen Himmel vor, aber es ist das Licht oder der Himmel, die blau sind. Blau als Qualität muss es geben, weil alles Blaue an dieser Blau-Qualität teilhat. Es gibt viele Qualitäten, und sie alle sind ihrem Wesen nach geistig. Zwischen Geist und Materie besteht eine gewisse Affinität, so als bräuchten sie einander, um wirklich zu werden. So wie die Süße Zucker braucht, um süß zu sein, und Zucker die Süße braucht, um Zucker zu sein, so brauchen Geist und Materie einander, um wirklich zu werden.

Lassen Sie mich ein Beispiel anführen, und zwar das Gefühl für »das Rechte«, für Angemessenheit. Sie machen eine Arbeit. Dabei kann eine Qualität eingehen, die die Arbeit gut und richtig macht. Was gemeint ist, kann nur teilweise in materiellen Begriffen ausgedrückt werden. Zwar können wir in Ausdrücken der materiellen und der sensitiven Welt wissen, dass etwas »recht« ist; aber was ist es, das uns berührt, wenn wir Qualität wahrnehmen, und das uns betrübt, wenn wir fühlen, dass sie fehlt? Der Unterscheid zwischen dem, was etwas ist, und dem, was es sein sollte, kann in materiellen Begriffen gefasst werden; aber das Wesen des Unterschieds und der Grund, warum wir spüren, dass das eine richtig und das andere falsch ist – das ist das geistige Element des Urteils und kann nicht als Fakt benannt werden.

Nehmen Sie als weiteres Beispiel das künstlerische Qualitätsgefühl, etwa wenn wir sagen: »Dieses Kunstwerk ist schön.« Nur sehr wenige Menschen verfügen über ein direktes Qualitätsgefühl; bei den meisten Leuten stammt es aus zweiter Hand und ihr eigenes Wertgefühl ist überlagert von Gewohnheiten, anerzogenen oder aufgegriffenen Meinungen und ästhetischen Prinzipien, die festlegen, was man bewundern soll und was nicht. Das alles sind Manifestationen des Materiellen und des Sensitiven Selbsts. Aber es gibt so etwas wie reine Qualitätswahrnehmungen, die Sie befähigt – ohne je etwas Ähnliches gesehen zu haben – zu fühlen, ob ein Kunstwerk diese Qualität des Rechten hat oder nicht, auch wenn alle Vergleichsmaßstäbe fehlen. Es ist kein Vorteil, wenn sich das Geteilte Selbst einmischt. Es mag eigene Überzeugungen haben; aber diese sind keine direkte Wahrnehmung von Werten, sie manifestieren nur den Charakter des Kritikers. Deswegen gibt es in der Kunst so bittere Kämpfe zwischen den verschiedenen »Schulen«. Das wahre künstlerische Urteil ist eine Funktion des Wahren Selbsts, die dieses solange nicht ausüben kann, als es in der Gewalt des Egoismus ist. Deswegen heißt es, dass Kunst reinigend und läuternd auf die Menschen wirken kann, wenn sie dies nur zulassen wollten. Das trifft natürlich genauso auf den Künstler wie auf den Kritiker zu. Die geistigen Qualitäten sind keine Fakten, aber sie sind Realitäten; sie existieren nicht, und dennoch *sind sie.* Die Qualitäten des Rechten, der Gerechtigkeit, der Angemessenheit und der Harmonie gehen in alle möglichen Gebilde und Formen ein; aber die Qualität besteht nicht in der sichtbaren Form. Die Form ist ein Versuch, ein immer unvollkommener, eine Qualität zum Ausdruck zu bringen.

Jeder Künstler kennt das Gefühl, das ihn selbst im Augenblick größter für ihn erreichbarer Vollkommenheit nicht verlässt, dass nämlich eine Kluft zwischen seinem Werk und der Qualität verbleibt, die es auszudrücken sucht. Sie sehen also, dass es unterschiedliche Arten geistiger Elemente gibt, weil es unterschiedliche Qualitäten gibt.

Der Geist ruft immer nach der Materie, um sich mit ihr zu vereinigen, und die Materie verlangt nach dem Geist, um sich in geistigen Qualitäten auszudrücken. Dieser Vorgang spielt sich ständig in uns ab; etwas zieht uns zu diesen Welten um jenen Mittelpunkt, und diese ihrerseits haben ein Bedürfnis nach etwas. Der zentrale Punkt, über den ich bereits früher gesprochen habe, ist der Ort, wo geistige Qualitäten und materielle Formen aufeinandertreffen. Das kann geschehen, weil Formen in reinem Bewusstsein ihre größtmögliche Freiheit erlangen, und der Geist an diesem Punkt kanalisiert, zu etwas Individuellem gebündelt ist. Man kann auch sagen, es ist der Unterschied zwischen dem, *was* ich tue, und *wie* ich es tue; oder noch anders gesagt: zwischen der Quantität meiner Erfahrung und deren Qualität.

Nun müssen wir noch weiter in die Bedeutung von Geist eindringen. Ich werde Ihnen jetzt eine Idee näher bringen, die Ihnen helfen kann, sich Geist als etwas vorzustellen, das nicht mit Materie zusammenhängt.

Wenn Sie mir bisher gefolgt sind, werden Sie verstehen, dass die Welten des Geistes nicht fern und unerreichbar sind, verborgen jenseits des Himmels oder in den Tiefen unseres Seins. Wir leben ständig in den Welten des Geistes, aber wir fühlen ihren Einfluss nur indirekt; das heißt, so lange ich hier in meinen Gedanken lebe, müssen geistige Einflüsse all diese verschiedenen Schichten durchdringen. Wenn sie schließlich die niedrigeren Ebenen erreicht haben, nehmen sie die Form fester Vorstellungen an, wie Gelb,

oder Güte oder Hoffnung und so weiter. Das sind alles geistige
Qualitäten, aber sie sind zu Namen geworden, und zwar Namen
für Erfahrungen, die vielleicht viel mehr zu diesen niedrigeren
Ebenen gehören als zum wahren menschlichen Selbst. Obwohl
also die geistigen Welten in unserer nächsten Nähe sind, in unserem eigenen Inneren, haben wir nur indirekten Kontakt mit
ihnen, solange wir uns selbst nicht gefunden haben. Ich möchte
nicht den Eindruck erwecken, dass geistige Qualitäten nur durch
Menschen oder menschenähnliche Wesen in die Welt der Materie
kommen. Im Lied eines Vogels lebt eine geistige Qualität und
ebenso in einer Blume; aber dies sind natürliche Qualitäten, die
dem eigentlichen Wesen von Vögeln und Blumen innewohnen.
Geist und Materie verbinden sich hier durch einen schöpferischen
Akt, an dem der Mensch keinen Anteil hat. In der künstlichen
Schöpfung ist es der Mensch selbst, der die beiden Welten verbindet. Mein Beispiel der Kunst illustriert diesen Aspekt bloß, er erschöpft ihn nicht.

Heißt das also, dass es keine geistigen Wesen gibt? Ich bin sicher, dass es sie gibt; wir müssen uns nur davor hüten, sie uns men-
schenähnlich, körperhaft auszumalen, ausgestattet mit Gedanken,
Gefühlen und Bedürfnissen. Wir besitzen diese lediglich deshalb,
weil unsere verschiedenen Selbste so konstruiert sind, dass sie diese
möglich machen. Ein geistiges Wesen unterliegt nicht den Begrenzungen irgendeines Selbsts, das wir kennen.

Wir müssen uns nun mit einer sehr schwer zu begreifenden
Vorstellung vertraut machen, die selbst großen Philosophen
Schwierigkeiten gemacht hat, die Ihnen aber einsichtig werden
kann, wenn Sie sich mehr auf Ihr Gefühl als auf Ihr Denken verlassen. Es handelt sich um die Idee einer Wirklichkeit, die nicht
existiert und dennoch die Macht hat, das, was existiert, zu beeinflussen. Mit »nicht existieren« meine ich, dass sie nicht aus irgendeiner Art von Materie besteht. Mit »Wirklichkeit« meine ich etwas,
das von jeder äußeren Unterstützung unabhängig ist. Schönheit
existiert nicht, wie es heißt, »im Auge des Betrachters«. Schönheit
als Schönheit hat es nicht nötig, gesehen zu werden, um ihren eigenen breiten Fächer an Qualitäten aufrechtzuerhalten. Sie kennen
die Geschichte von Giotto, der – aufgefordert, eine Probe seiner
Kunst zu liefern – einen Pinsel nahm und mit freier Hand einen
vollkommenen Kreis zeichnete. Das Blatt legte er den Juroren vor
und sagte: »Sie können meine Technik beurteilen, aber Sie können

nicht meine Kunst beurteilen; denn niemand außer mir kann sehen, was ich sehe.« Wenn er eines seiner Gemälde vorgelegt hätte, so wäre das dem Eingeständnis gleichgekommen, dass der Geist, um wirklich zu werden, der Materie bedarf.

Soweit werden Sie mir gefolgt sein. Die Schwierigkeiten zu begreifen werden aber größer, wenn ich jetzt sage, dass die geistigen Wirklichkeiten nicht einfach eine Ansammlung isolierter Qualitäten sind, sondern komplexe und hoch integrierte Systeme, die dennoch in keinem materiellen Sinn existieren. Wenn ich Sie frage, wo der Kreis Giottos war, bevor er ihn zeichnete, heißt Ihre Antwort vielleicht: in seiner Vorstellung oder nirgends. Aber ich behaupte, er bedurfte nicht Giottos Vorstellung, um zu sein, was er war. Er war, was er war und was er immer sein wird: die geistige Qualität des vollkommenen Kreises. Nun scheint das Rund, eine einfache Qualität zu sein; aber tatsächlich ist darin soviel enthalten, dass, wenn man anfängt, über seine Bedeutung zu meditieren, man sich in einer anderen Welt, der Welt der Kreise wiederfindet.

Leider hat Plato uns alle mit seiner Doktrin von der *eidos* oder den Ideen verwirrt. Er sagt, dass diese die Wirklichkeit seien und die materiellen Formen nur deren Abbilder. Er hätte vermutlich gesagt, dass Giotto die »Idee« des Kreises gesehen und nur gezeigt habe, dass er sie perfekt darstellen, kopieren konnte. Aber ich bin sicher, dass damit die Vorstellung von Form und Gestalt, und nicht von Qualität erweckt wird, geschweige denn von einer komplizierten Struktur von Qualitäten.

Meine eigene Erfahrung hat mich davon überzeugt, dass Qualitäten in Strukturen organisiert und dass diese »geistige Realitäten« sind. Sie haben jedenfalls eine erkennbare Macht, nämlich die Macht, Materie zu organisieren. Dazu gehört – wie früher ausgeführt – Empfindung, Denken, Bewusstsein und all der Stoff, aus dem die vier Selbste bestehen. Diese »spirituellen Realitäten« können auch als »geistige Wesen« bezeichnet werden.

In jeder Tradition besteht der Glaube an geistige Wesen, die nicht materiell und dennoch real sind. Sie werden »Engel« genannt, *devas, malaikat,* »spirituelle Essenzen« und was deren Namen mehr sein mögen. Wir kennen sie als Engel, und die christliche Tradition lehrt, dass jeder von uns von einem Schutzengel behütet und durchs Leben geleitet wird. Ich habe keinen Zweifel, dass diese Lehre im Grunde wahr ist; nur stellt man sich den »Engel« natürlich gerne allzu materiell vor, als eine Art schönes

Wesen, das in einem unsichtbaren »Geist-Körper« in unserer Nähe weilt. Der Schutzengel muss ein geistiges Wesen sein, das mit unserem eigenen Wesen verbunden ist, aber zu einer Welt jenseits unseres eigenen Selbsts gehört.

Wenn wir noch einmal zu unserem Symbol zurückkehren, kann ich Ihnen den Ort des Schutzengels und anderer spirituellen Wesenheiten der gleichen Art zeigen.

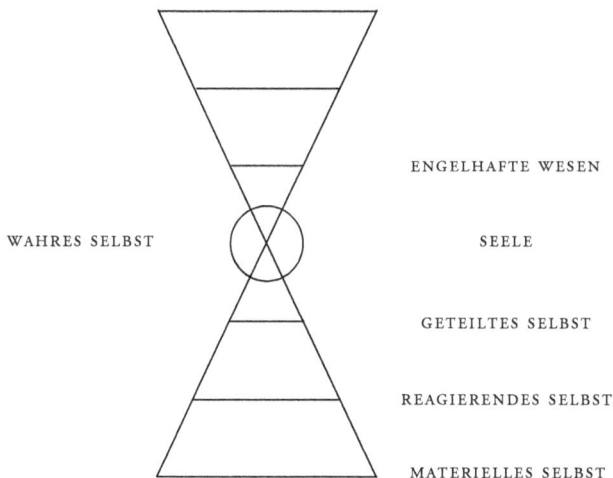

Der Platz der Engel

Der Schutzengel zieht uns zum Geist und gibt jedem von uns das Muster unseres geistigen Lebens. Wenn wir uns dessen gewahr werden, dem sozusagen *lauschen* können, empfangen wir sowohl Stärke als auch Leitung daraus. Trotz aller Fehler, die ein Mensch in seinem Leben begehen mag, erhält und wacht der Schutzengel über dessen Schicksal. Immer hält er ihm den Weg offen, dem er folgen sollte, und ermöglicht ihm, zu diesem Weg zurückzukehren, selbst wenn er sich verirrt hat. Ich glaube, dies ist die richtige Art, es auszudrücken, denn sein Wesen ist ewig, er verändert sich nicht mit der Zeit. Er ist, was er ist, und er ist immer da; was er für uns aufrecht hält, was er für uns bewahrt, ändert sich nie.

Lassen Sie mich auch diese Idee mit einem Bild veranschaulichen. Stellen wir uns Menschen vor, die einen Teppich knüpfen, so wie es in östlichen Ländern gemacht wird. Sie sitzen vor einem großen Rahmen und fügen einen Knoten an den anderen. Vor ihnen steht jemand, vielleicht ein Kind, mit dem Muster in der Hand, so dass es alle sehen können. Die Teppichknüpfer können jederzeit hochschauen, um zu sehen, ob sie die richtige Farbe benutzen. Wenn sie vergessen haben, was der nächste Knoten sein soll, ist immer das Muster vor ihnen, das sie anschauen und nach dem sie sich richten können. Das Kind hält den Teppichknüpfern das Muster vor Augen. Das heißt nicht, dass es sie davor bewahrt, Fehler zu machen; sie machen Fehler, wenn sie nicht auf das Muster schauen. In meiner Vorstellung ist es mit den Schutzengeln so ähnlich.

Sie sehen jetzt sicher, dass Sie nicht wirklich eine Vorstellung vom Unterschied zwischen Geist und Materie haben, obschon Sie vermutlich die Wörter »geistig« und »materiell« ohne Bedenken gebrauchen und vielleicht sogar angenommen haben, sie zu verstehen. Ich zumindest stand vor dieser Schwierigkeit, bis mir eigene Erfahrungen zu Hilfe kamen. Bis dahin neigte ich dazu, das Geistige einfach als eine feinere Art der Materialität zu begreifen. Vielleicht haben Sie zum Beispiel die Vorstellung, Bewusstsein sei etwas Geistiges und dass, wenn man von »reinem Bewusstsein« sprechen könnte, dieses dasselbe sei wie reine Geistigkeit. Aber so ist es nicht. Wie fein die Materie auch sein mag, sie bleibt Materie. Geist, wie sehr er auch individualisiert und gebündelt sein mag, bleibt Geist und ist von anderer Natur. Quantität bleibt Quantität und verwandelt sich nicht in Qualität; Qualität bleibt immer Qualität und verwandelt sich nie in Quantität. Fakten bleiben immer Fakten und wandeln sich nie in Werte; Werte bleiben immer Werte und wandeln sich nie in Fakten.

Alle Werte gehören zur Welt des Geistes; alle Fakten gehören zur Welt der Materie. Deswegen ist alles, was die Sinne erkennen können, Fakt. Geist können wir nicht erfahren; er ist etwas anderes, etwas, das uns zieht und uns die Richtung weist. Wenn Sie sagen: »Die geistige Natur des Zuckers ist Süße«, wissen Sie, dass Süße nicht gemessen werden kann. Die Süße wird nicht süßer durch mehr Zucker. So wie wir beschaffen sind, können wir von Süße nur erfahren, wenn wir etwas Süßes schmecken; aber vielleicht gibt es andere Wesen, die die Qualität von Süße ohne Kontakt mit Materie wahrnehmen können. Das ist nur eine Analogie, denn Süße ist eine sehr rudimentäre geistige Qualität. Nehmen wir hingegen eine hohe geistige Qualität, zum Beispiel Wahrheit, so wissen wir von ihr, weil wir Dinge kennen, die wahr sind – Aussagen, die wahr sind, Menschen, die wahr sind, Situationen, die wahr sind –, aber wir kennen nicht die Wahrheit selber. Das heißt nicht, dass es Wahrheit nicht gäbe. Selbst wo nichts Wahres vorhanden wäre, selbst inmitten von Falschheit, bleibt Wahrheit gegenwärtig. Aber wie? Etwas in uns sagt ungefähr: »Sie muss da sein«, nicht: »Ich weiß, dass sie da ist«, sondern: »Sie muss da sein«.

Alle Verpflichtungen, jedes »Muss« kommt vom Geist. In der materiellen Welt gibt es keine Verpflichtungen; die Dinge sind, was sie sind. Sie handeln aus den verschiedenen Impulsen und Kräften, die in ihnen wirken. Aber sobald wir die geistige Welt betreten, stoßen wir auf Verpflichtungen, auf das »Muss«, das »So muss es sein«, das »Es gibt Wahrheit, weil es Wahrheit geben *muss*«, das »Es gibt Liebe, weil es Liebe geben *muss*«, das »Glaube ist wirklich, nicht weil wir ihn berühren oder kennen oder verstehen können, sondern weil es Glaube geben *muss*«.

Deswegen können wir den Schutzengel auch den Speicher unserer Verpflichtungen nennen, jenes Muster des Lebens, wie es sein soll. Und wenn wir uns dem zuwenden, können wir immer zu unserem Muster zurückfinden. Vielleicht haben Sie jetzt eine Vorstellung dessen, was ich meine, wenn ich von der geistigen Welt, der Welt der Werte, der Qualitäten und Verpflichtungen spreche, im Unterschied zur Welt der Fakten und Formen, der Materie und Energien sowie der Selbste und ihren Mächten.

Ich habe von Schutzengeln gesprochen, damit Sie sich vorstellen können, was mit geistigen Wesen gemeint ist. Aber denken Sie auch daran, was wir über Verstand und Intellekt gesagt haben. Der Intellekt ist das Instrument, das uns gegeben wurde, um direkte Einsicht in geistige Wirklichkeiten zu erlangen. Nur dürfen Sie nicht vergessen, dass alle jene, die wissen, was mit Intellekt – oder seiner Entsprechung in anderen Systemen – gemeint ist, uns versichern, dass die Macht, dieses Instrument zu benutzen, nur wenigen gegeben wird. Das Äußerste, was die meisten von uns erhoffen können, sind ein paar Sekunden der Einsicht und ansonsten die mühevolle Annäherung über den Verstand. Ich meine die reinen geistigen Realitäten, nicht ihre Manifestation in Verbindung mit Materie.

Jetzt müssen wir an die praktische Arbeit gehen. Ich will Ihnen eine Übung vorschlagen, die vielleicht hilfreich sein kann. Stellen

Sie sich eine Qualität vor, zum Beispiel die Farbe *Gelb*. Setzen Sie sich einige Minuten still hin und versuchen Sie, alle materiellen Assoziationen auszuschließen. Das Bild eines gelben Gegenstandes wird aufkommen, eine gelbe Blume oder ein gelber Fleck an der Wand. Verbannen Sie jedes derartige Bild! Vielleicht entsteht dann die Vorstellung von Licht als einer Schwingung. Befehlen Sie jeder derartigen Assoziation: »Geh weg, lass mich mit meinem Gelb allein.« Wenn Sie in dieser Anstrengung entschlossen fortfahren, werden Sie vielleicht einen flüchtigen Einblick in die bare Gelbheit des Gelben gewinnen. Gehen Sie dann weiter zu einer Qualität, die mehr dem Inneren zugehört, wie zum Beispiel *Ehrlichkeit*. Vertreiben Sie alle Bilder von ehrlichen Menschen, ehrlichen Handlungen. Vertreiben Sie Gedanken an Moralität und die Gebote. Vertreiben Sie alles, dem irgendetwas Materielles anhaftet, und verbleiben Sie bei der Ehrlichkeit von Ehrlichkeit.

Wenn Sie diese Übung während des heutigen Tages zwei oder drei Mal versuchen, werden Sie eine Vorstellung bekommen, worauf ich hinaus will. Nur warne ich Sie – es ist zwecklos, so zu tun, als ob. Es muss eine wirkliche Entschlossenheit da sein, Werte ohne jede Unterstützung durch das Faktische zu erfahren.

* * *

Dieser Übergang vom Selbst zum Geist stellte sich für die meisten Studenten nicht so schwierig dar, wie ich erwartet hatte, und während der Arbeitspausen kam es zu lebhaften Diskussionen. Einige der Fragen und Beobachtungen am Abend zeigten, dass wenigstens einige den Unterschied konkret erfasst hatten.

* * *

Frage: Ich sah, dass eine meiner Schwierigkeiten, mit der geistigen Welt in Beziehung zu kommen, darin liegt, dass der Akt des Bewusstseins ein anderer ist. Es scheint, dass passives Bewusstsein verlangt ist, um diese Beziehung herzustellen. Statt gegenüber den tieferen Welten aktiv bewusst zu sein, versuche ich, gegenüber der höheren Welt aktiv bewusst zu sein.

Bennett: Sie haben eine Wahrheit gesehen, die sehr wichtig ist, aber fast nicht in Worte gefasst werden kann. Wir können nicht durch einen Akt des Bewusstseins in die geistige Welt eindringen.

Viele Jahre lang habe ich das nicht verstanden, und ich kann mich erinnern, wie oft ich die Erfahrung gemacht hatte, vor völliger Leere zu stehen, nichts als schiere Dunkelheit mir gegenüber und die Frage, warum es nicht möglich sei.

Die Gespräche, die ich dieses und letztes Jahr mit dem Shivapuri Baba hatte, waren mir eine große Hilfe. Er konnte über diese Dinge aus direkter Erfahrung sprechen, dessen bin ich sicher. Zuerst und vor allem, darauf bestand er, sei es notwendig, die »Erkenntnis Gottes« anzustreben. Offensichtlich sprach er nicht über das Wissen, das vom Verstand erreicht werden kann, sondern über die höchste Gabe des Intellekts. Was er meinte, wurde mir erst klar, als er in einem seiner Vorträge sagte: »Sie sind vom Bewusstsein umhüllt; es ist dieses Bewusstsein, das Sie daran hindert, Gott zu sehen. Lassen Sie dieses Bewusstsein nur für einen Moment beiseite, und Sie werden Gott sehen.« Das scheint sehr verwirrend, wenn man gewohnt war, sich Gott als höchstes Bewusstsein vorzustellen, oder wenn man angenommen hat, Gott sei über eine Erweiterung des Bewusstseins zu erreichen. Offenkundig muss das Wort »Bewusstsein« beim Übergang von den materiellen zu den spirituellen Welten eine ganz und gar andere Bedeutung annehmen. Ähnlich ratlos machen Hinweise auf die »dunkle Nacht«, wie sie in Schriften von Mystikern, etwa beim heiligen Johannes vom Kreuz, zu finden sind. Ich habe schon über das Wort *sushupti* gesprochen, das Yogis gebrauchen, um die »tiefe Bewusstlosigkeit« zu beschreiben, in der ein Yogi diese Welt betritt. Diese Beschreibungen müssen sich auf Zustände beziehen, die Menschen wirklich erfahren haben. Daraus sehen wir, dass das, was Sie »aktives Bewusstsein« nennen, uns nicht weiter als bis zum zentralen Punkt führen kann. Dort muss dann eine Art Umkehr stattfinden, wo Bewusstsein aufhört, Bewusstsein von etwas zu sein, und wir uns stattdessen inmitten von Bewusstsein erfahren. Dann hört Bewusstsein auf, »unser Bewusstsein« zu sein.

Frage: Wenn wir etwas Schönes sehen, dann wird es durch die Passivität unseres Bewusstseins, den passiven Teil im Akt des Sehens, zu etwas Schönem. Es scheint, dass wir manches nur erfahren können, wenn wir der passive Teil sind.

Bennett: Die Erfahrung von Subud kann uns lehren, dass Nicht-Tun sehr positiv sein kann und Nicht-Bewusstsein tiefer geht als Bewusstsein.

Was Sie sagen, erinnert mich an eine Beobachtung, die jemand in einer Gruppe machte, der ich vor vielen Jahren angehörte. Es war so erhellend für mich, dass ich es nicht vergessen habe. Henry Tracol[32] bemerkte, dass ihm plötzlich aufgefallen sei, wie sich der Akt der Selbstbeobachtung umgekehrt habe: Anstelle der Wahrnehmung, dass man sich selbst beobachtet, tritt ein Zustand ein, in dem einem bewusst wird, dass man seinerseits beobachtet wird; und dennoch ist dieser Zustand immer noch ein Zustand der Selbstbeobachtung. Tracol sprach Französisch und sagte: *Au lieu de voir, ce fut l'etat d'être vu* – anstatt zu sehen, war es ein Zustand des Gesehenwerdens.

Unsere Beziehung zur geistigen Welt hat mit dieser Art von Umkehrung zu tun. Manchmal überhören wir höchst bedeutungsvolle Bemerkungen, weil wir nicht wissen, worauf sie sich beziehen. Sie scheinen rhetorisch zu sein, während sie in Wirklichkeit ein ernsthafter Versuch sind, etwas bestimmtes auszudrücken. Wir kennen alle den Satz des Paulus über den Glauben: »Dann werde ich erkennen, gleichwie auch ich erkannt worden bin.« Wahrscheinlich sind Sie darüber hinweggegangen. Tatsächlich drücken diese Worte Außerordentliches aus und sind einer der vielen Hinweise darauf, wie tief Paulus in die Erkenntnis der geistigen Welt eingedrungen war, wo der Zustand des Erkennens und des Erkanntwerdens nicht länger voneinander getrennt sind. Für uns sind sie sehr verschieden, aber manchmal können wir doch dem Punkt recht nahe kommen, wo sich Erkennen und Erkanntwerden annähern. In unseren menschlichen Beziehungen gibt es Momente, wo man nicht sagen kann, ob wir erkennen oder erkannt werden: Was für ein Unterschied zu unseren gewöhnlichen Beziehungen, wo Subjekt und Objekt im Inneren her keinen Zusammenhang haben.

Frage: In dem Teil, der das »Ich« berührt, unterscheiden sich die Menschen in ihrem Charakter; in unserem Wesen, sind wir da nicht alle gleich und gleich vor Gott?

Bennett: Das ist richtig. Doch es gilt nicht für die fünfte Stufe, falls Sie dies meinten. Wo es einen Unterschied zwischen Oben und Unten gibt, gibt es keine Gleichheit, denn einige werden höher, andere tiefer sein. Wo der Unterschied verschwindet, kann

32. Autor von *The Taste for Things that are True*.

Gleichheit sein. Wenn wir über höhere und tiefere Seinsebenen sprechen, dann müssen wir sagen, dass die zweite höher als die erste ist, die dritte höher als die zweite, die vierte höher als die dritte. So wie wir darüber sprechen und wie es im Symbol dargestellt ist, gibt es diesen Unterschied, der aber mehr einer von Innen und Außen als einer von Oben und Unten ist. Einige nehmen eine verantwortlichere Position in Beziehung zum Ganzen ein, sie haben größere Verantwortung für die Vermittlung des Zwecks, um dessentwillen wir alle existieren. Es ist schwerer, große Verantwortung zu tragen; deswegen ist es schwerer, die höheren Positionen einzunehmen. Dazu sind weniger fähig und nötig.

Frage: Heißt das, dass es unterhalb der fünften Stufe keine verantwortlichen Wesen gibt?

Bennett: Das habe ich nicht gesagt. Ich sagte, es gibt unterschiedliche *Grade* der Verantwortung. Um verantwortlich zu sein, muss man wenigstens sensitiv sein. Verantwortung fängt im Menschen dann an, wenn seine Sensitivität einen Grad der Organisation erreicht hat, der sie nicht mehr ganz jedem äußeren Reiz ausgeliefert sein lässt. Auf jeder Stufe der Transformation vertieft und intensiviert sich die Verantwortung. *Verantwortung* heißt, für das zu antworten, das nicht für sich selbst antworten kann. Wir sind für träge Materie verantwortlich, das heißt für materielle Gegenstände, für Pflanzen, für Tiere, für unseren Körper, für andere Menschen, insofern wir sensitiv genug sind, um ihre wirklichen Bedürfnisse wahrzunehmen, und nicht unsere Einbildung an deren Stelle setzen.

Das Materielle Selbst ist für alles in der materiellen Welt verantwortlich, weil es hier die höchste Existenzform darstellt; es ist jedoch nicht verantwortlich für das, was in den höheren Welten geschieht, denn über diese hat es keine Macht. Ebenso ist das zweite Selbst, das Reagierende Selbst, wenn es sich wirklich von den materiellen Kräften befreit hat, für seine eigene Welt verantwortlich und natürlich für die Welt darunter. Das ist das allgemeine Prinzip der Verantwortlichkeit: Das Selbst einer gegebenen Ebene trägt für sich und für das, was außerhalb von ihm ist, Verantwortung, aber nicht für das, was weiter innen liegt, weil es das weder verstehen noch das Nötige tun kann, um dem, was feiner als es selbst ist, zu helfen.

Frage: Können Sie sagen, was in uns diese Dinge versteht? Welcher Zusammenhang besteht zwischen Ihren Ideen zu Verstand und Intellekt und Gurdjieffs höheren und tieferen Zentren?

Bennett: Ich will versuchen, diese Frage für Sie und für mich zu beantworten. Das Wort »Zentrum« bedeutet hier soviel wie das »Gehirn«, das eine bestimmte Funktion oder Macht des Menschen lenkt. Entsprechend den sieben fundamentalen Funktionen gibt es sieben Zentren. Wir denken, also muss es ein Zentrum geben, das unser Denken lenkt. Wir gebrauchen unsere Körper, um über unsere Bewegung auf die materielle Welt zu wirken, also muss es ein Bewegungszentrum geben. Gurdjieff bezeichnet die sieben Zentren folgendermaßen:

Die sieben Zentren

VII	Das höhere Intellektzentrum
VI	Das höhere Gefühlszentrum
V	Das Sexzentrum
IV	Das Denkzentrum
III	Das Gefühlszentrum
II	Das Bewegungszentrum
I	Das Instinktzentrum

Die ersten vier – vom Instinkt- bis zum Denkzentrum – sind die Instrumente von Wissen und Handeln, die wir in unserem täglichen Leben gebrauchen. Sie mögen gut oder schlecht arbeiten, und, wie wir bei der Behandlung der Selbste gesehen haben, arbeiten sie ganz unterschiedlich, je nachdem, welches der vier Selbste sie gebraucht. Das Sexzentrum hat eine andere Position, weil Sex eine Funktion des Wahren Selbsts des Menschen ist. Um sich auszudrücken, muss sich die Sexualkraft der gewöhnlichen Funktionen bedienen; aber ihr wahres Wesen tritt erst in der Seelenvereinigung von Mann und Frau hervor. In gewisser Hinsicht kann man also sagen, dass das Sexzentrum zwischen Geist und Materie steht, oder vielleicht besser, stehen *sollte*. Wenn wir zulassen, dass die Sexualfunktion den niedrigeren Teilen des Selbsts in die Fänge geht, dann werden unvermeidlich alle möglichen Verzerrungen folgen. Es ist sicherlich leicht nachzuvollziehen, dass der Sex des Materiellen Selbsts rein körperlich ist, der Sex des Reagierenden Selbsts Liebe und Hass ist, der Sex des Geteilten Selbsts der Trieb, zu beherrschen oder sich zu unterwerfen, ist und der Sex des Wahren Selbsts entweder zerstörerischer Egoismus ist oder die wahre Vereinigung einer männlichen und einer weiblichen Seele.

Dann kommen die so genannten »höheren Zentren«. Jede Beschreibung, die Gurdjieff von diesen Zentren und ihren Arbeitsweisen gibt, zeigt, dass er sie zu dem rechnet, was wir nun »geistige Kräfte« nennen sollten. Das höhere Gefühlszentrum gehört zum geistigen Teil des Wahren Selbsts, in unserem Symbol die obere Hälfte des Kreises um den Mittelpunkt. Man kann es als die höchste Ebene betrachten, die der menschliche Verstand erreichen kann. »Höheres Intellektzentrum« meint sicher das Gleiche wie »Intellekt« bei Thomas von Aquin. Es scheint, dass nur das höhere Intellektzentrum geistige Wirklichkeit direkt wahrnehmen kann. Dies stimmt genau mit allem überein, was Gurdjieff dazu sagt. Auch sollten wir uns an seine Aussage erinnern, dass es erst im Menschen Nr. 6 oder 7 voll und bewusst arbeite.

Frage: Besitzen Menschen der höheren Stufen eine tiefere Überzeugung, dass Gott existiert?

Bennett: Das ist eine gute Bemerkung. Wir könnten ungefähr sagen: Die ersten vier Selbste können nur verschiedene Grade von Wissen und Verstehen besitzen. Das Materielle Selbst kann von Gott nur in der Theorie wissen, es hat kein Gefühl für die Wirklichkeit Gottes. Das zweite Selbst hat mehr als theoretisches Wissen; etwas kann den Unterschied fühlen zwischen dem, was Gott zugewendet, und dem, was von Ihm abgewendet ist, was richtig und falsch ist. Damit hat das Reagierende Selbst auch ein gewisses Gefühl für die Realität Gottes. Das dritte Selbst kann Gott näher, sehr viel näher kommen. Das gereinigte Geteilte Selbst kann Wahrheit verstehen. Es sieht, dass Gott existieren *muss*.

Frage: Also ändert sich die Richtung erst auf der fünften Stufe; erst dort entstehen die Erfahrungen, die unser Leben ändern und auf Gott ausrichten? Es scheint diese zwei Teile zu geben: etwas, das von hoch oben kommt und unserem Verständnis entzogen ist, und unser Leben, dem so etwas wie Führung zuteil zu werden scheint, die es Gott zuwendet.

Bennett: Ja, ich würde dem zustimmen. Was in der Religion über den Schutzengel gelehrt wird und was wir heute morgen besprochen haben, kann uns helfen, diese fünfte Ebene zu verstehen. Die Lehre von den Schutzengeln bedeutet, dass ein geistiges Wesen mit jedem von uns sehr eng verbunden ist, das eine Verbindung schaffen kann zwischen unserem »Selbst« und dem, was noch ganz außerhalb unserer Reichweite liegt. Der Schutzengel ist für jeden Einzelnen von uns wie eine Quelle, aus der geistige Einflüsse fließen können. Sie fließen durch die Kanäle der verschiedenen Selbste, bis sie unser gewöhnliches Bewusstsein erreichen, das nach mehreren derartigen Erfahrungen allmählich anfängt, nach etwas zu suchen, was zuerst gar nicht so aussehen mag, als sei es die Suche nach Gott. Am Anfang ist es vielleicht nur ein Bedürfnis, das Gefühl, dass etwas im eigenen Leben fehlt, das nicht durch die äußere materielle Welt oder durch körperliche und sinnliche Erfahrung befriedigt werden kann. Je nach dem Zustand der dazwischenliegenden Selbste ist die Botschaft des Schutzengels vielleicht nicht erkennbar, mag übersehen werden oder überhaupt keine Rolle spielen, so dass der Mensch von seiner geistigen Quelle ganz abgeschnitten ist. Aber sie existiert für jeden Menschen, und wahrscheinlich kennt jeder Momente, wo er damit in Verbindung war. Manche haben das Glück, dass dieses Erlebnis stark und klar ist, so dass sie sich nicht zufrieden geben können, solange sie die Wirklichkeit des Geistes nicht gefunden haben.

Frage: Dieser Schutzengel ist doch nicht unser höheres Selbst? Das hat mich immer verwirrt.

Bennett: Nein, das ist nicht dasselbe. Ein Engel ist ein eigenes Wesen, auch wenn er nicht materiell ist, und ein Wesen unterscheidet sich immer von einem anderen. Dennoch besteht ein sehr enger Zusammenhang, denn der Schutzengel ist das Ideal, dem unser Wesen entsprechen sollte. Unsere Beziehung zu unserem Ideal kann ganz verschieden sein, je nachdem ob es »außen« oder »innen« ist. Solange wir in den unteren Teilen unseres Selbsts leben, bleibt unser Schutzengel außerhalb von uns, ein geistiges Wesen neben unserem materiellen Wesen. Das erfahren wir manchmal in einem Moment des Aufwachens, in dem uns die Gegenwart des Schutzengels zu Bewusstsein kommt, als spräche er mit einer Stimme zu uns, die nicht unsere eigene ist. Der Grund ist die große Kluft, die zwischen den drei tieferen Selbsten und dem geistigen Bereich besteht.

Wie wir gesehen haben, gehört ein Teil des Wahren Selbsts des Menschen zum Bereich des Geistes. Ich denke, wenn ein Mensch seinem eigenen Zentrum näher kommt, kann der Schutzengel sozusagen in ihn eintreten, anstatt neben ihm zu stehen. Er kann sich dann mit ihm vereinigen und sein ewiger Gefährte werden. Dieser Übergang des Schutzengels vom Anderssein zum Gleichsein, zum Einswerden mit uns, ist Teil des gesamten Transformationsprozesses des Menschen.

Frage: Können wir den Schutzengel mit der Großen Lebenskraft in Beziehung bringen, die im Latihan wirkt? Wenn wir »testen« und eine Antwort erhalten – würden Sie sagen, dass uns dann der Schutzengel Hilfe gewährt?

Bennett: Wenn wir Führung empfangen, die für unser Leben richtig und notwendig ist, so glaube ich, dass sie uns höchst wahrscheinlich durch die persönliche Hilfe unseres Schutzengels erreicht. Er ist unser Verbindungsglied zur Welt des Geistes. Lassen Sie uns anschauen, wie Bapak Subuh diese Vorstellungen in Bezug auf die Subud-Erfahrung darstellt. Mir ist aufgefallen, dass er manchmal etwas von außerordentlicher Bedeutung ganz spontan und scheinbar zusammenhangslos äußert. Dies ist ein Grund, weshalb es wichtig ist, seine Vorträge auf Band aufzunehmen. Sehr häufig wiederholt er immer und immer wieder Dinge aus den bekannten Traditionen; doch mitunter drückt er etwas aus, das anders ist und direkt von einer Quelle spirituellen Verstehens außerhalb der Überlieferung zu kommen scheint.

Ich erinnere mich, wie erstaunt ich war, als ich Bapak Subuh einmal sagen hörte, die Öffnung geschehe durch einen Engel, und dieser Engel sei *roh rohani*. *Roh rohani* ist der Begriff, den er für die fünfte Ebene gebraucht. Sie werden bemerkt haben, dass es die einzige der sechs Wesenheiten ist, wo das Adjektiv das gleiche wie das Substantiv ist. *Roh rohani* kann als »geistiger Geist« übersetzt werden. Er sagte, dass der Kontakt bei der Öffnung durch den *roh rohani* hergestellt wird, dass er das Latihan leitet, ihm seinen individuellen Charakter gibt und den Vorgang seiner allmählichen Transformation lenkt.

Als ich ihn dies sagen hörte, erkannte ich einige Zusammenhänge. Ich sah, dass wir ziemlich acht geben müssen, Wörter nicht kritiklos zu gebrauchen – wie zum Beispiel meine unglückliche Aussage in meinem Buch *Subud,* dass es der Heilige Geist sei, der uns öffne, nur weil ich gehört hatte, dass im Indonesischen der Begriff *roh al-kudus* verwendet wird. Wörtlich übersetzt bedeutet er »Heiliger Geist«; doch später erklärte Bapak Subuh, dass er mit diesem Wort lediglich einen engelhaften Geist oder eine engelhafte Macht meine. Dies ist ein gutes Beispiel für die große Vorsicht, die wir walten lassen müssen, wenn wir Begriffe wörtlich aus einer Tradition in eine andere übertragen. Vom Standpunkt insbesondere der katholischen Theologie ist es ein riesiger Unterschied, dass das Öffnen nicht dem direkten Eingreifen des Heiligen Geistes zugeschrieben wird – was übernatürlich wäre –, sondern dem *roh rohani,* der zwar geistig, aber noch immer natürlich, das heißt eine erschaffene Kraft ist. Dies half mir auch sehr zu verstehen, weshalb die Wirkung des Subud für jeden von uns derart individuell ist und bei jedem einem eigenen Muster folgt. Obwohl es von einer geistigen Macht geleitet wird, die genau dem entspricht, was jeder von uns braucht, vermögen all die falschen Konditionierungen in den vier Teilen des Selbsts seine Wirkung so stark zu stören oder zu verzerren, dass die weiteren Folgen verheerend ausfallen können. Dieser Gefahr müssen wir uns bewusst sein.

Wir sind berechtigt zu glauben, dass es in jedem Menschen eine geistige Natur gibt, die der fünften Ebene entspricht. Man kann sie einfach den »Geist eines Menschen« nennen. Wir pflegen, den Menschen als ein dreizentriges Wesen aus Körper, Seele und Geist zu betrachten, aber wir machen zwischen Seele und Geist nur selten einen Unterschied. Die zwei Wörter werden manchmal so gebraucht, als bedeuteten sie dasselbe. Ich konnte lange nicht erkennen, was mit *Geist* gemeint ist. Zwei Ideen halfen mir: einmal, dass der heilige Thomas von Aquin sagt, Geist und Intellekt seien das Gleiche. Der Intellekt sei der Geist eines Menschen und von seiner Anima oder Seele zu unterscheiden. Die andere war jene Bemerkung von Bapak Subuh, dass die Öffnung und Führung im Latihan durch die *roh rohani* geschehe und ihnen ihren individuellen Charakter gebe. Es scheint mir jetzt klar zu sein, dass die geistige Essenz ein genau bestimmter Teil des ganzen Menschen ist. Sie ist es, die das Muster seiner Möglichkeiten trägt – *potentia,* wie es der heilige Thomas nennt. Sie ist nicht materiell und sie ist kein Selbst. Dieser letzte Punkt ist wichtig. Er bedeutet, dass der Geist nicht in der Weise *existiert* wie Materie. Dies entspricht dem, was ich in *The Dramatic Universe* über Selbstheit und Individualität geschrieben habe.[33] Wir können deswegen sagen, dass jeder Mensch sowohl eine geistige als auch eine materielle Natur hat, und wir können auf sehr präzise Weise zwischen dem Geist, der Seele und den Selbsten eines Menschen unterscheiden, wobei die Letzteren als Kräfte des Körpers betrachtet werden können. Aber ich muss nachdrücklich betonen, dass keines dieser drei der Mensch *ist*. Wir sprechen von seinem Körper, seiner Seele, seinem Geist. Wer ist es, dem die drei Teile gehören? Auf diese Frage werden wir noch zurückkommen.

Im Bereich des Geistigen müssen wir zweierlei unterscheiden: den Geist als Muster der Potenzialitäten und den Geist als verwirklicht und mit der Seele vereinigt. Nur im zweiten Fall kann jemand zurecht ein Mensch der fünften Stufe genannt werden, Gurdjieffs Mensch Nr. 6 oder Bapak Subuh's *roh rohani*.

Bapak Subuh hat wiederholt betont, dass dies eine sehr hohe und nur sehr selten erreichte Stufe ist und nur sehr wenige Menschen dieser fünften Ebene angehören. Wenn wir aber alle eine geistige Natur haben, scheint darin ein Widerspruch zu liegen. Ich habe versucht herauszustellen, dass es sich um zwei ganz verschiedene Dinge handelt: Einmal wirkt die geistige Kraft auf das Selbst, das andere mal hat sich die geistige Kraft mit dem Selbst vereinigt. Bedingung dieser Vereinigung ist, dass wir darauf wirklich vorbereitet sind. Sie ist erst dann möglich, wenn das Wahre Selbst, das eigentlich menschliche Selbst, leer geworden ist, vor allem von seinem Egoismus. Ich glaube, dass viele unter uns Momente gehabt haben, wo uns diese Kraft erfüllt hat. In solchen Momenten ist alles anders. Aber der Platz ist noch nicht wirklich bereit, und der Geist kann nicht bleiben.

Es wird beschrieben, dass sich das mystische Leben des Menschen in drei Stufen vollzieht: die Stufe der Läuterung, die Stufe der Erleuchtung und die Stufe der Vereinigung. Auf der ersten Stufe ist das Selbst im Stadium der Vorbereitung; es wird gereinigt, erweitert, bereit gemacht. Man geht durch verschiedene Zustände der Verwirrung, durch unterschiedliche Höhen und Tiefen, während die niedrigeren Teile des Selbsts dieser Wirkung unterliegen. Aber die Zeit wird kommen, wenn die Seele anfängt, sich zu öffnen. Es folgt die Stufe der Erleuchtung, wo man geistige Einsichten empfängt. Sie sind etwas ganz anderes, als die Tröstun-

33. Siehe: *The Dramatic Universe*, Band II, Kapitel 29.1.

gen, die uns vielleicht auf der ersten Stufe zuteil werden, und haben mehr mit jener Umkehrung des Bewusstseins zu tun, von der ich vorher sprach. Wenn die Seele anfängt, wirklich leer zu werden, kann die fünfte oder geistige Kraft eintreten und sie von einem Zustand der Sonderung zu einem Zustand direkter Teilhabe an den geistigen Wirklichkeiten transformieren. Wenn die Seele nicht endgültig vom Egoismus erlöst ist, kann das nur begrenzte Zeit dauern. Man muss auch auf einen Zustand trostloser Verkehrung gefasst sein, wenn man von allem verlassen scheint, fern jeder geistigen Realität. Der Wechsel zwischen hellen und dunklen Zuständen charakterisiert die mittlere Stufe. Die letzte Stufe kommt, wenn das Zentrum ganz leer ist und für immer vom Egoismus befreit. Dann kann der Geist eintreten und die Seele zu seiner dauernden Wohnstatt machen.

Ich brauche für diejenigen unter Ihnen, die mit Subud Erfahrungen haben, kaum zu betonen, dass äußerste Vorsicht bei der Interpretation von Erfahrungen geboten ist, die scheinbar einer bestimmten Stufe der Vervollkommnung angehören mögen. Hier vor allem ist eine spirituelle Psychologie notwendig. Solange noch keine tiefe Veränderung in den unbewussten Teilen des Selbsts vor sich gegangen ist, kann der Zustand der Seele am sichtbaren Verhalten abgelesen werden. Dies hört auf, ein Anhaltspunkt zu sein, wenn die Läuterung tiefere Schichten erreicht. Wir dürfen nicht vergessen, dass das Risiko der Täuschung in spirituellen Angelegenheiten auf jedem Pfad besteht. Letztendlich gibt es dagegen nur einen Schutz, nämlich Demut. Wissen, und sei es noch so zutreffend, kann uns täuschen; der Wunsch nach Vervollkommnung mag immer noch im Egoismus wurzeln, und selbst die Liebe zu Gott kann mit Selbstliebe vermischt sein. Wenn Sie verstehen wollen, wie diese Probleme selbst Menschen mit einer wahren religiösen Berufung heimsuchen können, rate ich Ihnen, die geistigen Übungen des heiligen Ignatius von Loyola zu studieren. Beachten Sie seine Regeln für die Unterscheidung von Geistern.

Frage: Was ist mit Menschen, die Gott mit dem Verstand leugnen und behaupten, dass sie keinerlei Glauben an geistige Mächte hätten, die aber mit ihrem Leben zeigen, dass sie wirklich menschlich sind, voll Mitgefühl und großem Verantwortungsbewusstsein?

Bennett: Es kann wahrhaft geistige Menschen geben, die Gott leugnen, einfach weil sie ein Wort leugnen, weil das Wort »Gott«

für sie nicht Gott bedeutet. Aber vielleicht wissen sie von Gott jenseits der Worte. Sie mögen von falschen Lehren in die Irre geführt worden sein und nicht wissen, wie sie ihre geistigen Eingebungen interpretieren sollen. Aber solange sie ihnen folgen, können sie die Einheit von Seele und Geist erreichen und sogar Heilige werden.

Frage: Was ist ein Heiliger?

Bennett: Heiliger sind Männer oder Frauen, die vollständig und für immer vom Egoismus befreit sind. Wenn so ein Mensch reif ist, kann die geistige Kraft der fünften Ebene in seine Seele eintreten und sich mit ihr vereinigen. Dann kommt die schöpferische Energie des Wahren Selbsts ganz unter die Macht und die Führung der spirituellen Kraft. Solch eine Seele kann zum Instrument in dem Wirken von Wundern und der geistigen Erweckung anderer werden. Kurz gesagt, ist der Heilige der Repräsentant der fünften Seinsebene.

Frage: Ist es diese fünfte Ebene, wo unser eigenes Streben aufhört und wir nur noch an die Tür klopfen können?

Bennett: Ja. Alles was ein Mensch, selbst unter den besten Bedingungen erreichen kann, ist die Tür zu öffnen, damit die geistigen Qualitäten eintreten können. Wie heilig ein Mensch auch sein mag, aus sich selbst heraus kann er seine eigene Seele nicht überschreiten. Der Mittelpunkt unseres Symbols bezeichnet die äußerste Grenze, die ein Mensch aus eigener Kraft erreichen kann. Er kann nur an diese Grenze stoßen, kann sich letzlich nicht selbst vom Egoismus reinigen. Ohne die Gnade Gottes kann ein Mensch die geistigen Welten nicht betreten. Er muss dazu die Materie ganz und gar hinter sich lassen. Dazu ist nur eine gereinigte Seele fähig. Wir können alle vom Geist empfangen, aber – wie der heilige Paulus in seiner Darstellung der Charismata oder geistigen Gaben so nachdrücklich sagt – diese werden nicht unter allen gleichmäßig verteilt. Und weil das so ist, beklagen sich manche Leute über ›Ungerechtigkeit‹ und fragen: »Warum bekommen das die einen, und die anderen nicht?« Wir können das nur verstehen, wenn wir den größeren Zusammenhang erkennen.

Bapak Subuh hat gesagt, dass diese Reinigung mit der Reinigung des menschlichen Selbsts endet. Ziel ist die Austreibung des Egoismus. Wenn der Egoismus endgültig aus dem Zentrum des Selbsts vertrieben ist, ist es zu einer »heiligen Seele« geworden.

Weiter gibt es nichts zu erreichen. Aber in einem anderen Sinn fängt jetzt etwas ganz Neues an: Denn wenn das Gefäß gereinigt und bereit ist, kann es mit dem jeweils Notwendigen gefüllt werden. In einem solchen Gefäß kann ein geistiges Wesen Raum finden, das über den Menschen hinausgeht. Das ist es, was mit »Heiligung« gemeint ist.

Wir müssen festhalten, dass das Ende des Weges, soweit unsere menschliche Natur betroffen ist, die Reinigung des innersten Selbsts ist. Das führt zu dem Zustand innerer Reinheit oder Leere. Die Seele hat nicht die Macht zu entscheiden, was diese Leere füllen soll. Nehmen wir an, eine Seele ist erwählt oder vorherbestimmt, zum Träger eines geistigen Wesens der sechsten Ordnung zu werden. Die Seele ist frei. Sie kann annehmen oder nicht annehmen, was damit zusammenhängt. Wenn sie auch nicht die Macht hat, es zu erstreben, so kann sie es doch verweigern.

Frage: Als Moses sich weigerte zu sprechen, glauben Sie, dass das ein Fall war, wo Aaron eingreifen musste?

Bennett: Ich glaube, dass diese höheren Stufen zur Erfüllung ganz bestimmter Aufgaben da sind. Die Aufgabe, die Moses zu erfüllen hatte, war eine andere als die von Aaron, aber er konnte es nicht ohne Aaron tun.

Das bringt mich zu einem äußerst wichtigen Merkmal der geistigen Ordnung: Es gibt keine geistige Duplizität. Alles Geistige ist einzigartig. Sie können das leicht nachvollziehen, wenn Sie sich das Wesen von Qualitäten klar machen. Jede Qualität ist, was sie ist. Es kann keine zwei identischen Qualitäten geben, selbst nicht bei den Qualitäten, die materiellen Objekten anhaften, wie Farbe und Form. Es gibt die Form des Quadrats nur einmal, nur einmal die Farbe Blau. Natürlich gibt es Quadrate von verschiedener Größe und unterschiedliche Blau-Schattierungen; aber »Quadrat« und »Blau« können weder als eins noch als viele gedacht werden. Aber dies ist natürlich nur eine Analogie. »Quadrat« und »Gelb« sind keine wahren geistigen Qualitäten, sofern wir sie nicht jeder Verbindung mit materiellen Objekten oder gedanklichen Vorstellungen entkleiden können. Und wenn Sie die Übung versucht haben, die ich Ihnen heute empfohlen habe, dann werden Sie gesehen haben, dass dies jenseits unserer Fähigkeiten liegt.

Es gibt echte geistige Qualitäten, die wir uns tatsächlich versinnbildlichen, wie Glaube, Gehorsam, Geduld und Hoffnung. In

Subud habe ich sie »heilige Impulse« genannt, und es ist kein schlechter Name.[34] Sie sind heilig, weil sie geistig sind, und es sind Impulse, weil sie die Seele, die auf sie antwortet, organisieren und lenken. Wenn sich diese geistigen Qualitäten oder heiligen Impulse zu einem Muster fügen, so bilden sie ein geistiges Potenzial. Jedes menschliche Wesen ist mit solch einem Muster ausgestattet. *Das ist sein Geist.* Dieses Muster muss einzigartig sein. Nur in der materiellen Welt, wo sie zeitlich und räumlich begrenzt sind und sich abnützen können, sind mehrere identische Muster sinnvoll. Doch das Muster eines Kunstwerks, zum Beispiel eines Sonetts, ist einzigartig. Wie viele Sonette auch geschrieben werden mögen, sie bestehen alle aus vierzehn Zeilen und iambischen Pentametern. Doch auch dies ist noch eine allzu »materielle« Analogie. Nehmen wir das Beispiel des Charakters, wie wir ihn dem Geteilten Selbst zuschreiben. Der Charakter ist ein Muster, aber immer noch ein materielles Muster, selbst wenn die Materialität von Bedürfnissen sehr subtil ist und außer Reichweite unserer Sensitivität. Ein geistiges Muster ist anders. Es enthält nicht, was wir in unserer Existenz *sind,* sondern was wir potenziell *sein können.* Es ist die Verbindung von Qualitäten, die wir in unserem Leben verwirklichen *könnten.*

Der Punkt ist, dass dieses geistige Muster einzigartig ist, auch auf der fünften Stufe, wo es mit dem Individuum verschmilzt. Dies ist zweifelsohne auch der Grund für die Überlieferung, dass der Geist des Menschen einzigartig sei und sehr verschieden von seinen körperlichen Merkmalen.

Deswegen heißt es auch, dass jeder Engel einzigartig ist. Die scholastischen Philosophen gaben dieser Vorstellung Ausdruck, indem sie sagten: Die Wesen der Engel sind *genera* mit jeweils nur einem Mitglied. In einfachen Worten heißt das, dass jeder Engel ein Muster geistiger Qualitäten darstellt, das sich nie wiederholt. So ein Muster ist ewig und unzerstörbar, weil es nicht den Bedingungen der materiellen Existenz unterworfen ist. Die geistige Essenz eines Menschen ist auch einzigartig, aber sie dient einem anderen Zweck als die eines Engels, weil sie sich mit der Existenz verbinden muss. Die Körper mit ihren Funktionen sind alle nach dem gleichen Grundmuster geschaffen; deswegen sind in dieser Hinsicht alle Menschen gleich. Was aber ihre geistigen Qualitäten

---

34. Siehe: *Subud,* Kapitel VII. Ich verdanke diesen Begriff Gurdjieff, der ihn in *All und Alles* mit ähnlicher Bedeutung verwendet.

angeht, sind sie alle verschieden, weil jeder Mann und jede Frau ihr individuelles Schicksal haben, das sie mit niemanden im ganzen Universum teilen. Wie sich dieses Schicksal erfüllt, hängt außer vom geistigen Muster noch von verschiedenen anderen Faktoren ab. Nur von diesem kann man sagen, dass es »vorherbestimmt« sei.

Was nun jene außergewöhnlichen Frauen und Männer angeht, deren geistiges Muster sie zu einer besonderen historischen Aufgabe bestimmt, so scheint in diesen Fällen auch für besondere Existenzbedingungen zur Entwicklung des Selbsts gesorgt zu werden. Offenkundig bedarf es einer starken Seele, um den Belastungen einer großen historischen Rolle gewachsen zu sein. Es kann geschehen, dass eine Ebene des Selbsts – üblicherweise das Geteilte Selbst – unter die Herrschaft von Kräften gerät, die, anstatt den Sieg über den Egoismus vorzubereiten, diesen im Gegenteil unrettbar stärken. Wenn sich eine Seele unter diesen Bedingungen entwickelt, kann sie große Macht erlangen, aber sie verliert den Kontakt mit ihrem geistigen Muster. So entstehen Tyrannen und Diktatoren und Sie werden den Hasnamus erkennen, von dem wir gestern gesprochen haben.

Sie dürfen deswegen nicht annehmen, ein außergewöhnliches Muster geistiger Qualitäten garantiere das Erreichen von Heiligkeit. Es gibt auf jedem Schicksalsweg Fallgruben, große und kleine, aber vielleicht sind sie dann am gefährlichsten, wenn die geistige Essenz mit reichen Qualitäten ausgestattet ist. Unser Symbol kann Ihnen helfen, all die seltsamen und wunderbaren Leben zu verstehen, und auch die gewöhnlichen und scheinbar uninteressanten, die Männer und Frauen auf dieser Erde gelebt haben und leben.

Bevor wir das Thema der reinen geistigen Essenzen verlassen, sollte ich noch etwas zum Wesen der Engel sagen. Vielleicht habe ich den Eindruck von Isolation entstehen lassen: jeder Engel ein Muster geistiger Qualitäten, einzigartig und allein, ohne in die Existenz einzugehen und ohne jede Möglichkeit, seine Situation zu verändern. Natürlich sind Engel ein Mysterium. Selbst wenn wir sie manchmal sehen – und ich bin überzeugt, dass ich sie gesehen habe –, so sehen wir doch nur die materielle Form, die sie vorübergehend annehmen, um sich für Menschen erkenntlich zu machen. Manchmal sehen wir sie nicht, aber fühlen ihre Gegenwart. Alle diese ›Manifestationen‹ sagen gar nichts darüber aus, was Engel wirklich sind. Nur weil unser Verstand uns sagt, dass es geistige

Qualitäten gibt, können wir mit unserem Verstand schließen, dass es Engel geben muss. Wenn der Intellekt in die gereinigte Seele eintritt, mag er sie zu einem Besuch in die Welten der Engel mitnehmen und feststellen, was ein Engel ist. Aber auch so können wir sicher sein, dass Engel miteinander kooperieren und jene Kombination von Qualitäten schaffen, die das Schicksal des Universums regulieren.[35] Wenn vom »Chor der Engel« die Rede ist, so sollten wir das nicht für leere Rhetorik halten, sondern für den Ausdruck eines wirklichen und wichtigen Elementes der geistigen Welt.

Frage: Sind alle Wesen dieser fünften Ebene gut?

Bennett: Keine geistige Essenz ist vollkommen, solange sie nicht die siebente Ebene erreicht hat, die die vollkommen reine Essenz darstellt. Alle anderen geistigen Essenzen sind unvollständig und deswegen unvollkommen. Was unvollkommen ist, kann nicht vollkommen gut sein. Wenn wir glauben – und dies können wir nicht *wissen* –, dass es in der geistigen Welt Freiheit gibt, ist es bei der Kombination von Unvollkommenheit und Freiheit unvermeidlich, dass es auch Sünde gibt. Die Religion lehrt uns, dass es gefallene Engel gibt, und also Sünde nicht in der materiellen, sondern in der geistigen Welt angefangen hat.

Wenn es geistige Wesen geben kann, die böse sind, so können auch Menschen mit geistigen Kräften dieser Ebene teilweise oder sogar ganz böse sein. Vergessen Sie nicht, dass ich über Ebenen spreche, die wir mit unseren gewöhnlichen Wahrnehmungen und Gedanken nicht erreichen können. Selbst der gereinigte Verstand kann nur die Prinzipien verstehen, die für geistige Essenzen Geltung haben müssen. Er kann deren Wesen nicht direkt erkennen. Das ist dem Intellekt vorbehalten, oder dem, was Gurdjieff das höhere Intellektzentrum nennt.

Frage: Gehört die kollektive Seele, die eine große Seele der Menschheit hierher?

Bennett: Das ist das Nächste worüber wir sprechen müssen. Ich glaube, damit ist die gleiche Stufe angesprochen, die wir meinen,

35. In *The Dramatic Universe,* Band II, Kapitel 35, Seiten 312–14, bezeichne ich diese Kräfte als »Demiurgen« und sage, dass sie vor allem mit der Aufrechterhaltung der Ordnung des Universums befasst sind. Vielleicht ist das eine zu enge Interpretation.

wenn wir von Propheten oder Abgesandten Gottes sprechen, wie Abraham oder Moses oder Johannes dem Täufer. Wahrscheinlich würde kaum jemand widersprechen, dass Buddha und Mohammed, die Gründer zweier großer Weltreligionen, zu dieser Kategorie geistiger Essenz gehören. Nur lassen Sie mich hier sagen, dass es sehr gefährlich ist, Schlüsse aus Lehren zu ziehen, die uns vielleicht aus zehnter Hand erreichen und uns allenfalls sagen können, was andere Menschen geglaubt haben. Der einzige verlässliche Anhaltspunkt ist nicht, was eine Tradition über diesen oder jenen Mann lehrt, sondern worin sein Einfluss in der Welt bestand: Solch ungeheure geistige Kräfte zu übertragen, wie sie im Buddhismus und Islam gewirkt haben und wirken, kann nur für eine Seele möglich sein, deren geistige Essenz der sechsten Ebene angehört.

Was meinen wir nun mit sechster Ebene? Der Unterschied ist der zwischen einem individuellen Muster und einem universalen. Damit meine ich, dass es vor allem zwei Möglichkeiten gibt: einmal das Muster, das in einem Einzelwesen eine individuelle Seele formt, und dann das Muster, das eine Vielzahl von Seelen vereint. Wenn wir von der Seele der Menschheit sprechen, dann muss uns klar sein, dass das eine gewaltige Idee ist. Wir können nicht leugnen, dass die Menschheit noch nicht den Zustand der Einheit erreicht hat, in dem wir fühlen könnten, dass wir alle an einer einzigen Seele teilhaben. Nichtsdestoweniger muss die Idee *in potentia* wahr sein, das heißt, als geistiges Muster, das zu realisieren der Menschheit bestimmt ist. Es ist die Idee der Universalkirche – des Corpus Christi auf Erden. Das ist ein Mysterium, das wir mit dem Verstand nicht verstehen können. Dieses Muster würde wohl zur siebenten Ebene gehören. Ich kann nicht mehr darüber sagen, weil es zum Bereich der Theologie gehört, nicht zur Psychologie, nicht einmal zur spirituellen Psychologie.

Die sechste Ebene können wir uns als den Ort vorstellen, von dem jene Wesen kommen, deren Liebe zu Gott und den Menschen so groß ist, dass sich ihre Seelen erweitern und Tausende oder gar Millionen von Menschen darin aufnehmen.

Frage: Sie sagten, dass der siebte Grad die Ebene der Vereinigung sei, die – wie ich annehme – Christus meinte, als er sagte: »Ich und der Vater sind eins«. Und dennoch konnte er sagen: »Mein Gott, warum hast Du mich verlassen?« Also scheinen Einheit und absolute Trennung nebeneinander bestehen zu können. Ich erinnere

mich auch, dass ich Sie einmal gefragt habe, inwiefern durch
Mohammed etwas in die Welt gekommen sei, das über das
Christentum hinausgehe, und Sie sagten, es sei jenes Wissen um
die völlige »Andersartigkeit« Gottes. Könnten Sie diese beiden
Aussagen verbinden?

Bennett: Ihre zwei Fragen beziehen sich auf theologische Mysterien, die Antwort der einen hängt mit der Antwort auf die andere
zusammen; so will ich sie gemeinsam beantworten.

Der Islam ist der Koran, und der Koran ist der Islam. Er ist we-
sensmäßig eine Religion des Buches. Wie aus dem Koran hervorgeht, ist der Islam eine Religion ohne Theologie, aus dem einfachen Grund, weil sie Gott für vollkommen unerkennbar erklärt,
für vollständig anders als irgendetwas, das wir erkennen können.
Aber dieses ›Anderssein‹ Gottes ist nicht gleichbedeutend mit
Entfremdung. Gott ist auch nicht ein unerreichbares Absolutes,
wie es uns von den idealistischen Philosophen angeboten wurde.
Jeder echte Muslim glaubt, dass Gott zwar unerkennbar, doch all-
gegenwärtig sei – näher als sein innerstes Selbst. Gott ist das
Innerste und das Äußerste; aber in beiderlei Hinsicht ist Er vollkommen anders als Seine ganze Schöpfung oder ein Teil von ihr,
den Menschen eingeschlossen. Als Christen können wir dies akzeptieren, aber der Schwerpunkt unseres Glaubens ist doch ein
ganz anderer.

Anthropomorphismus – das ist der Versuch, Gott mit menschlichen Begriffen zu fassen – wird in vielen Abschnitten des Korans
als Blasphemie gebrandmarkt, und einige dieser Abschnitte wenden sich gegen unsere christliche Überzeugung, dass wir in Christus Gott erkennen könnten. Den Ausspruch, den Sie zitieren: »Ich
und der Vater sind eins« wird in der langen Antwort an Philippus
erweitert, die mit den Worten anfängt: »Wer mich gesehen hat, hat
den Vater gesehen« [Johannes 14.8–31].

Das scheint zu bedeuten, dass die Jünger, indem sie Jesus den
Menschen erkennen, Gott, seinen Vater, erkennen könnten. Tatsächlich neigen wir Christen zum Anthropomorphismus, auch
wenn wir eine solche Absicht leugnen würden. Die christliche
Kunst stellt Gott den Vater als Menschen dar; kein muslimischer
Maler würde so etwas wagen. Christen sprechen von der Freude
und vom Zorn Gottes, dass Er Sich Heiligen und Visionären auf
einem Thron im Himmel zeige. Für Muslime wäre das reine
Blasphemie. Unser Glaube, dass Christus Gott sei, wird *shirk* (Irr-

tum) genannt, nämlich der Anspruch der Partnerschaft mit Gott, dem Einen, dem Unteilbaren.

Es ist sehr verständlich, dass Christen und Muslime in der Vergangenheit den Glauben des anderen vollständig ablehnen mussten. Aber niemand, der je bei frommen Muslimen gelebt hat, würde bestreiten wollen, dass es wahrhaft religiöse Menschen sind, von denen viele ihre Religion gewissenhafter und aufrichtiger befolgen als die meisten Christen. Hier haben wir eine der augenfälligsten Illustrationen für das Prinzip der Komplementarität oder der Natur der Diade. Ein Kompromiss ist nicht möglich, und dennoch müssen wir daran festhalten, dass unser christlicher Glaube mit seinen theologischen Einzelbestimmungen über Gott, Christus und die Dreifaltigkeit wahr ist. Und gleichzeitig müssen wir, wie ich sicher bin, zugestehen, dass der islamische Glaube ebenso wahr ist mit all seiner Betonung der Einzigartigkeit und Andersartigkeit Gottes.

Komplementarität spielt noch in anderer Hinsicht bei der Beantwortung Ihrer Frage eine Rolle: im Mysterium der zweifachen Natur Christi. Christus ist Mensch und Gott, immer und ewig und vollständig. Nicht Montag und Mittwoch Mensch und Dienstag und Donnerstag Gott, sondern immer und vollkommen beides. Gott ist unendlich, ungeschaffen und unerkennbar. Der Mensch ist endlich, geschaffen und erkennbar. Wie können das Unendliche und das Endliche gleichzeitig in einer Person gegenwärtig sein? Nur kraft der Komplementarität der vollkommenen Diade, die Einheit unvereinbarer Gegensätze nicht nur erlaubt, sondern erfordert.

Es wird von uns verlangt zu glauben, dass Christus ganz Gott und ganz Mensch sei; nicht Mensch im Körper und Gott in der Seele oder im Geist. Der irdische Körper Jesu war Gottes Körper. Die Seele Jesu war Gottes Seele. Aber Körper und Seele waren auch menschlich. Darin kann es keinen Kompromiss geben, wenn die ungeheuerliche Bedeutung der Diade Christi nicht verloren gehen soll. Der Schrei der Verzweiflung am Kreuz »Warum hast Du mich verlassen?« ist nicht der Schrei Jesu des Menschen, der von Gott verlassen ist, sondern Jesu, der den Beschluss Gottes erfüllt, der gleichzeitig sein eigener Beschluss ist – dass die Menschheit durch das Opfer der Kreuzigung erlöst werden solle. Alles Leiden der Sünde der Welt ist in diesem Schrei enthalten, und es ist wahrlich der Schrei der gesamten Menschheit, der Vergangenheit, der Gegenwart und der Zukunft. Aber es ist auch Gottes eigener Schrei, in der Erfüllung Seines Aktes der Liebe zur Erlösung der Menschen von der Sünde.

Wenn Sie fragen, wie es möglich sein soll, dass Gott ein Verzweiflungsschrei entfährt, kann ich nur auf die muslimische Glaubensüberzeugung weisen, dass Gott vollkommen und von Grund auf anders ist als irgendetwas, das wir uns vorstellen können. Dieser Glaube, wenn auch nicht ausgesprochen, ist in unserem christlichen Glauben so tief verwurzelt wie im Islam. Der Prolog des Johannesevangeliums erinnert uns daran, dass wir das Wort Gottes nicht erkennen können, obwohl es in die Welt kam und unter uns weilte. Gott kann aus Seinem Anderssein heraustreten und sich auf dieser Erde manifestieren, etwa in einer Inkarnation. Aber das heißt nicht, dass Gott in Seiner Unendlichkeit und Seinem Anderssein ganz erkannt oder erfasst werden könnte. Nur Liebe, die weder wissen noch verstehen will, sich nur geben und nichts zurückhalten möchte, kann nackt und leer in die Fülle der Gegenwart Gottes eingehen. Aber die Liebe wird nicht zurückkehren, um uns Unterricht in Theologie zu erteilen.

Frage: Können Sie etwas darüber sagen, wie die geistige Essenz, die jeder von uns hat, unser Leben beeinflussen kann? Die Unterscheidung zwischen Seele und Geist war mir immer ein Rätsel. Was Sie gesagt haben, ist sehr hilfreich, aber ich bin mir immer noch nicht über meinen Geist im Klaren.

Bennett: Ich will Ihnen sagen, zu welchem Ergebnis ich nach vielen Jahren des Nachdenkens über diese Frage gekommen bin. Ich bin überzeugt, dass es richtig ist zu sagen, der Mensch bestehe aus drei unabhängigen Teilen: Körper, Seele und Geist. Sie haben verschiedene Ursprünge und unterscheiden sich in ihrer Natur. Der Körper wird fast ausschließlich durch Vererbung bestimmt und in geringerem Maße durch die Einflüsse, denen die Eltern vor und bei der Empfängnis sowie während der Schwangerschaft ausgesetzt sind. Die Seele ist aus dem Material der Selbstheit geschaffen. Der Teil mit dem wir geboren werden, nämlich unser Charakter, gehört, wie ich glaube, hauptsächlich zum Geteilten Selbst. Man kann ihn »die materielle Essenz«[36] nennen, weil es sich um

---

36. Das ist übrigens der Begriff, der in der Maitri Upanishad gebraucht wird, um genau diesen Teil des Menschen zu beschreiben.

ein Energiemuster handelt. Die Quellen der materiellen Essenz stammen sicherlich teilweise aus der Vererbung; aber wenn man Kinder betrachtet, ist es offensichtlich, dass in ihnen fast immer Charakterzüge auftreten, die keinerlei Ähnlichkeit mit dem Charakter ihrer Eltern haben. Ich neige dazu, die Theorie von der Unzerstörbarkeit der bewussten Energie anzunehmen, derzufolge ein allgemeines Reservoir »menschlichen Essenzmaterials« existiert. Wenn demnach ein Mensch stirbt, ohne die Vervollständigung seiner Seele erreicht zu haben, dann gehen die unbenutzten Materialien in dieses Reservoir zurück. Henrik Ibsen, so glaube ich, zeichnet in der Episode des Knopfgießers in *Peer Gynt* ein ziemlich wahres Bild davon. Mit seinem Konzept des »kollektiven Unbewussten« drückt C.G. Jung dieselbe Idee auf gänzlich andere Art aus. In diesem »Reservoir menschlichen Essenzmaterials« sind die Archetypen, denen Jung soviel Wichtigkeit bemisst – aber auch sehr viel persönlichere Charakterelemente, an denen sogar Erinnerungen an vergangene Ereignisse haften mögen. So erkläre ich mir die »Hier bin ich schon früher einmal gewesen«-Erlebnisse, über die so viele Menschen berichten. Ich würde deswegen das, was gemeinhin »Reinkarnation« genannt wird, nicht als unmöglich ausschließen wollen, das heißt, die Rückkehr eines mehr oder weniger vollständig organisierten Selbsts mit dem Charakter und auch den Konsequenzen eines vorhergegangenen Lebens.

Wir dürfen jedoch nicht aus dem Auge lassen, dass wir von der materiellen Essenz, und nicht vom Geist sprechen. Zu diesem wollen wir jetzt kommen. Wie Sie meinen Ausführungen entnommen haben, meine ich mit Geist soviel wie »geistige Essenz«. Es handelt sich um ein Muster von Qualitäten, dem nichts Materielles anhaftet und das deswegen den Bedingungen von Zeit und Raum nicht unterworfen ist. Im Rahmen dieser Betrachtungsweise muss jeder Geist einzigartig sein und kann nur einem besonderen Menschenleben als Muster dienen. Von einer Reinkarnation des Geistes eines Menschen kann deswegen keinerlei Rede sein. Wir müssen weitergehen und mit der Vorstellung aufräumen, dass die geistige Essenz »von irgendwoher« komme. Nur etwas Materielles kann an einem Ort sein und zu einem anderen gehen und Vergangenheit und Zukunft haben. Wir können nicht sagen, die geistige Essenz »war« oder »wird sein«.

Wie wir sehen, führt uns unser Nachdenken über geistige Essenz zu Schlüssen, die mit dem übereinstimmen, was die Religion lehrt: dass der Geist des Menschen von »oben« stammt. Kehren wir wieder zu unserem Symbol zurück, so können wir uns die oberste Linie als den grenzenlosen Ozean des Geistes vorstellen. Die zweite Linie entspricht den großen Wolken, aus denen sich der Regen ergießt, Tropfen für Tropfen. Jeder Regentropfen ist geistige Essenz.

Nun lassen Sie mich auf Ihre Frage zurückkommen. Welche Rolle spielt die geistige Essenz in unserem Leben, und wie können wir von ihr wissen? Nehmen wir als Ausgangspunkt einen von Gurdjieffs Aphorismen: »Gewissen ist der Stellvertreter Gottes im Menschen.«[37] Unsere Suche nach unserer geistigen Essenz ist mit unserer Suche nach Gewissen identisch. Es ist ziemlich wahrscheinlich, dass Gewissen die materielle Form unseres Schutzengels ist, das heißt die Form, die unseren Energien durch die Gegenwart einer geistigen Kraft gegeben wird, die ein Teil unserer selbst ist. Der Schutzengel als geistiges Wesen hat Kräfte, die über das Gewissen hinausgehen. Die geistige Essenz und der Schutzengel sind indes nicht identisch; denn die geistige Essenz verfügt über eine aktivere formative Kraft, die der Schutzengel nicht besitzt. Es ist zwar ganz unmöglich, dies zur Befriedigung unseres Verstandes zu ›beweisen‹. Aber ich bin dennoch überzeugt, dass mein Schutzengel mir hilft und mir mehr als einmal in sehr unangenehmen Situationen geholfen hat.

Vielleicht liegt der größte Nutzen, den wir aus dem Wissen um die geistige Essenz ziehen können, in der Erkenntnis, dass unser Schicksal nicht durch unseren Charakter (materielle Essenz), sondern durch unsere geistigen Qualitäten (geistige Essenz) bestimmt wird. Wir neigen dazu, unseren Charakter zu wichtig zu nehmen. Unser Reagierendes Selbst lernt ihn in unseren Manifestationen zu erkennen und beginnt zu mögen und nicht zu mögen. Es gibt einen falschen Selbsthass, der aus der Ablehnung derjenigen Charakterzügen entsteht, die nicht »gut aussehen«. In Wirklichkeit sollten wir an uns selbst nur eines hassen: unseren Egoismus. Unseren Charakter sollten wir als Tatsache nehmen, mit der wir zu rechnen haben wie mit anderen Tatsachen auch. Wir haben eine gewisse Macht, ihn zu verändern, und beträchtliche Macht, ihn zu kontrollieren, aber das muss vom Wahren Selbst kommen. Durch unsere Anstrengungen, unseren Charakter mit den Notwendig-

37. G.I. Gurdjieff, *All und Alles,* Seite 395.

keiten unseres Schicksals in Einklang zu bringen, stärken wir unsere Seele. Vielmehr kann ich dazu nicht sagen. Die geistige Essenz können wir nicht kennen, wie wir Fakten kennen können. Wir vereinigen uns mit ihr durch unsere Einwilligung.[38] Dies ist dasselbe wie der Akt der Unterwerfung als Voraussetzung des Subud-Latihan. Unser *dharma* ist unser geistiges Muster. *Susila budhi dharma* meint die Verbindung zwischen dem geistigen Muster *(dharma)* mit der Aktivität des Selbsts *(susila)* durch die Kraft der Seele *(budhi)*.

Frage: Habe ich Sie richtig verstanden, dass wir unseren Charakter ändern können? Wie ist das möglich?

Bennett: In zweierlei Hinsicht kann man von Veränderung des Charakters sprechen. Sie erinnern sich, dass ich ihn mit einem Dschungel verglichen habe. Es sind wilde Tiere darin, und einige von ihnen sind gefährlich. Sie sind dem Menschen gefährlich, weil sie vor ihm Angst haben. Der Mensch kann sich zum Ziel setzen, die Tiere, vor denen er Angst hat oder die seine Pläne stören, auszurotten. Aber er kann sich auch mit ihnen befreunden. Wenn er aufhört, Angst zu haben, werden auch sie aufhören, ihn zu fürchten. Dann können sie alle ihm dienen, so wie der Leopard und der wilde Bär dem Shivapuri Baba tatsächlich gedient haben. Mit dem Charakter ist es genauso. Solange wir vom Egoismus beherrscht werden, sitzt Angst im Zentrum unseres Seins. Der Egoismus muss voller Angst sein, weil er sich nie ganz verhehlen kann, dass es ein elendes Ende nehmen wird. Um sich durchzusetzen, ist der Egoismus zu jeder Zerstörung bereit. Menschen können ihren eigenen Charakter aus Egoismus ändern. Das nützt ihnen aber nicht wirklich, denn es trennt sie nur weiter von ihrer geistigen Essenz. Menschen können aber auch nach dem Guten streben und mit den Schwächen ihres Charakters kämpfen. Wenn das ohne Egoismus geschieht, wird ihnen von ihren eigenen geistigen Qualitäten Hilfe zukommen. Wahrscheinlich werden sie schließlich entdecken, dass es am besten ist, seinen Charakter zu akzeptieren und die wilden Tiere zu zähmen, anstatt sie auszurotten. C. G. Jung nennt das »die Annahme des Unbewussten«. Wir müssen lernen, diesen Charakter nicht für »uns selbst« zu halten, sondern für etwas, mit dem wir

---

38. Vgl. *The Dramatic Universe,* Band II, Seite 18, für eine Erklärung des Unterschiedes zwischen der Erkenntnis von Fakten und der Einwilligung in Werte.

leben müssen. In gewissem Sinne kann die Zähmung der wilden Tiere eine Veränderung des Charakters genannt werden. Nehmen wir ein Beispiel: Ich sehe, dass ich von anderen Leuten Respekt verlange. Wenn dieses Bedürfnis ›wild‹ ist, wird es unter allen Umständen Respekt fordern, ob ich im Recht bin oder nicht. Aber wenn es gezähmt ist, wird es mich zu einem Handeln veranlassen, das respektwürdig ist, ob andere Leute gut über mich denken oder nicht.

Das Problem des Charakters kann nicht für sich allein gelöst werden. Es ist zwecklos, einen »guten« Charakter zu haben, wenn er im Kern egoistisch ist. Deswegen führt die Frage unvermeidlich zum Wahren Selbst des Menschen mit seiner dreifachen Natur. Hier ist es, wo der Konflikt ausgetragen wird, von dem Paulus spricht: »So finde ich nun ein Gesetz, das mir, der ich will das Gute tun, das Böse anhänget. Denn ich habe Lust an Gottes Gesetz nach dem inwendigen Menschen. Ich sehe aber ein anderes Gesetz in meinen Gliedern, das da widerstreitet dem Gesetz in meinem Gemüte und nimmt mich gefangen in der Sünde Gesetz, welches ist in meinen Gliedern. Ich elender Mensch! Wer wird mich erlösen von dem Leibe dieses Todes?« [Römer 7.21–24]. Das Wahre Selbst ist der Schauplatz dieses Krieges, und der Ausgang wird über sein Schicksal entscheiden. Wenn dem Menschen bewusst wird, dass er den widerstreitenden Kräften seiner materiellen und seiner spirituellen Essenz ausgesetzt ist, und wenn er sieht, dass er den Konflikt nicht aus eigener Kraft lösen kann, muss er früher oder später zu jenem Moment der Entscheidung kommen, über den ich morgen mehr zu sagen habe.

Wenn das Ergebnis dieses Kampfes die Niederlage des Egoismus' ist, dann wird das Selbst in eine »vergeistigte Seele« umgewandelt. Das bedeutet, dass das spirituelle Wesen der fünften Ebene Eingang finden und seinen Platz im Selbst einnehmen kann. Das ist dann der wahre geistige Mensch, der Vervollkommnung erreicht hat. Diese Seele befindet sich auf einer anderen Sprosse der Leiter, seine Welt ist nicht wie diese Welt. Das ist ein anderer Zustand, und wer diese Stufe erreicht, ist nicht wie andere Menschen. Das Leben solcher Menschen zeigt es und die Kräfte, die ihnen zukommen, Kräfte, die für andere unbegreiflich sind. Es gab und es gibt Menschen dieser Ordnung. Ihr Leben untersteht anderen Gesetzen, und sie haben Kräfte, die nicht mit ihrem Tod erlöschen, so dass Menschen sich ihnen auch nach ihrem Tod zuwenden und geistige Hilfe empfangen können.

Diese Eigenschaften des fünften Menschen sind so deutlich, dass wir sie nicht übersehen können. Es ist zum Beispiel möglich festzustellen, dass dieser oder jener Mensch ein Heiliger ist. Ein Heiliger hat mit gewöhnlichen Menschen nur wenig gemeinsam; er ist nicht mehr an einen besondern Ort gebunden, nicht einmal an seinen gegenwärtigen himmlischen Zustand, sondern bereit zur Begegnung. Es hat in der Geschichte der Menschheit immer Heilige gegeben, nicht nur christliche Heilige, auch muslimische, jüdische, hinduistische, buddhistische Heilige und solche ohne irgend eine Religion. Um Heiliger zu sein, muss das geistige Wesen im Selbst wohnen. Der Egoismus ist überwunden. Das ist die erste Bedingung der Heiligkeit. Weil kein Egoismus mehr da ist, können Kräfte wirksam werden, die in der Gegenwart von Egoismus nicht oder nur unter großer Gefahr für die Seele und für andere ausgeübt werden können.

Frage: Gibt es Menschen, die geistige Kräfte erlangen und sie missbrauchen?

Bennett: Es kann nicht anders sein. Es ist das Wesen der Schöpfung, dass sie unvollkommen ist und dass mit dieser Unvollkommenheit Freiheit einhergeht. Nur ein Geschöpf ist von aller Unvollkommenheit frei, das ist die Jungfrau Maria. Aber ihr kosmisches Wesen ist jenseits unserer Fassungskraft.

Frage: Gibt es auf der fünften Ebene die direkte Erfahrung der Liebe Gottes?

Bennett: Ja, die Liebe Gottes wird von unserer geistigen Essenz direkt erfahren. Aber das ist nicht das Gleiche wie die direkte Übertragung des Willens Gottes. Offenbarungen des göttlichen Zwecks kommen nur zu Wesen der nächsten Ordnung. Deswegen heißen sie Propheten. Sie sind wiederum im Wesen verschieden. Es kann nicht anders sein. Sie sind nicht geworden, sondern gesandt. Deswegen heißen sie Propheten und Apostel, sie sind »Abgesandte«.

Die Wesen der sechsten Ordnung – Gurdjieff nennt sie Mensch Nr. 7 – sind nicht notwendigerweise von historischer Bedeutung. Mehrere Traditionen, besonders die des Mittleren Ostens lehren, dass es auf der Erde immer ein Wesen des sechsten Grades in menschlicher Gestalt geben muss. Er wird im Islam *qutb* oder »die Achse« genannt, und es herrscht der Glaube, dass die Menschheit nur durch seine Gegenwart davor bewahrt wird, den Kontakt mit Gott vollständig zu verlieren. Es ist deutlich, dass diese Tradition unter den Israeliten zur Zeit Christi lebendig war, denn sie haben ihn immer wieder gefragt: »Bist Du *jener* Prophet?« Einen höheren Menschen als Moses oder Elias konnten sie sich nicht vorstellen. Auf meinen Reisen im Mittleren Osten habe ich beobachten können, dass dieser Glaube an einen höchsten Propheten auf der Erde immer noch sehr stark ist. Ich erinnere mich noch an meine Verblüffung, als ich in Kleinasien einen Derwisch über die irdische Gegenwart des Mutessarif al-Zaman sprechen hörte, was beinahe das Gleiche bedeutet wie die Worte »Vikar Christi«, womit Katholiken den Papst bezeichnen.

Ich weiß nicht, ob die Lehre richtig ist, dass es nur einen lebendigen Menschen geben kann, der vom Universalen Geist erfüllt ist. Aber mir scheint, dass uns diese Idee helfen kann zu verstehen, was mit Universalkirche gemeint ist. Die gesamte Menschheit wird von den geistigen Mächten der sechsten Ordnung erhalten, aber nicht alle sind willens, sich ihnen zuzuwenden – das heißt, zu erkennen, dass es keine individuelle Erlösung geben kann, sondern diese sich in die Gesamtbewegung der Vergeistigung integrieren muss, die in der Welt wie Hefe arbeitet. Sie werden verstehen, dass das, was ich sage, nur eine »vernünftige Interpretation« ist: Die Universalkirche ist ein Mysterium, das unser Verstand nie ganz erfassen kann. Das ist alles, was ich über die sechste geistige Ordnung sagen kann.

Frage: Wenn im Latihan ein Gefühl entsteht, dass einen Liebe durchströmt, ist das die fünfte Ebene?

Bennett: Ja. Wir haben manchmal ein überwältigendes Gefühl der Liebe, nicht Liebe zu etwas oder zu jemandem. Es mag Liebe zu Gott sein, aber in diesem Moment gibt es keinen *Gedanken* an Gott. Das ist eine geistige Erfahrung – ein direkter Kontakt mit der Qualität der Liebe in der geistigen Welt. Mit Glauben kann es genauso sein. Es gibt den Glauben *an* jemanden oder den Glauben, *dass* eine Aussage wahr ist. Aber es gibt auch den Glauben, ohne »an« und »dass«. Er erfüllt uns mit einer freudigen Gewissheit, die in den Worten des Julian of Norwich so gut zum Ausdruck kommt: *"All shall be well, and all shall be well, and all manner of things shall be well."*[39] Auch hier handelt sich um den

---

39. »Alles wird gut, allen wird es gut gehen und alles Mögliche wird sich zum Guten wenden.«

Kontakt mit der geistigen Qualität des Glaubens, nicht mit der materiellen Tatsache des Glaubens; obwohl wir natürlich beider bedürfen. Die reine geistige Qualität ist Glaube ohne Tatsachen, Liebe ohne Objekt, Hoffnung ohne Grund. Das Gleiche gilt hinsichtlich des Sinnes für das Rechte und andere geistige Kräfte, die Gurdjieff »heilige Impulse« nennt. Sie gehören dem Geist zu, aber hören auf, rein geistig zu sein, wenn sie sich an etwas heften; was sie allerdings nicht entwertet. Liebe ist nicht vollständig, wenn sie nur diese rein geistige Liebe ist, sie hat einen umfassenderen Zweck. Sie muss sich als Mitleid, als Zärtlichkeit, als die Bereitschaft manifestieren, die Lasten anderer mitzutragen. All das geschieht, wenn Liebe in die Welt der Form kommt, in das untere Dreieck unseres Symbols. Sie wird bei diesem Vorgang nicht weniger, sie wird mehr; denn Liebe wächst, indem sie sich vergibt. Aber wer die reine geistige Liebe nie erfahren hat, wird die sichtbaren Arten der Liebe kaum verstehen können. Deswegen ist sie ein sehr großes Geschenk und Grund für große Dankbarkeit, wenn man eine dieser geistigen Realitäten direkt erfahren hat, losgelöst von jeder Form.

Zum Beispiel ist Verwunderung eine geistige Qualität. Gewiss lässt die Natur Verwunderung in uns aufkommen; aber reine Verwunderung ist nicht an die Natur gebunden. Wenn einen dieses Gefühl überkommt, bei einer Wanderung in den Bergen zum Beispiel, kann einem bewusst werden, dass nicht die Berge, nicht man selbst oder sonst etwas Materielles die Ursache ist, sondern dass man einer geistigen Qualität gewahr geworden ist, die die Schöpfung wundervoll macht.

Ich sage all das, um in Ihnen das Gefühl zu wecken, dass die geistige Welt nicht weit weg ist, hoch über unseren Köpfen. Sie ist in unserer nächsten Nähe. Wir erfahren sie in der Natur, in der Schönheit, in der Wahrheit von Ideen, in allen Qualitäten, die nicht als Qualitäten maskierte Quantitäten sind. Aber wie ich mehrfach betont habe, gibt es unterschiedliche Ebenen des Geistes. Die Qualitäten der Natur können »Naturgeister« genannt werden. Sie sind so ungefähr die ›dünnsten‹ Geister, die es geben kann. Dann kommen die geistigen Essenzen der fünften Ebene: die Engel und die geistige Essenz des Menschen. Darüber die höheren geistigen Essenzen: Erzengel, Propheten und Gesandte Gottes. Was darüber ist, ist jenseits unserer Reichweite.

Frage: Können Sie noch etwas darüber sagen, was mit Seele als Gefäß oder Wohnstatt gemeint ist? Was ist die Seele, bevor sie zu einem Gefäß wird?

Bennett: Die unentwickelte Seele ist formlos. Es ist nicht ganz richtig, von der Möglichkeit der Seele zu sprechen, wie ich es früher tat. Der Stoff der Seele ist vorhanden, aber er hat noch keine stabile Form erlangt. Er muss durch einen Prozess der Reinigung und Stärkung gehen, um Dauerhaftigkeit zu gewinnen. Dann kann die Seele zum ewigen Gefäß unserer geistigen Natur werden und das Selbst ganz in sich aufnehmen. Gurdjieff nannte diese Transformation der Seele »Kristallisation«. Es wird auch von der Bildung des vierten Körpers gesprochen. Auf jeden Fall handelt es sich um etwas, das sich durch einen Prozess bilden muss, und zwar – wie Gurdjieff sagt – auf Kosten der niedrigeren Teile des Selbsts; diese müssen etwas aufgeben. Dieses Opfer ist die Bedingung der Bildung der Seele. Danach ist es eine Frage der Begabung mit neuen Qualitäten.

Gurdjieff vergleicht in einer Analogie den gewöhnlichen Zustand des Menschen mit einem Schmelztiegel, voll mit metallischen Stoffen, die durcheinandergeschüttelt werden und die verschiedensten Kombinationen bilden. Das ist der Zustand des Menschen, der ganz unter dem Einfluss des Reagierenden und des Geteilten Selbsts steht. Durch den Prozess der Unterwerfung dieser niedrigeren Teile des Selbsts unter die schöpferische Energie des Zentrums wird ein Feuer unter dem Schmelztiegel entzündet, das die Metalle allmählich zu einer Legierung verschmelzen lässt. Die Stoffe sind nun nicht mehr voneinander zu trennen, sondern sind zu einer Masse geworden, in der die Qualitäten der verschiedenen Metalle fixiert sind. Das heißt, anstelle des flüssigen Zustandes der Qualitäten, sind sie zu etwas Dauerhaftem im Menschen geworden. Wenn sie diese feste und dauerhafte Verschmelzung erreicht haben, kann dieses Produkt mit neuen Qualitäten versehen werden. Das entspricht der Herabkunft der geistigen Natur in das Selbst.

Diese Analogie der Metalle und ihrer Verschmelzung mag nützlich sein, um gewisse Merkmale zu beleuchten; aber sie lässt auch einen falschen Eindruck entstehen, weil der wesentliche Punkt gewöhnlich übersehen wird. Einerseits handelt es sich um einen aktiven Prozess der Verwandlung von etwas Flüchtigem in etwas Stabiles. Andererseits ist da ein gänzlich passiver Prozess, in dem das Schmelzprodukt mit neuen Qualitäten ausgestattet wird.

Diese Analogie illustriert die drei verschiedenen Stufen, die die Transformation des Menschen ausmachen. Zuerst die Reinigung: Der schadhafte Zustand und falsche Inhalt der Selbste muss behoben werden. Der Gipfel dieses Prozesses und unendlich wichtige Schritt ist die Beseitigung des Egoismus. Dieser zweite Wandel ist die Stabilisierung oder Kristallisation. Sie entsteht – wie Gurdjieff sagt – aus dem »Kampf zwischen Ja und Nein«. Die Seele kann ohne diesen Kampf nicht stark werden. Der dritte Schritt ist das Eintreten geistiger Einflüsse: Die Seele wird nicht mehr von den Zwängen der äußeren Welt beherrscht, sondern kommt unter die Führung einer geistigen Kraft. Die drei Faktoren können sich in verschiedenen Menschen unterschiedlich auswirken. Aber ich bin sicher, dass keiner der drei übergangen werden kann, wenn wir das dem Menschen bestimmte Schicksal erfüllen wollen.

Wir haben jetzt den Punkt erreicht, wo wir uns fragen müssen, was das alles für uns bedeutet. Was bedeutet das alles für uns? Wer und was ist der Mensch? Das können wir erst beantworten, wenn wir über das »Ich« gesprochen haben. Das ist in unserem Symbol noch nicht enthalten, und wir müssen gesondert darüber sprechen. Bis jetzt haben sich alle unsere Gespräche um das »Mir/Mich« gedreht. Die Selbste sind Teile von »mir«, meine geistige Essenz ist ein Teil von »mir« und meine Seele ist die Vervollständigung und Erfüllung von »mir«. Jetzt müssen wir die Frage beantworten: Wer bin »ich«, und wo zwischen Körper, Geist und Seele ist das »Ich« zu finden?

❧

Kapitel sechs

Ich, der Wille und der Mensch

DER LETZTE TAG DES SOMMERKURSES BEGANN MIT EINEM
etwas längeren Vortrag, weil vor uns das schwierigste Problem der
ganzen Woche lag. Ich habe vierzig Jahre gebraucht, um zu meiner
jetzigen Einsicht in die Bedeutung der Worte »Ich bin« zu kommen, und es gibt keine Möglichkeit, diese Erkenntnis mit einem
anderen zu teilen, sofern er nicht die gleiche Erfahrung gemacht
hat. Ich versuchte daher, das Thema »Ich« und »Wille« einzukreisen, um einen Berührungspunkt zu finden.

* * *

Wir wollen versuchen, über »Ich« zu sprechen, dessen Vorhandensein die eine unentbehrliche Bedingung ist, die mich berechtigt,
mich »Mensch« zu nennen. In dieser Woche haben wir über die
verschiedenen Teile des Menschen gesprochen. Wir haben das
»Mir / Mich« zerlegt und jedes seiner Teile einzeln studiert: die
Maschine, das Reagierende und das Geteilte Selbst und so weiter.
Wir haben Selbst und Seele voneinander getrennt, um zu sehen,
wie eines in das andere transformiert wird. Wir haben Geist und
Materie getrennt in der Hoffnung, die Wirklichkeit des Geistes
klarer zu erkennen. Wir unterschieden zwischen der materiellen
Essenz und der geistigen Essenz, und wir berührten auch die
Differenz zwischen Verstand und Intellekt, die sicherlich eine
größere Aufmerksamkeit verdiente, als wir sie ihr gewidmet haben.

Bevor wir weitergehen, will ich mit allem Nachdruck betonen,
dass der Mensch nicht nur eine Ansammlung all dieser einzelnen
Teile ist, die zusammenhalten, weil sie nur in der Verbindung
Vollständigkeit erreichen. Mensch ist Mensch – ein unteilbares
Ganzes. Körper, Geist und Seele sind nicht Mitglieder einer
Partnerschaft, die sich trennen könnten, um jeder seinen eigenen
Geschäften nachzugehen. Die Einheit des Menschen ist viel wichtiger als seine Unterteilung. In Systematics ist die Einheit des
Systems die erste Bedingung, damit es überhaupt ein System ist;

alle Begriffsunterscheidungen, wie wichtig sie auch sein mögen, kommen an zweiter Stelle.[40]

Die Einheit des Menschen ergibt sich nicht aus der Art und Weise, wie die einzelnen Teile zusammengefügt werden, sondern aus ihrer eigenen Wesensnatur. Sie erwarten vielleicht, dass ich sage, das »Ich« mache den Menschen zu einer Einheit; aber das ist falsch. Es wäre auch durchaus unrichtig zu sagen, der Mensch sei eins, weil sein Wille eins sei. Im Gegenteil ist der Wille nur in einem Menschen vereinheitlicht, der transformiert ist und eine vollständige Seele hat. Wir wissen nur zu gut, dass unsere Psyche der Kampfplatz widerstreitender Willen ist. Der Mensch ist eins, insofern sein Körper eins ist: Dieser kann nur leben, wenn all seine wichtigen Organe intakt sind. Es gibt jedoch einen Unterschied von größter Wichtigkeit zwischen dem Menschen und seinem Körper. Der Körper entsteht durch einen natürlichen Prozess; während der Mensch nur in einem Prozess wirklich wird, der die Grenzen der Natur überschreitet. Wir alle sind Menschen insofern, als unsere wesentlichen Teile – Körper, Geist und Seele – in einem nicht entwickelten Zustand vorhanden sind. Das kann mit einem befruchteten Ei verglichen werden, das über alles Notwendige für seine zukünftige Entwicklung verfügt, aber noch nicht das ist, was zu sein es bestimmt ist. Das befruchtete Ei in der Gebärmutter ist bereits vollkommen und ausschließlich menschlich – es kann nichts anderes werden als ein Mensch. So ist es mit uns: Alles ist vorhanden, was wir brauchen, um ein Mensch im vollen Sinn des Wortes zu werden; aber Wachstum und Entwicklung müssen noch vollendet werden.

Trotzdem gibt es einen Punkt, an dem dieser Vergleich völlig unbrauchbar wird. Das liegt an der unnatürlichen Verfassung des natürlichen Menschen. Er kann sich nicht natürlich und normal entwickeln, weil er unter Einflüssen steht, die das nicht zulassen. Im Christentum wird das durch die Lehre von der Erbsünde ausgedrückt. Der Mensch wird nach außen zur materiellen Welt gezogen, und das hindert ihn daran, sich den lenkenden und leitenden Einflüssen seiner eigenen geistigen Essenz zu öffnen.

Infolgedessen muss es eine Umkehr im Strom der Einflüsse geben, wenn sich der Mensch entwickeln soll. Wir Christen glauben, dass die Erlösung durch den Tod Christi für alle Menschen

40. Siehe Fußnote 17, Seite 108.

möglich geworden ist; aber wir bilden uns nicht ein, dass sie garantiert sei, sofern wir nicht die Implikationen dieser Umkehr auf uns nehmen. Ich will damit durchaus nicht sagen, dass es hierzu unerlässlich sei, als Christ getauft zu werden, um unter den Einfluss der eigenen geistigen Essenz zu kommen. Nein, wir glauben, dass die ganze Menschheit aller Zeiten durch den einen Akt erlöst worden ist und dass alle, die die Implikationen der Umkehr auf sich nehmen, transformiert werden können, auch wenn sie nie von Christus gehört haben.

Es kommt also deshalb darauf an zu verstehen, worin diese Implikationen bestehen. Das ist alles, was eine »spirituelle Psychologie« leisten kann. Der Rest ist Sache der Theologen.

Ich erinnere hier an den Unterschied zwischen materieller Essenz, die ziemlich genau dem Charakter des Geteilten Selbsts entspricht, und geistiger Essenz, in der das Muster unseres Schicksals enthalten ist, das wir während unseres Erdenlebens verwirklichen können. Das erste Erfordernis der Umkehr besteht darin, sich mehr den Notwendigkeiten der geistigen Essenz als den Begierden der materiellen Essenz zuzuwenden. Aber wir müssen auf der Hut sein, denn es wäre falsch zu glauben, dass es zwei getrennte »Realitäten« gibt, Materie und Geist, und dass wir zwischen ihnen zu wählen hätten. So ist es überhaupt nicht. Es gibt nur eine Realität; denn Geist und Materie sind nicht wirklich getrennt.

Eine der wichtigsten und erhellendsten Eigenschaften unseres Symbols ist, dass es die Relativität sowohl der Materie als auch des Geistes zeigt sowie den Punkt im Zentrum unseres Selbsts, wo sie ineinander übergehen. Die Seele ist weder materiell noch geistig, sondern Geist-Materie.

Ich sagte, dass alle Fakten materiell und alle Werte geistig seien. Aber das heißt nicht, dass Faktum und Wert getrennt werden könnten, außer in unseren Gedanken über sie. In jeder Erfahrung gibt es immer beide Elemente. Selbst eine noch so materielle Situation muss unsere Aufmerksamkeit anziehen, um als Faktum wahrgenommen zu werden, und das kann sie nur, wenn irgendein Wert darin repräsentiert ist, wie trivial er auch sein mag. Ein völlig wertfreies Faktum würde gar nicht an unserem Erfahrungshorizont auftauchen. Wir gehen täglich an unzähligen ›wertfreien‹ Fakten vorbei, ohne irgendeinen Kontakt zu ihnen zu gewinnen. Das soll nicht heißen, dass sie absolut gesehen keinen Wert hätten – nichts kann ganz ohne Wert sein –, aber er ist für uns so gering, dass sie

unser Interesse nicht auf sich ziehen. Aus der Übung, die wir neulich gemacht haben, dürfte klar geworden sein, dass reiner »fakten-
loser« Wert sich ebenso der Erfahrung entzieht. Es muss immer ein
materielles Element in jede Erfahrung eingehen, sei es auch nur in
der Form eines geistigen Bildes. Das gilt wahrscheinlich nicht für
den Intellekt oder das höhere Intellektzentrum, das reine geistige
Werte wahrnehmen kann.

Wir wissen also, dass Geist und Materie immer verschieden und
doch geeint sind. Um sie zu vereinigen und etwas Neues und
Andersartiges entstehen zu lassen, muss es ein drittes Element
geben, das weder Geist noch Materie ist und dennoch beide zu fassen und sie in etwas Neues, Andersartiges zu verwandeln vermag.
Dieses verbindende Element ist der Wille, und das neu Entste-
hende ist Wirklichkeit. Der Wille wirkt auf Geist und Materie, um
sie zu verwirklichen. Dabei wird die »Materie vergeistigt« und der
»Geist aktualisiert«.

Da das ein derart wichtiger Grundsatz zum Verständnis dessen
ist, woran wir diese Woche gearbeitet haben, werde ich es noch auf
andere Art ausdrücken. In *The Dramatic Universe* habe ich das Wort
»Harmonie« gebraucht, um den Treffpunkt von Faktum und Wert
zu bezeichnen. Eine faktische Situation muss durch die ihr entsprechende Qualität harmonisiert werden, um Wert zu erlangen.
Ein Wert muss sich ›in Fakten kleiden‹, um sich zu verwirklichen.

Dazu ein Beispiel: Ein Künstler soll ein Portrait malen, keine
Fotografie. Er ist nicht damit zufrieden zu zeigen, *was* jemand ist;
er will zeigen, *wer* er ist. Aber das ist verborgen. Vielleicht gelingt
es ihm, Charakterzüge sichtbar zu machen; ein Mund kann
Grausamkeit ausdrücken oder Schlauheit, Großzügigkeit, Sinn-
lichkeit, Entschlossenheit und was der »wilden Tiere« mehr sind.
Aber nehmen wir an, dass den Künstler auch das nicht befriedigt
und dass er den Menschen hinter dem Charakter zum Vorschein
bringen möchte. Anders gesagt, er sucht nach der geistigen Essenz,
die man nicht sehen, nicht einmal sich gedanklich vorstellen kann.
Er muss sie der geistigen Welt irgendwie entreißen, um sie in der
materiellen erscheinen zu lassen – die Gestalt des Körpers, die
Sensitivität, die Begierden und vielleicht den Zustand des Selbsts
im Inneren. Wenn ihm das mehr oder weniger gelingt, hat er ein
wirkliches Kunstwerk erschaffen. Vielleicht ist er ein Rembrandt
oder ein Franz Hals, er mag ein Renoir oder ein Picasso sein – es
geht nicht um seinen Stil oder seine Schule. Wenn er ein wahrer

Künstler ist, wird er eine schöpferische Tat vollbracht haben. Ist sie beendet, sind Faktum und Wert nicht mehr zu trennen. Das Portrait ist ein Kunstwerk, eine Schöpfung, das Ergebnis einer Tat. Als solches ist es weder Faktum noch Wert. Wenn wir Farbe und Leinwand betrachten, dann sehen wir ein Muster von Fakten. Wenn wir über seine Qualitäten urteilen, beziehen wir uns auf ein Muster von Werten. In beiden Fällen haben wir uns von der Tat entfernt. »Blut und Schweiß« sind in das Werk eingegangen und von seiner Realität nicht zu trennen. Wir sagen, dass wir vor einem Werk stehen; und dieses Werk enthält die Qualität der Tat, durch die es geschaffen wurde. Die Kraft des Werkes liegt in der Tat, nicht im Faktischen, und auch nicht in dem, was es auszudrücken sucht. Die Verschmelzung von Materie und Geist ist nicht wie das Mischen von Öl und Essig. Eher gleicht es einer chemischen Reaktion, in der sich Säure und Basen zu Salz verbinden. Salz ist das Ergebnis, aber der Geschmack des Salzes liegt in dem Akt, durch den die chemische Veränderung bewirkt wurde.

Diese innige Durchdringung der beiden Elemente durchzieht die ganze menschliche Natur. Die Seele ist das Ergebnis der Verbindung von Selbst und Geist und etwas ganz anderes als die Elemente, aus denen sie entstanden ist. Was so entsteht, kann nur das Ergebnis einer Tat sein.

Nun können wir zu unserer zweiten Frage fortschreiten: »Wer bin ich?« Darauf gibt es verschiedene philosophische Antworten, die vielleicht unseren Verstand befriedigen, uns aber nicht zu der inneren Überzeugung führen können, die aus eigener Einsicht erwächst: »Ja, es ist so, weil ich sehe, dass es so ist.« Wir wollen versuchen, dieser Überzeugung näher zu kommen.

Erstens können wir sagen: Ich bin »Tun«; ich bin in meiner Tat; durch mein Tun schaffe ich die Wirklichkeit, die sowohl Quelle als auch Beweis meines »Ich« ist. Oder: Ich bin der Seher, ich bin der Macher; ich bin derjenige, der meine Erfahrungen erfährt; ich bin nicht das Sehen, noch bin ich das, was gesehen wird; ich bin aber derjenige, der das Sehen mit dem Gesehenen verbindet. Oder: Ich bin das Innerste; es gibt nichts innerhalb des »Ich«; ich bin in allem. Oder: Ich bin »Wille«; was ich bin, das will ich; was ich will, das bin ich. Und zuletzt noch Gurdjieffs Formel: »Ich kann – ich wünsche – ich bin. Ich kann wünschen. Ich bin ›kann‹.«

All diese Formulierungen weisen in dieselbe Richtung, aber sie bringen uns nicht zu dem Punkt, wo wir sagen können, dass wir gesehen und verstanden haben, was das »Ich« in Beziehung zum »Mir/Mich« bedeutet.

Gehen wir zu unserem Symbol zurück, und beginnen wir mit der Annahme, dass der richtige Platz des »Ich« der Mittelpunkt ist. Aber kaum etwas wäre falscher als die Vorstellung, das »Ich« sei der ruhende Pol, um den sich die Welt dreht. Das »Ich« ist niemals still. Einen Moment bin ich in meinen Gedanken, den nächsten Augenblick in meinen Augen oder Händen, in meinen Vorlieben oder Abneigungen. Dann wieder bin ich von einer animalischen Leidenschaft oder von der Angst vor Selbstverlust besessen. Und wann immer mein Zentrum bedroht ist, wird das »Ich« zur Verteidigung meines Egoismus zur Stelle sein. Sollte ich einmal in die geistige Welt erhoben und zeitloser Wirklichkeiten einsichtig werden, so kann ich nicht sagen, was mich dorthin gebracht hat. Ich stelle nochmals fest, dass kein Gedanke niedrig genug ist, als dass er das »Ich« nicht mit sich fortziehen könnte, und ich beginne zu zweifeln, ob »ich« wirklich der krönende Gipfel meiner Menschlichkeit bin oder nicht vielmehr der elendeste und wertloseste Teil des Ganzen.

Wenn ich mich in diesem Zustand quälender Selbstbefragung befinde, dann erinnere ich mich daran, dass »ich Wille bin«, dass »ich kann und deswegen bin«, und ich sehe, dass es eine andere Verfassung des »Ich« geben muss als die hilflose Teilhabe an dem kaleidoskophaften Wechsel, der sich in »mir« vollzieht. Dann beginne ich zu sehen, dass es einen Zustand gibt, in dem »ich« nicht vom Strom des Geschehens weggetragen werde. Ich erinnere mich an einen Vers von Georg Meredith, der mich tief beeindruckt hat, als ich ein Junge war:

> ... und das sagte der Wald:
> Ich kenne nicht Hoffnung noch Furcht;
> Ich nehme, was auch kommen mag.
> Ich erhebe meinen Kopf zu schöner Schau,
> Vom Schlechten wende ich mich ab.
> Süß wie Eden ist die Luft
> Und Eden-süß das Licht.

Wenn die Natur sich der Schönheit zuwenden und von der Hässlichkeit abwenden kann – wie sie das so wunderbar und ständig tut –, kann ich nicht das Gleiche tun? Kann ich mich nicht schönen geistigen Bildern zuwenden und den hässlichen den Rücken kehren? Natürlich ist es genau das, was ich tun kann; und während ich es tue, entdecke ich wieder meine Überzeugung: »Ich bin Wille«.

Jahrelang ging ich diesen Weg, entschlossen, meine Macht zu gebrauchen, mich den geistigen Wirklichkeiten zuzuwenden, in Gurdjieffs Sprache: »mich meiner selbst zu erinnern«. Wieder und wieder bin ich darüber in Verzweiflung geraten. »Ich« erschien so schwach und hilflos wie eh und je. Dann ermutigte mich wieder etwas, und ich versuchte es aufs Neue, immer wieder. Allmählich wuchs in mir die Überzeugung, dass die Aussage »ich bin Wille« wahr ist und dass es einen Weg gibt, wie »ich« zum Herrn im eigenen Haus werden kann. Erst später begann ich zu verstehen, und wahrhaft selbst einzusehen, dass ich das aus eigener Kraft nicht würde erreichen können und dass die Transformation, nach der ich strebte, sich ganz anders vollziehen würde, als ich angenommen hatte.

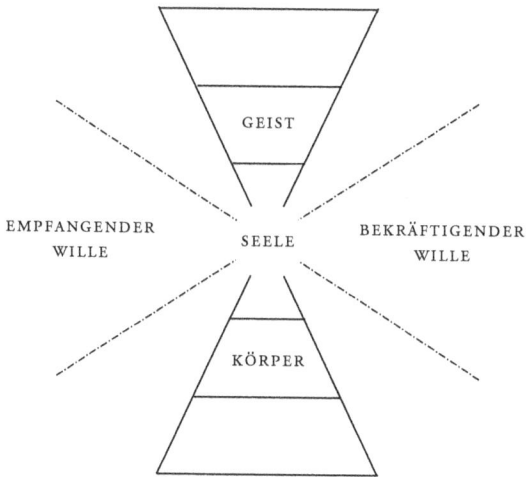

Der ganze Mensch

Unser Symbol wird Ihnen helfen zu verstehen, was ich sage. Aus zwei Dreiecken ist es zu einem Kreuz geworden. Es gibt jetzt fünf gesonderte Elemente:

1 *Körper.* Dazu gehören die drei niedrigeren Selbste, das Materielle, das Reagierende und das Geteilte Selbst, die alle »organisierte Energie« sind, mit meinem physischen Körper verbunden, aber auch fähig, ohne ihn zu existieren.

2 *Geist.* Damit ist in erster Linie meine eigene geistige Essenz gemeint. Ich denke, obwohl ich nicht sicher bin, dass dies auch meinen Schutzengel beinhaltet.

3 *Seele.* Sie ist mein Wahres Selbst. Solange mein Egoismus besteht, ist es zwischen geistigen und materiellen Einflüssen gespalten. Es ist der Kampfplatz widerstreitender Impulse. Meine Seele ist auch das Gefäß meiner Potenzialität, in geistiger wie in materieller Hinsicht. Sie ist die Brücke, die zwischen den beiden Welten gebaut werden muss.

4 *Bekräftigender Wille.* Das ist der Aspekt des »Ich«, über den wir gesprochen haben, der mit dem Satz ausgedrückt wird: »Ich kann, und deswegen bin ich.« Er kann auch als ›männlicher‹ Wille bezeichnet werden.

5 *Empfangender Wille.* Das ist der Wille, auf den ich soeben angespielt habe, der sich fügt und annimmt. Es ist der Wille, der eher Hilfe annimmt, als selbst zum Handeln drängt. Er ist das »Ich bin Wunsch«, der ›weibliche‹ Wille in jedem von uns.

Beim Studium dieses Symbols werden sich Ihnen viele Fragen stellen. Zuerst: Wo ist nun der Platz des »Ich«? Die beste Antwort, die ich geben kann, ist, dass das »Ich« durch die zwei Kanäle zur Rechten und Linken eintritt. Es kann überall hin, und wo immer es in einem gegebenen Augenblick ist, dort liegt das Zentrum der Schwerkraft, das augenblickliche Zentrum meines Seins. Das Ziel, das ich mir setzen muss, ist, das »Ich« dauerhaft im Zentrum meiner Seele zu verankern, denn nur so kann ich den obersten Zweck meiner Existenz erfüllen, zur Brücke zwischen Geist und Materie zu werden.

Wie kann ich diese Aufgabe bewältigen? Wenn ich die Belastung ertragen will, muss ich stark sein. Stärke des »Ich« wird durch die Worte ausgedrückt: »Ich kann«. Wie gewinnt das »Ich« Stärke?

Durch Tun. Durch Nicht-Tun wird meine Seele geschwächt und schrumpft; durch Tun wird sie stärker. Wenn meine Seele stark ist, zieht sie mein »Ich« an. Ich muss wünschen. Wie kann ich wünschen? Ich wünsche, weil ich sehe. Bewusstsein ermöglicht mir zu wünschen. Ich sehe, was Materie ist; ich sehe, was Geist ist. Ich sehe die Bedeutung der Quantität in der materiellen Welt, sehe jene der Qualität in der geistigen Welt. Ich wünsche Harmonie und Einheit zwischen beiden. Dieser Wunsch zieht das »Ich« an. Um zu sehen, muss ich die richtige Perspektive haben, so wie man die ganze Umgebung nur vom Gipfel des Berges aus überblicken kann. Der wahre Platz des Sehens ist im Zentrum, und dort muss sich das »Ich« befinden.

Wenn das »Ich« im Bann des Materiellen Selbsts steht, habe ich kein Gefühl für Qualität. Was hier als Qualität gilt, läuft auf die Frage hinaus: »Wie viel ist es wert?« Wert wird in materiellen Begriffen gefasst. Auf der sensitiven Ebene wird Wert in Kategorien von Zuneigung oder Abneigung interpretiert. Was mir gefällt, ist etwas wert; was mir nicht gefällt, kann weggeworfen werden. Reagieren tritt an Stelle von Sehen. Es gibt keinen Wert außer Mögen und Nicht-Mögen – ich bin »Lust« oder ich bin »Unlust«. Im Geteilten Selbst sind meine Begierden, meine Ambitionen, meine Ängste und Bedürfnisse. Wert ist jetzt bloß: »Ich möchte«. Es gibt kein »Ich wünsche«. Im Zentrum stoßen wir dann auf die große Gefahr des Egoismus', der jeden Willen, außer meinem eigenen leugnet. Dann heißt es: »Ich verlange«, »es ist mein Recht«, »alles ist für mich da.« Das ist der Zustand des »Ich«, wenn es im Zentrum eingeschlossen ist. Wenn das Zentrum des Selbsts sich zu öffnen beginnt, wird das »Ich« zu einem offenen Wunsch fähig. Das ist nicht mehr egozentrisches Wollen, sondern der Wunsch, der annimmt und empfängt. Wenn »Wunsch« und »Können« harmonisiert sind, dann erst »Bin Ich«. Das ist die Vereinigung des männlichen und weiblichen Prinzips in unserer eigenen Natur. Das erlaubt uns eine weitere Formulierung für das »Ich«, nämlich: »Ich« bin die Vereinigung von »ich kann« und »ich wünsche«. Offensichtlich ist diese Vereinigung für jedes menschliche Wesen möglich, in dem die Kraft »zu wünschen« und »zu können« als Same vorhanden ist.

Das Symbol in dieser Abbildung müssen wir uns eigentlich drei-dimensional vorstellen. Die gepunkteten Linien verlaufen in einer anderen Ebene als jener, die Geist und Materie enthält, vertikal nach oben und unten. Die vier Hauptelemente lassen sich in einer Tetrade so darstellen:

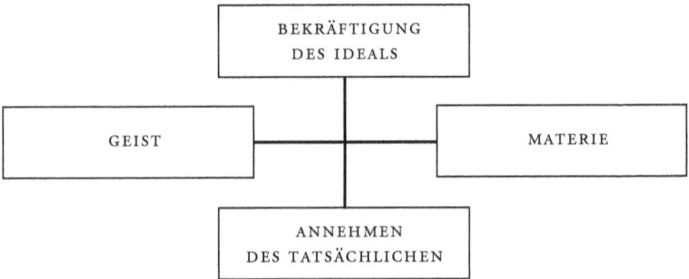

```
                ┌─────────────────────┐
                │    BEKRÄFTIGUNG      │
                │     DES IDEALS       │
                └─────────────────────┘
┌──────────────┐          │          ┌──────────────┐
│    GEIST     │──────────┼──────────│   MATERIE    │
└──────────────┘          │          └──────────────┘
                ┌─────────────────────┐
                │     ANNEHMEN         │
                │  DES TATSÄCHLICHEN   │
                └─────────────────────┘
```

Tetrade des Willens

Geist und Materie werden hier als Wirkungsfeld des Willens sichtbar, sozusagen im Gleichgewicht zwischen dem männlich-bekräftigenden und dem weiblich-empfangenden Prinzip.

Damit wird angedeutet, dass im vervollständigten Symbol der Zustand des »Ich« keine Frage des Platzes oder der Stufe ist. Es ist sehr wichtig, das zu verstehen. Wie bereits gesagt, ist es höchst selten, dass ein Mensch vollkommen vergeistigt wird. Der vergeistigte Mensch, dessen Selbst mit der fünften Stufe verschmolzen ist, oder der Heilige sind rar. Noch seltener sind die Propheten und Sendboten, deren geistige Essenz überhaupt von jenseits dieser Erde stammt. Soll man daraus folgern, unser Schicksal sei gewissermaßen reduziert? Wenn Sie und ich keine Aussicht haben, Heilige zu werden, so scheint es, dass unsere Möglichkeiten, zu nützlichen Menschen zu werden, begrenzt sind. Das ist wahr, wenn wir die menschliche Bestimmung nur im Rahmen des materiellen und geistigen Wirkungsfeldes sehen. Wenn wir sie hingegen unter dem Aspekt von »Ich« und Wille betrachten, ändert sich das Bild. Dann zählen groß und klein nicht mehr; jeder ist fähig zur Tat, die verwirklicht. In der Harmonie der Schöpfung ist die kleine Tat so bedeutungsvoll wie die große. Die Wirklichkeit – der Zweck der ganzen Schöpfung – wird aus vielen kleinen Taten geschmiedet. Jede Tat, jede Handlung, die wahrhaft eine Vereinigung des Geistigen mit dem Materiellen darstellt, ist wirklich. Jedermann ist zu dieser Tat fähig. Wie klein sie auch sein mag, ist sie doch von unendlicher Bedeutung, verglichen mit bloßer Aktivität, die keine Vereinigung von Geist und Materie bewirkt. Ich gebrauche das Wort »unendlich« nicht figurativ. So wie ein fester Gegenstand unendlich massiver ist als eine Oberfläche, so hat eine wirkliche Tat unendlich mehr Gewicht als bloße Aktualisierung.

Das ist die Geschichte vom Scherflein der Witwe [Markus 12.23]. Der Nachhall ihrer Tat klingt noch immer durch die Geschichte, so dass die Menschheit niemals vergessen kann. Und doch war es eine kleine Tat, in materieller wie in geistiger Hinsicht. Weder war sie eine besonders geistige Frau, sonst wäre ihre Rolle eine andere gewesen; noch war sie stark in der materiellen Welt, denn sie hatte nur einen Heller zu geben – aber sie hatte die *Tat.* Sie war fähig, ohne Rückhalt alles zu geben, was sie hatte. Das ist wirkliches Tun. Mit Vorbehalt geben, was gerade bequem ist, ist keine Tat, die das »Ich« zum Zentrum zieht, sondern stärkt eher die niedrigen Teile des Selbsts.

Es gibt so viele Arten des Gebens! Jedes Selbst hat seine eigene Art des Gebens. Nur das Geben ohne Reserve, ohne Hoffnung auf Gegenleistung ist eine Tat, ist wirklich. Das bezieht sich nicht nur auf helfendes Geben. Alles, was ein Mensch tut, kann den Charakter einer freien Tat haben. Danach sollten wir streben, dass das, was wir tun, frei ist und dadurch wirklich wird. Eine Handlung wird zur Tat, wenn die größtmögliche Qualität eingeht, die mit der vorhandenen Quantität vereinbar ist.

Das führt zu einer Frage, die für uns Durchschnittsmenschen nicht minder wichtig ist wie für Philosophen und Theologen und die sich sicher jeder von uns schon einmal gestellt hat: Gibt es freien Willen, oder gibt es ihn nicht? Wir *scheinen* frei zu sein. Wir *müssen* frei sein, wenn wir Verantwortung tragen sollen. Es wäre sinnlos, Fragen zu stellen und Antworten zu suchen oder sich überhaupt über irgendetwas Gedanken zu machen, wenn wir nicht fähig wären, aus eigenem freien Willen die Folgen unseres Tuns zu beeinflussen. Und dennoch müssen wir erkennen, dass der Mehrzahl unserer Handlungen kein Akt des Wählens zu Grunde liegt und sie nicht »frei« genannt werden können. Selbst wenn uns die Möglichkeit der Wahl bewusst wird, finden wir uns doch immer wieder auf der Seite, die die stärkste Anziehung auf uns ausübt. Wenn uns solche Gedanken ergreifen, geraten wir in Verwirrung. Welche Bedeutung haben die Worte: »Ich kann«, wenn das, was ich tue, so offensichtlich das Ergebnis von Einflüssen ist, die ich nicht selbst geschaffen habe?

Mehr brauche ich dazu nicht zu sagen, weil wir hier Psychologie studieren, und nicht Philosophie. Wir sind überzeugt, dass Verantwortung und deswegen Freiheit wirklich sind. Zugleich müssen wir feststellen, dass wir unsere Handlungen fast immer aus äußeren Ursachen und Einflüssen erklären können. Dieser manifeste psychologische Widerspruch behelligt uns gewöhnlich nicht. Warum nicht? Weil wir fühlen, dass er irgendwo an der Pointe vorbeigeht. Die Lösung des Problems lässt sich mit unserem Symbol in seiner erweiterten Form leicht darstellen. Die Lösung, die ich Ihnen anbiete, kommt der des Thomas von Aquin recht nahe.[41] Aber ich habe einen Punkt hinzugefügt, der mir für die Vollständigkeit des Arguments wesentlich scheint. Die Grundlage sind drei Unterscheidungen, die wir bei genauem Hinsehen in unserer eigenen Erfahrung entdecken können:

1. Geist und Materie
2. Wille und Sein
3. Bekräftigung und Empfänglichkeit (Affirmation und Rezeption)

Die Unterscheidung zwischen Geist und Materie haben wir behandelt und können sie in ihren verschiedenen Manifestationen erkennen: Wert–Faktum, Qualität–Quantität, geistige Essenz–materielle Essenz, Geist–Körper. Diesen gegensätzlichen Kräften ist unser Selbst ständig ausgesetzt. Die Einflüsse beider Seiten sind in Form und Intensität ganz verschieden. In ihrer Gesamtheit stellen sie unser Handlungsfeld dar.

Die zweite Unterscheidung habe ich noch nicht erwähnt. Sie betrifft die zwei Paare von Dreiecken. Geist und Materie sind beides Manifestationen des Seins. Sein hat verschiedene Grade; von der reinsten Geistigkeit bis zur gröbsten Materialität gehört alles zum Sein. Was ist, ist Sein. Wille ist in seinem Wesen grundverschieden. Er kann nicht verschiedenen Ebenen zugeordnet werden. Die Unterscheidungen im Bereich des Willens beziehen sich

---

41. Die Lösung des Thomas von Aquin findet sich in seiner Abhandlung *De Malo, Über das Böse*, vor allem unter Frage Nummer 6. Eine allgemeinere und einführende Darstellung bietet *Summa contra Gentiles*, Kapitel 48. Ich stütze mich ebenfalls auf *The Philosophy of St. Thomas Aquina* von A.D. Sertaillanges, Paris 1940.

auf die *Intensität* des inneren Zusammenhangs. Wir sprechen von einem starken Magnet und einem schwachen, von einer starken oder schwachen Kette. Die Stärke oder Schwäche des Willens hat damit Ähnlichkeit, wobei jedoch ein Vergleich aus der Welt der Gegenstände nur ein vager Hinweis sein kann. Wille kann auch als die Fähigkeit beschrieben werden, die Dinge so zu nehmen, wie sie sind. Dieselbe Situation sieht einer verschwommen und macht Fehler, ein anderer sieht sie klar und urteilt korrekt.[42] Schließlich können wir sagen: »Wille ist die Macht zu tun.« Wenn wir diese drei Formulierungen zusammennehmen und zu verstehen versuchen, was sich hinter den Worten verbirgt, wird vielleicht deutlich, was ich mit der Aussage ausdrücken will, dass Wille etwas vollkommen anderes ist als Sein.

Die dritte Unterscheidung ist die zwischen Bekräftigung und Empfänglichkeit. Im Angesicht jeder Situation ist es möglich, aktiv oder passiv zu sein. Aber dies ist eine ziemlich ungenaue Art der Differenzierung.[43] Wir können uns »waffnen gegen eine See von Plagen« oder uns fügen, »die Pfeile und Schleudern des wütenden Geschicks erdulden«. Hamlets Dilemma ist – wie wir nur zu gut wissen – unser aller Dilemma. Aber Hamlet sah die Lösung nicht, andernfalls gäbe es keine Tragödie. Es ist offensichtlich, dass manche Situationen Bekräftigung verlangen und es in anderen auf Empfänglichkeit ankommt.

Diese drei Begriffspaare stecken das Feld unserer Freiheit und Verantwortung ab. Weil wir zwischen verschiedenen Einflüssen stehen – geistig und materiell –, sind wir mit der Möglichkeit der *Wahl* konfrontiert. Weil wir fähig sind zu sehen und zu urteilen, können wir wählen. Weil unser Wille die doppelte Qualität der Bekräftigung und der Empfänglichkeit besitzt, können wir die Wahl in Tun übersetzen.

Die Macht zu sehen, zu urteilen und zu tun, wohnt im »Ich«. Diese Macht ist das dritte Element, das die Seele vervollständigt. Die anderen beiden sind die materiellen und geistigen Naturen oder die niedrigeren und höheren Teile des Selbsts. Wenn »ich bin«, dann ist die niedrigere mit der höheren Natur in der Seele verschmolzen. Die Seele ist die Wohnung des »Ich«. Hier müssen

42. Der Zusammenhang zwischen Wille und Aufmerksamkeit und Entscheidung wird diskutiert in *The Dramatic Universe*, Band II, Seiten 73–75.

43. Dies wird ausführlich diskutiert im Kapitel *Will and the Triad* in *The Dramatic Universe*, Band II, insbesondere in den Abschnitten 11.27.6 und 11.27.7.

wir sein, wenn wir unsere Freiheit haben und ausüben wollen. Zum Wahren Selbst der Menschen gehört die kreative Energie. Sie ist die Energie, die die Seele erschafft, sie ist das direkte Instrument des »Ich«. Durch die schöpferische Energie kann das »Ich« tun. Sie ist jenseits des Bewusstseins. Eben darum kann sie sich so eng mit dem Willen verbinden. Wenn sie uns bewusst wäre, würden wir »Wille« und »Tun« getrennt erfahren. Doch wir können problemlos nachprüfen, dass sie eins sind. Sie sind eins, weil die schöpferische Energie Urteil direkt in Tun übersetzen kann, ohne irgendeinen Zwischenschritt. Eine Konsequenz ist, dass wir tun können, ohne uns dessen wirklich bewusst zu sein. Wenn ich zum Beispiel eine echte Willensentscheidung treffe, eine bestimmte Handlung zu einer bestimmten Zeit auszuführen, so werde ich mich bei deren Ausführung ertappen, bevor es mir überhaupt zum Bewusstsein kommt. Bei der Visualisationsübung »Etwas in den nächsten Tag legen« haben viele von Ihnen diese Erfahrung bereits gemacht.

Dies ist nur ein Aspekt, unter dem uns diese Ideen hilfreich sein können. Ich möchte Ihnen zeigen, wie man sie gebrauchen kann, um unser Leben besser zu leben. Aber erst muss ich noch mehr zur Seele sagen.

Als ich über den Punkt in der Mitte sprach, sagte ich, dass er sich zu einer Sphäre ausdehnen könne, das heißt, dass unsere Seele wachsen kann. Um zu wachsen, muss sie Nahrung erhalten, und die kommt aus unseren Taten. Es ist das »Ich«, das die Seele nährt, das Haus baut und es in Ordnung bringt. In dem Maße, in dem die Seele wächst, kann sie mehr und mehr in sich aufnehmen. Das kann in unserem Symbol durch konzentrische Kreise ausgedrückt werden.

Die vier Kreise stellen die vier Stadien dar, die die menschliche Seele erreichen kann. Der innerste Kreis repräsentiert den Zustand, wo ein Mensch sich selbst gefunden hat und sagen kann: »Ich bin.« Dieses Stadium bedeutet nicht Freiheit von Egoismus, oder anders gesagt, es ist nicht notwendiger Weise eine gute Seele; aber sie ist stark und nicht von den niedrigeren Teilen des Selbsts beherrscht. Das zweite Stadium ist die Vereinigung des männlichen und des weiblichen Prinzips. Diese Seele ist frei von innerem Konflikt; aber sie ist immer noch den Begrenzungen ihres eigenen materiellen und geistigen Musters unterworfen. Sie hat noch keine universale Qualität. Die dritte Stufe ist die mitfühlende Seele. Sie

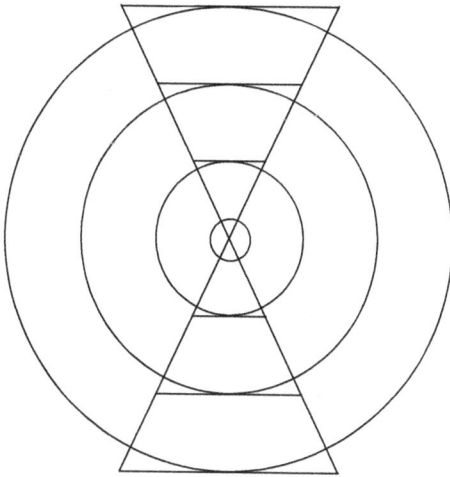

Die vier Stadien der Seele

ist so groß und stark geworden, dass sie alles in sich aufnehmen kann. Sie liebt Freunde und Feinde, Bekanntes und Fremdes gleichermaßen. Aber sie ist sich auch der Kluft bewusst, die sie vom vollkommen reinen Geist trennt, der von der obersten Linie repräsentiert wird. Der letzte Kreis bezeichnet die Seele im Zustand der Vereinigung – wenn sie fähig geworden ist, Gott zu begegnen, und Ihn in ihrem Inneren findet. Hier kommen wir in den Bereich vollkommener Reinheit, den wir vielleicht mit der Jungfrau Maria in Verbindung bringen können. Das Symbol bezeichnet hier einen sehr wichtigen Punkt: die Vereinigung vollkommener Materie mit vollkommenem Geist in der Jungfrau Maria. Sie war eine Frau mit einem Körper wie jede andere Frau, und sie war – und ist – gleichzeitig universal in ihrer Spiritualität, die gesamte Schöpfung überschattend, die sie vor Gott vertritt.

Sie erinnern sich an die drei »Wohnstätten«, von denen ich neulich sprach. Der zweite Kreis heißt in der Sufi-Terminologie *beit al-muharrem,* der geheime Ort der Vereinigung von Mann und Frau. Der dritte, die *beit al-mukaddes,* ist die gesegnete Stätte der Seelenbegegnung. Der vierte, die *beit al-mamour,* ist die Stätte des Göttlichen Beschlusses, wo die Seele Gott begegnet und Seine Gebote empfängt. Diese vier Stadien der Seele sind unter verschiedenen Namen von Mystikern und Visionären beschrieben worden, die ihre Realität erfahren haben.

Für uns ist vor allem die *Begegnung* wichtig. Begegnung heißt ein Zusammentreffen mit wirklichem Kontakt. Dazu ist nicht das Selbst, sondern nur die Seele, in der das »Ich« wohnt, fähig. Auf den unteren Ebenen des Selbsts vollzieht sich der Austausch auf verschiedene Arten, in erster Linie jedoch über die Sinne. Wir sehen und berühren einander, wir sind sensitiv und reagieren aufeinander. Die Leidenschaften des Geteilten Selbsts bewegen uns. Aber in all dem kommt es zu keiner wirklichen Begegnung, keinem echten gegenseitigen Erkennen zweier Menschen. Aus diesem Grund sind die niedrigeren Selbste einsam. Sie sehnen sich nach Kontakt, zu dem sie nicht fähig sind. Der Ort des Kontaktes ist das Wahre Selbst; aber wenn der Egoismus auf dem Thron sitzt, finden nur die Einlass, die auf Händen und Knien kriechen. Das ist kein Kontakt. Tatsächlich gibt es in der ganzen Schöpfung nichts einsameres als den Egoismus; er weist Gott und Menschen gleichermaßen zurück.[44] Wenn aber das »Ich« im Wahren Selbst eingezogen ist, wird ein vollkommen anderer Kontakt möglich, ein Kontakt zwischen Willen, nicht nur zwischen Instrumenten.[45]

Dieser Kontakt zwischen Willen, der weder Materie noch Geist braucht, ist das, wonach wir uns alle sehnen – aber der Preis ist, dass der Egoismus aus dem Zentrum entfernt ist. Wir sind soweit davon entfernt, dass dies einer anderen Welt anzugehören scheint – und doch gibt es Augenblicke, wo wir es erfahren. Es kann vorkommen, dass wir unversehens einem anderen Menschen ohne Egoismus in die Augen blicken. Wir erkennen eine andere Seele und wissen im selben Moment, dass auch wir erkannt und angenommen wurden. Aber schon im nächsten Moment ist der Egoismus wieder da und verdirbt alles. Aber eines Tages werden wir solche Momente länger halten können – vielleicht zwischen

44. In Dantes *Inferno* herrscht auf der niedrigsten Ebene eisige Unbeweglichkeit. Die Seelen können nichts sehen, weil die Tränen in ihren Augen zu Eis gefrieren. Luzifer, Verkörperung des Egoismus', hat drei Münder, aber drei Viertel seines Körpers sind in Eis und Schnee eingeschlossen. Niemand kann sich ihm nähern, und er kann niemand sehen außer sich selbst. Er schmeckt noch nicht einmal die egoistischen Seelen, die er in seinen drei Mündern zermalmt.

45. Auch das ist in der *Göttlichen Komödie* dargestellt (Canto XXI 70–93). Auf das Gebet, das Dante an Beatrice richtet, erwidert sie lächelnd: "Poi si torno all' eterna fontana" [»Dann schaute sie zurück zur ew'gen Quelle«], um zu zeigen, dass ihre Vereinigung im Willen Gottes ihren Ursprung hat.

Mann und Frau oder zwischen wahren Freunden. Solche Begegnungen lassen uns ahnen, dass das Leben eine leere Hülle ist, wenn nicht das »Ich« in der Seele wohnt, das dem Anderen begegnen, ihn erkennen und annehmen kann.

Ich brauche wohl nicht hinzuzufügen, dass dies wenig mit hohen geistigen Qualitäten zu tun hat. Die bescheidenste Seele kann der größten ohne Angst und Scham begegnen. Wir begegnen der großen Seele, die die ganze Welt lieben kann, nicht oft – aber die Qualität echter Begegnung erfahren wir dennoch und lernen daraus, dass das »Ich« des Menschen keine Stufe hat, weder groß noch klein. Die Macht des »Ich« liegt in seiner Kraft, die Einheit von Geist und Materie und die Vereinigung von Seelen zu bewirken und zu erhalten.

Die letzte und entscheidende Begegnung ist die mit Gott. Erst dann erfahren wir, wer wir sind, und alle Geheimnisse werden offenbar. Dann steht die Seele vor einem absoluten Richter, und die Freiheit getrennter Willen ist vorüber. Der Wille muss Gott entweder ganz und gar annehmen, oder er bleibt zum Zustand der Trennung und Hilflosigkeit verdammt.

Ich habe noch nicht genug über die zweifache Natur des menschlichen Willens gesagt. Vielleicht kommen wir darauf zurück, nachdem Sie Ihre eigenen Bebachtungen angestellt haben werden.

* * *

Das war der letzte Tag des Sommerkurses. Die praktischen Aufgaben waren beendet, und der Rest der Zeit stand für Diskussionen zur Verfügung. Es wurde so viel gesagt, dass ich die Beiträge kürzen musste. Manchmal entfernte sich das Gespräch weit vom Thema der spirituellen Psychologie.

Aber es zeigte sich deutlich, dass die Teilnehmer dem Verständnis der dreifachen Natur des Menschen wirklich einen Schritt näher gekommen waren. Die Diskussion begann mit einer Frage, welche Haltung wir gegenüber der »materiellen Welt« haben sollten.

* * *

Frage: Ihr Symbol geht von außen nach innen. Bisher sah ich es als Oben und Unten, unten die sichtbare Materie, die am weitesten von Gott entfernt ist. Die meisten religiösen Lehren präsentieren die Materie als etwas Niedriges und Verwerfliches, und ich glaube auch Bapak Subuh sagt, die Materie sei satanisch und die materielle Seele könne auch als satanische Seele bezeichnet werden. Stimmen Sie mit dieser Herabsetzung der Materie überein?

Bennett: Es ist zweifellos unchristlich, die Materie als teuflisch zu betrachten. Im ersten Kapitel der Genesis heißt es: »Und Gott sah alles, was Er gemacht hatte; und siehe, es war sehr gut.«

Ich habe ausgeführt, dass das Symbol von Geist und Materie das Feld bezeichnet, in dem Gott und der Mensch – als Gottes Stellvertreter – ihre schöpferische Arbeit tun. Richtig ist, dass es eine gerichtete »Bewegung zwischen innen und außen gibt. Die Materie, die sichtbare Materie, ist die äußere Welt. Aber das heißt nicht, dass sie schlecht sei oder minderwertig. Sie ist notwendig für das Gesamtgleichgewicht der Schöpfung und kann deswegen an sich nicht schlecht sein.

Für uns Menschen ist der Körper die unmittelbare Manifestation der materiellen Welt. Er ist unverzichtbares Instrument und notwendige Bedingung unserer Vervollständigung. Durch den Körper vollbringen wir unsere Taten. Absichten, die nicht zu Handlungen führen, sind selbstzerstörerisch. Es heißt, der Weg zur Hölle sei damit gepflastert. Ohne materielle Formen ist die Schöpfung so wenig vollständig, wie es der Mensch ohne Körper wäre. Der Mensch ist ein einheitliches Ganzes: Körper, Geist und Seele. Die Seele kann ohne den Körper überhaupt nicht, und ohne den Geist nicht richtig handeln. Sie kann ihren Zweck, die Verbindung von Geist und Materie, ohne Körper nicht erfüllen, der ihr die Welt der Materie zugänglich macht. Deswegen ist die Wiederauferstehung des Fleisches ein wesentlicher Teil des christlichen Glaubens. Das erscheint paradox, aber bei näherem Nachdenken werden Sie erkennen, dass der Glaube an Leben nach dem Tode ohne den Glauben an die Wiederauferstehung einen stofflichen Dualismus impliziert, der der Dreiheit Körper–Geist–Seele widerspricht. Wie die Philosophen über die Jahrhunderte schmerzvoll erkennen mussten, kann die Trennung nie aufgehoben werden, wenn wir den Dualismus nicht überschreiten. Eine Diade von Geist und Körper, wie sie in den meisten spirituellen Glaubensrichtungen unterstellt wird, kann nicht richtig sein, weil es keine Möglichkeit der Kommunikation zwischen Geist und Materie gibt – im Leben nicht, und schon gar nicht, wenn der Körper gestorben ist. Die Trennung kann nur überwunden werden, sofern es ein drittes »Etwas« gibt, das sie zusammenhält. Das »Dritte« ist die Seele. Aber die Seele ihrerseits ist hilflos ohne Geist und Materie.

Betrachten wir es noch von einer anderen Seite. Die sichtbare Welt ist wunderbar und Ehrfurcht gebietend. Je mehr die Wissenschaft enthüllt, um so stärker sind wir von ihrer ungeheuren Größe, der grenzenlosen Mannigfaltigkeit, der erstaunlichen Schönheit und Harmonie ihrer Gesetze überwältigt. Wir können deshalb eine Welt nicht verachten, ohne unseren direktesten und innersten Empfindungen Gewalt anzutun. Wie oft haben wir in unseren Herzen das Echo jener Hymne vernommen, die lautet: »... und nur der Mensch ist unvollkommen.« Es ist nicht die Materie, sondern der Mensch, der Zeugnis für satanische Kräfte ablegt.

Das Wesentliche ist, dass Geist und Materie weder gut noch schlecht sind. Gut und Schlecht wohnen ausschließlich im Willen. Es gibt gute und schlechte Taten, indifferente und bloße Aktualisierungen. Wir haben gesehen, dass der rechtmäßige Platz unseres Willens – unseres »Ich« – im Zentrum der Seele ist. Wenn dieses sich vom Zentrum absondert, sündigt es. Egoismus ist der Ansatzpunkt der Materie. Weil wir Macht über die Materie haben, *kann* sie unseren Egoismus nähren: Wenn unser »Ich« die äußere Welt der Materie zu seinem Aufenthaltsort wählt und sein Vertrauen auf materielle Dinge setzt, dann und nur dann können wir es als satanisch bezeichnen.

Bapak Subuh hat nie gesagt, die Materie sei teuflisch, sondern die materielle Seele. Ich denke, dies ist nicht schwer zu verstehen. Der Mensch sollte Herr der materiellen Welt sein, nicht ihr Sklave. Wenn er versucht, durch die Materie Macht zu gewinnen, wird er zu ihrem Sklaven, dann »verkauft er«, wie es heißt, »seine Seele an den Teufel«.

Die Schwierigkeit liegt nicht in der Materie, nicht einmal im Genießen der materiellen Welt. Wenn Gott sah, dass es gut war, dann sollten auch wir sehen, dass es gut ist. Und was gut ist, ist Grund zur Freude. Es ist möglich, Freude in der Tat zu finden. Die Schönheit der Natur wahrzunehmen, kann eine Tat sein. Wir sprechen von einem »Akt der Verehrung«. Alles, was wir tun, kann zu einem Akt der Verehrung werden. Für den Willen gibt es kein Höher oder Tiefer, nur richtig und falsch. Sorgsam mit einem Raum oder einem Kleidungsstück umgehen, sich an der Natur freuen oder an Frau und Kindern, ohne davon versklavt zu werden, ist richtiges Tun. Jedes richtige Tun ist ein Akt der Verehrung.

Frage: Sollte eine Tat in Ruhe ausgeführt werden?

Bennett: Innere Ruhe ist eine notwendige Bedingung des Urteilens. Ohne Urteil können wir nicht tun. Ohne Sehen können wir nicht urteilen. Ohne inneren Frieden können wir nicht sehen. Das ist mit unvoreingenommenem Urteil gemeint.

Frage: Was meinen Sie mit Erfahrung der Wirklichkeit?

Bennett: Wirklichkeit erfahren wir in der Begegnung. Wir müssen lernen, was Begegnung heißt. Hier können wir mit Wirklichkeit in Berührung kommen. Der Wunsch nach Wirklichkeit wird genährt, wenn wir die geistige Qualität, die in einem solchen Moment gegenwärtig ist, bewusst erkennen. Nur in einer begrenzten Zahl von Situationen kann Erkennen durch Denken hervorgerufen werden, und meistens handelt es sich dann um materielle Fragen. Zum Beispiel kann man feststellen, ob eine Reihe arithmetischer Kalkulationen korrekt ist oder nicht. Das ist ein materieller Vorgang, den eine Maschine genau so gut, wenn nicht besser, ausführen könnte. Aber den ersten Schritt, die Möglichkeit der Berechnung erkennen, den kann eine Maschine nicht tun; er erfordert etwas anderes. Manchmal liegt in diesem ersten Sehen eine große schöpferische Qualität. Wenn sie einem bewusst wird, erkennt man, dass durch das Sehen etwas geschaffen wurde, das sonst nicht da wäre. Wie erkennt man die erstaunliche Qualität eines solchen Aktes des Sehens? Durch eine Art inneren Spürsinn; etwas in einem ist fähig, der Wahrheit zu begegnen. Wenn das nicht in Ihnen ist, können Sie sie nicht erkennen.

Das »Ich« ist keine Sache von Hü und Hott, das nur »ja« und »nein« sagen könnte. »Ich« bedeutet viel mehr. Es kann sich des ausgefeilten Mechanismus' der verschiedenen Teile des Selbsts bedienen, vom Materiellen bis zum Wahren menschlichen Selbst. Das »Ich« ist der rechtmäßige Herrscher darüber. Dazu wird es nicht, wenn es nur sagt: »Das will ich, und das will ich nicht« und dem Mechanismus den Rest überlässt. Das ist keine Verwirklichung. Es muss etwas Schöpferisches dazukommen, etwas, das nicht geschehen würde, wenn »ich« das nicht wäre. »Ich« erschaffe die Tat. Ich glaube, dass es gerade wegen dieser schöpferischen Kraft im Menschen heißt: »Gott schuf den Menschen nach Seinem Bilde.«

Frage: Glauben Sie, dass auf jeder Ebene eine Wahl und eine ständige Begegnung erforderlich ist?

Bennett: Nein, das wäre unverhältnismäßig. Wenn die richtige Beziehung zwischen der geistigen und materiellen Natur hergestellt ist, ist das »Ich« an seinem Platz und alles vollzieht sich in Harmonie. Es ist keine Frage des Eingreifens, und gewiss muss dem »Ich« nicht jederzeit alles bewusst sein. Wenn ein Land einen guten und gerechten Herrscher hat, wird alles seinen rechten Gang gehen, er muss nicht über alles informiert sein. Aber diese Analogie ist nur bis zu einem bestimmten Punkt hilfreich; darüber hinaus wird sie irreführend. Es ist nicht die Aufgabe des »Ich« zu herrschen, indem es alles selbst erledigt. Es ist eher so wie mit dem chinesischen Tao: Wenn ein Weiser im Lande ist, das heißt ein Besitzer des Tao, wird das Land, obwohl er nichts tut, gut regiert. Aber er ist nicht der Herrscher.

Die kleinen Taten von Menschen, die ein Gleichgewicht zwischen ihrer geistigen und materiellen Natur gefunden haben und deren »Ich« seinen Platz in der Seele eingenommen hat, sind mitunter wunderbar. Das heißt nicht, dass hinter diesen Taten immer bewusste Absicht stehen muss. Aber wenn wir sie bemerken, dann begegnen wir diesem Menschen in seiner Tat. Eine kleine Geste, wie das Reichen eines Stückes Brot über den Tisch, kann wichtig und unvergesslich sein. Warum? Weil es ein Moment der Begegnung war. Wir treffen einen Fremden, nur für einen Augenblick, und es mag etwas Wirkliches geschehen. Man erkennt in diesem Moment, dass einem ein Mensch gegenübersteht, und weiß, dass er es in einem erkannt hat, man vom Anderen ebenso erkannt wurde. Es ist nur ein Augenblick, aber dennoch eine Begegnung zwischen einem »Ich« und einem anderen »Ich«.

Frage: Um auf die tierischen Impulse wie Machtstreben, Selbstbestätigung und so weiter zurückzukommen: Es gibt Momente, in denen wir zu Zeugen dieser Triebe in uns werden. Zum Beispiel des Wunsches nach Bewunderung oder Anerkennung oder wichtig zu sein und dergleichen. Man sieht, wie absurd es ist, und ist trotzdem hilflos ausgeliefert. Kann man in einem solchen Moment etwas tun?

Bennett: Das ist eine Situation, in der das »Ich« am falschen Platz ist. Es ist vom Reagierenden Selbst eingefangen. Unser Charakter reagiert auf eine Verletzung, sei sie real oder eingebildet,

oder auf die Möglichkeit, Macht auszuüben. Es besteht Sensitivität
gegenüber dem Stimulus und dem Bewusstsein der Reaktion.
Wenn das »Ich« so gefangen ist, sind wir hilflos. Der bekräftigende
Wille wird vom Selbst beherrscht wie ein Tier, das in der Falle
sitzt. Der einzige Ausweg besteht darin, uns dem empfangenden
Willen zu überlassen. Das tun wir durch Gebet. Sie müssen allerdings verstehen, dass Gebet nicht einfach eine weitere Reaktion
sein darf. Es muss ein Akt des Willens sein, ein »Loslassen«, wie wir
das in einer von Gurdjieffs Übungen kennenlernten. Dieses
Loslassen tief in unserem Inneren ist natürlich das, was im Latihan
von uns verlangt wird. Es ist ein positiver Willensakt, aber ein
empfangender und nicht ein bekräftigender.

Frage: Sie sprachen davon, dass so eine kleine Handlung wie das
überreichen von Brot zu einem unvergesslichen Akt werden kann.
Das erinnerte mich an die Jünger von Emmaus, die Christus nach
der Auferstehung an der Art erkannten, wie er das Brot brach. Besteht da ein Zusammenhang?

Bennett: Ja, in der Tat. Die unvergleichliche Kraft des irdischen
Lebens Jesu besteht ja eben darin, dass jede seiner Handlungen ein
Akt war, und niemals nur Aktivität.

Frage: Auch seine Reden?

Bennett: Warum nicht? Sicherlich auch seine Reden.

Frage: Ich habe mich oft gewundert, warum ihn die Jünger
nicht früher erkannten.

Bennett: Es ist der Unterschied zwischen Wissen und Sehen.
Erst wussten sie, dann sahen sie. Erst näherte er sich ihnen durch
Wissen, indem er ihnen die Schrift auslegte. Sie wurden im Herzen
berührt, aber noch sahen sie nicht. Das Vorkommnis erinnert uns
daran, dass wir der Realität nicht durch Wissen, sondern durch
Tun begegnen. Solange er sich darauf beschränkte, sie durch
Auslegung der Schrift zu belehren, wendete er sich nur an ihren
Verstand. Zwar ließen sie ihn nicht gehen, aber sie erkannten ihn
nicht. Sie sahen erst im Augenblick der Tat. Dadurch wurde der
Intellekt erweckt, und sie erkannten den wiederauferstandenen
Christus.

Frage: Allmählich verstehe ich, warum ich immer ein Gefühl von
Nicht-Wirklichkeit habe. Warum ist dieses Gefühl so beängsti-
gend? Liegt es daran, dass das »Ich« nie am richtigen Platz ist?

Bennett: Ein Mensch, dessen »Ich« nie am richtigen Platz war, ist sich der Gefahr nicht bewusst, er weiß nicht einmal, was das ist. Sie hätten diese Angst nicht, wenn Sie nicht eine Erinnerung an die Wirklichkeit in sich trügen, mit der Sie zeitweise den Kontakt verlieren. Diese Angst weckt Sie auf. Aber jene, die gesehen haben und sich nicht fürchten und deswegen den entscheidenden Schritt nicht tun, gehen in den Bereich, der als »äußere Dunkelheit« bezeichnet wird. Wenn man zu dieser Furcht fähig ist, so hat man den ersten Schritt getan. »Furcht vor Gott ist der Anfang der Weisheit.«

Die Angst des Ego ist etwas ganz anderes. Sie entsteht aus dem Gefühl der Leere. Es ist nicht die Angst vor etwas, sondern die Angst vor dem Nichts. Echte Furcht ist kostbar, denn solange sie in uns ist, verlieren wir nicht den Kontakt mit unserer Seele. Wenn der Mensch achtlos wird und die Gefahr nicht sieht, dann kann ihm Schlimmes zustoßen. Wahre Furcht ist nicht lähmend und ihrem Wesen nach etwas ganz anderes als animalische Angst.

Frage: Ist das »Ich« immer da, wenn das »Mir/Mich« abwesend ist?

Bennett: So kann man das nicht sagen. Ich habe vor allem den Egoismus herausgehoben, aber es gibt alle möglichen anderen falschen »Ichs«, die von unserer Einbildung Besitz ergreifen. Zum Beispiel mag ich der Überzeugung sein, ich könnte keine Milch trinken. Was hat das mit »Ich« zu tun? Ein kleiner Betrüger hat sich mit dem Reagierenden Selbst zusammengetan, und das zappelt nun herum und ruft: »Keine Milch, keine Milch!« Das ist nicht Egoismus, dafür ist es zu klein.

Frage: Aber es ist doch mein »Mir/Mich«, jedenfalls wenn ich mich betrachte.

Bennett: Ja, es ist mein »Mir/Mich«, aber es käme mir nicht zu Bewusstsein, wenn das »Ich« nicht damit verbunden wäre. Deswegen ist es so schwer zu verstehen, was mit »Ich« gemeint ist. Wo immer ein Wille ist, ist das »Ich«. Vielleicht würden Sie sagen, das ist Mögen, nicht Wollen; aber es wäre nicht unbedingt richtig zu sagen, »dieser Körper möchte«, weil es gar nicht zu stimmen braucht. Warum sollte man ihn verunglimpfen? Ich möchte. Aber das ist eben nicht der richtige Ort für das »Ich«.

Das »Ich« kann in Fragmente zersplittern oder zu einer Einheit zusammengefügt sein. Mit »Ich«-Stärke, dem »Ich kann«, ist die Einheit gemeint. Im menschlichen Zustand der Zersplitterung, wenn das »Ich« über das Selbst verstreut ist, ist es schwierig, zwischen dem »Ich« und dem »Mir/Mich« zu unterscheiden. Worüber Sie sprechen, ist die Situation, in der Sie aufgrund eines dieser kleinen Fragmente sich etwas Vollkommenerem, Stabilerem bewusst werden. Der vereinzelte Teil ist der Feind des Ganzen, von dem er sich abgespalten hat. In diesem Sinn hindern uns die Fragmente des »Ich«, uns der Realität des »Ich«, bewusst zu werden.

Unparteiliche Selbstbeobachtung kann uns nicht im Zweifel darüber lassen, dass wir nicht ein »Ich« sondern viele haben, solange wir von konfligierenden Bedürfnissen und unkontrollierten Reaktionen beherrscht werden und beliebigen äußeren Einflüssen wehrlos ausgesetzt sind. Der Mensch, der ein immer gleich bleibendes und im Zentrum verwurzeltes »Ich« hat, ist der transformierte Mensch, von dem wahrhaft gesagt werden kann, dass er ein Kind Gottes ist. Unter Millionen Menschen gibt es nur wenige, die so ein »Ich« haben. Aber wer es besitzt und seine Bedeutung für sich verstanden hat, der weiß auch, dass das »Ich« kein Werk des Selbsts oder des Geistes ist, sondern dass es durch Gott geboren wurde [Johannes 1.5]. Im wahren und vollen Sinn der Worte kann nur Gott sagen: »Ich bin, der Ich bin.« Wenn man das als Wirklichkeit erfährt, hat man einen sehr großen Schritt getan.

Bis dahin müssen wir im Zustand der Fragmentierung weiterleben, in dem es keinen stabilen Willen, kein dauerhaftes »Ich« gibt. Wir hoffen, dass wir uns auf dem Wege zur Herstellung der Einheit befinden. Es gäbe viel zu sagen über die Zersplitterung und das Zusammenfügen des »Ich«. Aber Begriffe wie »Zersplitterung« und »Zusammenfügen« erwecken den Eindruck, es handle sich um einen Gegenstand, der in Stücke gesprungen ist, oder um ein Bündel, von dem man das Band gelöst hat. Solche Bilder sind gefährlich, denn es ist sehr falsch, von einem »Teil des »Ich« zu sprechen. Es ist eher so, dass sich das »Ich« einem Teil des Selbsts anhaftet, während es der Herr des Ganzen sein sollte. Es ist die materielle Form, die zersplittert ist; und das »Ich« ist in ›Versuchung‹, sich einem dieser Fragmente zu überlassen. Jedes Mal, wenn das geschieht, nimmt das »Ich« das Wesen des Fragments an. Deswegen haben wir widerstreitende »Ichs« und konfligierende Willen, die dem Glauben an die Einheit des Menschen zu widersprechen scheinen. Nur wenn sich das »Ich« mit der schöpferischen Energie verbindet, erlangt es die Macht zu handeln. Dann und nur dann kann man davon sprechen, dass ein Mensch freien Willen hat.

Frage: Ich glaube zu verstehen, was Sie mit der »Welt der Wirklichkeit« meinen. Aber warum ist sie etwas prinzipiell anderes als die Erweiterung des Bewusstseins in die geistige Welt?

Bennett: Hier liegt die Ursache mancher Verwirrung. Die Sufi-Sprache hat zwei Begriffe für die Verfassung des Menschen: *hal,* das heißt »Zustand«, und *makam,* das heißt »Stufe«. Durch die Einwirkung einer geistigen Kraft kann man in einen Zustand erhoben werden, der höher ist als die Stufe der eigenen Entwicklung. Dies kann der Übergang sein von der Sensitivität zum Bewusstsein, wo ›Erleuchtungen‹ auftreten, die dem Verständnis zugänglich sind, oder der Schritt über das Bewusstsein hinaus in die Dunkelheit der schöpferischen Energie. Man nimmt das nicht direkt wahr, aber man fühlt eine Kraft in sich arbeiten und kommt zu der Überzeugung, dass es eine »Wirklichkeit jenseits des Bewusstseins« gibt. Diese Zustände können nie lange anhalten, weil die Seele nicht stark genug ist, sie zu ertragen. Es wäre nicht einmal wünschenswert, denn sie sind keine Bedingung des inneren Fortschritts. Sie gehen vorüber, aber wer einmal auf eine höhere Ebene erhoben wurde, ist verändert, weil er dort gewesen ist. Aber es ist nicht dasselbe wie *makam. Makam* bedeutet die Stufe, die ein Mensch tatsächlich erreicht hat; das entspricht dem, was ich das Wachstum der Seele nannte. Das eine ist die momentane Erhebung zu einer höheren Ebene der Geistigkeit. Wenn sie echt ist, ist sie eine Gnade Gottes. Das andere ist die Gewinnung einer inneren Statur, einer dauerhaften inneren Kraft. Sie wird durch einen Prozess der Transformation erreicht, den allmählichen Erwerb einer stärkeren Seele und eines einheitlicheren Willens. Der erste Zustand ist vorübergehend, der zweite dauerhaft. Ich sagte, »wenn er echt ist«, weil es auch unechte Zustände gibt, die durch einen unrechtmäßigen Gebrauch der psychischen Energien hervorgerufen werden. Sie können von einem selbst ausgelöst werden oder von einem bösen Geist, der den Menschen täuscht, indem er Merkmale des wahren Zustandes imitiert.

Als mir all das klar wurde, verstand ich, dass jemand, der eine hohe Stufe erreicht hat, nicht notwendigerweise immer in einem hohen Bewusstseinszustand sein muss. Ich stand solange vor einem Rätsel, bis ich erkannte, dass es zwei ganz verschiedene Verfassungen sind, von denen die Sufis sprechen.

Frage: Ich habe mich lange Zeit mit einem grundlegenden Missverständnis dieser Zusammenhänge herumgeschlagen, und zwar
liegt es in der Vorstellung, die ich von Umwandlung hatte. Ich
habe mir immer vorgestellt, dass Umwandlung darin bestehe,
Stoffe vom Fuß des Symbols zum Zentrum zu übertragen. Ich sehe
allmählich, dass das nicht die richtige Vorstellung ist, sie leugnet
das Recht der verschiedenen Bereiche, sie selbst zu sein, und erlaubt ihnen keine unabhängige Existenz. Diese Art der
Selbstentwicklung ist vielleicht das, was Gurdjieff »Kristallisation
der Folgen des unseligen Organs Kundabuffer« nannte. Unsere
Hoffnung ist das »Ich«, die kreisförmige Vergrößerung des »Ich«,
wie es im Symbol dargestellt ist, so dass alle untergeordneten
Bereiche miteinander in Harmonie kommen.

Bennett: Das ist fast richtig, genau darum geht es. Nur ist es
nicht das »Ich«, das durch die Kreise symbolisiert wird, sondern die
Seele, die wächst. Die Kreise repräsentieren die Seele, so wie die
Linien die Selbste repräsentieren. Bevor man das erkannt hat, ist es
schwer, zwischen Seele und Selbsten zu unterscheiden. Jedes Selbst
bleibt an seinem Platz; sie müssen weder hinauf- noch herunterge-
stuft werden. Aber die Selbste müssen unter die Obhut der Seele
gelangen. Es ist ein Unterschied, ob jemand eine große oder eine
kleine Seele hat. Der Mensch mit der kleinen Seele herrscht über
seine Diener vielleicht mit Gewalt. Die großmütige Seele nimmt
alle in sich auf und sorgt für sie. Das nennen wir Großmut.

Frage: Können wir auf diese Weise anderen helfen? Ist wirkliche
Hilfe überhaupt möglich? Ich meine geistige Hilfe im Unterschied
zur materiellen?

Bennett: Um zu geben, muss man haben. Wenn man materielle
Güter hat, kann man materiell geben; wenn man geistige Güter
hat, kann man auch geistig geben. Das ist die Lehre von der »Übertragung von Verdiensten«. Es ist eine sehr wichtige Lehre, die für
manche Menschen mitunter äußerst schwer zu verstehen ist. Sie
besagt, dass die Folgen eines positiven Aktes des »Ich« einer Person
auf jemand anders übertragen werden können, der ihrer bedarf.
Die Geschichte vom Tod des großen indischen Heiligen Ramakrishna ist dafür ein Beispiel. Ein Weltmann, ganz in materielle
Kräfte verstrickt, sah sich außerstande, Ramakrishnas religiösem
Gebot zu folgen, und die Große Mutter zu lieben. Er kam zu
Ramakrishna und bat ihn um seine Hilfe. Der Heilige erklärte sich

dazu bereit, wie er selbst berichtet, und nahm all die Sünden dieses Mannes auf sich. Er bekam Krebs und starb bald darauf. Ich bin sicher, in dieser Geschichte steckt eine wichtige historische Wahrheit; auf jeden Fall zeigt sie, was mit »Übertragung von Verdiensten« gemeint ist. Der Weltmann, ohne irgendwelchen eigenen Verdienst, wurde durch seine Bitte an Ramakrishna vor der Verdammnis gerettet, indem Ramakrishna seine überschüssigen Verdienste auf ihn übertrug. Er selbst aber musste mit seinem physischen Körper dafür bezahlen.

Der Glaube an die Übertragbarkeit von Verdiensten gehört auch zur christlichen Lehre. Es gibt religiöse Menschen, die ihr Leben ganz und gar dem Gebet widmen, um die Konsequenzen der Sünden anderer auf sich nehmen zu dürfen. Diese Doktrin mag seltsam anmuten, sie gründet sich jedoch auf einer Realität: Wenn die Seele stark und groß genug geworden ist, kann sie andere in sich aufnehmen. Der christliche Glaube lehrt, dass die Menschheit *als Ganzes* durch Christus erlöst wurde. Christus stieg in die Hölle hinab, und nur so konnte er seine Mission erfüllen. Aber trotz der Erlösung der Menschheit hören die Menschen nicht auf zu sündigen. Die Menschen, die einen Überschuss an Verdiensten haben, können dadurch für andere neue Möglichkeiten eröffnen. Wenn Sie diese Idee verstehen können, werden Sie auch akzeptieren, dass das wahre »Ich« des Menschen mit einer großmütigen Seele die negativen Bereiche betreten und dort wirksam werden kann.

Vielleicht kennen Sie die Geschichte von Francisco und Jacinta Abobora von Fatima in Portugal. Diese beiden Kinder und ihre Kusine Lucia hatten Visionen der Jungfrau Maria. Die Jungfrau prophezeite ihnen, und durch sie dem ganzen Land, das in der Neuzeit am besten bestätigte Wunder, das sich am 13. Oktober 1917 ereignete, als 70 000 Menschen Zeugen jenes unerhörten »Tanzes der Sonne« wurden. Diesen Kindern war von einem Engel und der Jungfrau Maria gesagt worden, dass sie durch ihre Gebete und absichtliches Leiden die Bekehrung von Sündern erreichen könnten. Sie waren erst acht und neun Jahre alt, und dennoch nahmen sie das leidvolle Leben freudig auf sich und starben nach zwei oder drei Jahren in der Gewissheit, direkt in den Himmel einzugehen. Es wurde ihnen versichert, dass wenn nur genügend Menschen darauf vorbereitet würden, auf dieselbe Art zu beten und zu leiden, Russland konvertiert und die Welt gerettet werden

Der »Tanz der Sonne« (oben); Jacinta (7), Lucia (10) und Francisco (9) in Fatima, Portugal, 1917.

könne. Obwohl sie so jung waren und in einem weltlichen Sinn unbedeutend, hat ihre *Tat* beträchtliche Konsequenzen gehabt, die wir noch nicht voll zu würdigen wissen.

Jedem von uns steht es frei, einen Teil der Bürde der Welt auf sich zu nehmen.

Es ist durchaus möglich, dass ein Mensch den Weg auf der Suche nach seinem eigenen Heil ziemlich allein geht, nicht in einem egoistischen Sinn, sondern im Gegenteil mit dem aufrichtigen Wunsch, allen Egoismus zu überwinden und sein Leben Gott zu widmen. Aber früher oder später wird ihm gezeigt werden, dass, wenn es ihm um Gott zu tun ist, er nicht vergessen darf, dass es Gott um die Welt zu tun ist, und nicht nur um ihn.

Wie Sie wissen, erklären gewisse östliche Lehren *Nirwana* zum Höhepunkt und Ziel der geistigen Entwicklung des Menschen. Nirwana ist der Zustand reiner Kreativität, aus dem alle äußeren Formen geschwunden sind, wo man aber auch keinen Anforderungen der geistigen Welt gegenübersteht. Nirwana ist ein Punkt der Stille, ein Punkt unendlicher Freiheit, ein nicht bedingter Zustand, der fälschlich für das Ziel gehalten werden kann. In diesem Zustand kann der Mensch erschaffen, was immer er will; aber es ist eine völlige Illusion zu glauben, das sei das Ziel des menschlichen Strebens. Wer dieser Illusion erliegt, schneidet sich von Gott ab. Die Wahrheit ist, dass Nirwana das Tor zur Wirklichkeit, aber nicht die Wirklichkeit selbst ist.

Frage: Als der verlorene Sohn zu seinem Vater zurückkehrte, bekam er Schuhe und machte sich wieder auf den Weg, er bleibt nicht dauernd bei seinem Vater. Wird damit gesagt, dass die Seele zur anderen Seite des Nirwana weiter gehen soll, um das Ziel der Evolution zu erreichen?

Bennett: Ja, ich bin sicher, dass es so ist. Wenn ich sage, die Welt der Wirklichkeit sei die Welt der Tat, dann meine ich, dass sie bestimmt nicht eine Welt ist, in der man sich hinsetzt und nichts tut. Es besteht Kontakt mit den Problemen, die aus dem Unterschied zwischen Geist und Materie, Quantität und Qualität, Form und Formlosem resultieren. All das muss ertragen werden, und das macht die Tat möglich. Wenn man es von sich wiese, wäre man an diesem zentralen Punkt festgefahren, und nichts würde verwirklicht. Die Vorstellung, dass Befreiung das Ziel der Existenz sei, das Entrinnen aus dieser ewigen Unvereinbarkeit von Geist und

Materie, ist eine Illusion. Es liegt etwas viel Bedeutsameres im menschlichen Schicksal.

Frage: Ich möchte noch etwas über die zwei Seiten des Willens erfahren, die Sie »Bekräftigung« und »Empfänglichkeit« nennen. Kann man auch sagen, dass es sich um einen aktiven und einen passiven Zustand des »Ich« handelt? Sind sie gleichermaßen wichtig, oder ist einer vorzuziehen? Es scheint die Frage zu sein nach »Unterwerfung« versus »Anstrengung«. Manche Leute sagen, dass es ohne Anstrengung keine Rettung gibt. Andere sagen, Anstrengung sei nutzlos, während wir durch Unterwerfung unter geistige Kräfte alles bekämen, was wir brauchen. Das scheint zu einer Streitfrage zwischen Subud- und Gurdjieff-Anhängern geworden zu sein, und ich wüsste gerne, was ihr zu Grunde liegt.

Bennett: Der erste Teil Ihrer Frage ist leicht zu beantworten. Die Unterscheidung zwischen Bekräftigung und Empfänglichkeit ist nicht die gleiche wie die zwischen aktiv und passiv. Aktiv und passiv beziehen sich auf Energien: Sensitivität ist aktiver als Automatismus, Begierde ist aktiver als Sensitivität; die schöpferische Energie ist die aktivste, die im Menschen vorkommt. Hitze ist die passivste Form der Energie. Die Unterscheidung zwischen Bekräftigung und Empfänglichkeit bezieht sich auf den Willen, nicht auf Energie.

Nun zu Ihrer Hauptfrage. Meine Einstellung hierzu ist sehr klar. Sowohl der bekräftigende als auch der empfangende Wille sind zu unserer Rettung notwendig. Aber es gibt einen dritten Willen, von dem ich bisher nicht gesprochen habe: den versöhnenden Willen, der der Wille Gottes ist. Er erscheint nicht zu unserem Schema, weil wir keine Macht darüber haben. Dennoch könnte nichts ohne ihn geschehen. Durch diesen dritten Willen manifestiert sich die Göttliche Omnipotenz. Der Mensch kann nur bekräftigen oder annehmen. Er kann weder Gesetze machen, noch sich von ihnen entbinden. Diese Kräfte stehen nur Gott zu Gebote, Der den Menschen manchmal erlaubt, sie auszuüben. Das ist das eigentliche Geheimnis der Freiheit.[46] Ich sage das, damit Sie wissen,

46. Dies war lediglich eine kurze Aussage, da ich nicht in längere Erklärungen verfallen wollte. Die sechs Kapitel über den Willen und die Triade in *The Dramatic Universe,* Band II, behandeln dieses Thema ausführlich aber abstrakt. Ich hoffe, eines Tages zeigen zu können, wie diese Ideen bei der Lösung der meisten Probleme im Zusammenhang mit dem Willen hilfreich sein könnten.

dass der Mensch nie allein ist. Sein »Ich« kann bekräftigen oder annehmen, aber nichts kann ohne Gott geschehen, denn eine *Tat* kann es ohne den dritten, den versöhnenden Willen nicht geben.

Lassen Sie uns nun zu den beiden Arten des Wollens zurückkommen, die uns Menschen möglich sind. Sie fragen nach Anstrengung und Unterwerfung. Erst müssen wir verstehen, was »Anstrengung« bedeutet. Es ist die Einwirkung einer Energie auf eine andere. Zum Beispiel kann die Energie des Bewusstseins auf die sensitive Energie wirken. In psychologischen Begriffen gesagt, kann ein Bedürfnis eine Reaktion unterdrücken. Wiederum wirkt die sensitive Energie auf die automatische Energie des Organismus, wenn wir unseren Körper gebrauchen, um zu empfinden, zu fühlen, uns zu bewegen, zu denken, uns zu erinnern. Indem ich von meiner Macht zur Bekräftigung Gebrauch mache – das heißt, den bekräftigenden Willen einsetze –, bringe ich die passivere Energie mit der aktiveren in Kontakt. Zum Beispiel kann ich mir vornehmen, meine Reaktionen unter Kontrolle eines Bedürfnisses zu bringen, etwa das Bedürfnis, von anderen bewundert und geschätzt zu werden. Das ist ein »Willensakt«, der die Unterdrückung einer spezifischen Reaktion zu Folge haben wird, vielleicht die Angewohnheit, Zeit zu verschwenden. Wenn ich das tue, empfinde ich Spannung und nenne das »Anstrengung«. Das zeigt sich noch deutlicher im Falle von physischer Anstrengung, wo ich die automatische Energie unter den Einfluss der sensitiven Energie bringe. Wenn ich an einem Wettrennen mitmache, hefte ich meine Aufmerksamkeit auf den Sieg und die sensitive Energie aktiviert die automatische, bis diese erschöpft ist. Wenn ich dann die animalische Energie der Begierde mobilisiere, kommt es zu einem zweiten Energieschub. Wenn es mir gelingt, die schöpferische Energie des Wahren Selbsts ins Spiel zu bringen, kann ich sogar meinen Körper töten. Das ist Anstrengung, Super-Anstrengung und Super-Super-Anstrengung.

Die Quelle der Anstrengung kann der Egoismus, aber auch das »Ich« sein. Es ist besonders gefährlich, wenn der bekräftigende Wille in Egoismus verstrickt ist, weil er sich die Kräfte des Selbsts dienstbar machen kann, um seine Bedürfnisse und Begierden zu befriedigen. Aber daraus folgt natürlich nicht, dass der bekräftigende Wille ein »schlechter« Wille wäre. Das kommt sehr schön im ersten Kapitel der Genesis zum Ausdruck. Gott verlieh Adam Macht über alle andren Geschöpfe auf Erden, um sie in Seinem Dienste auszuüben. Gott – der versöhnende Wille – war mit ihm, und alles wäre gut gewesen, hätte es nicht jene böse Einflüsterung gegeben, nicht aus der materiellen, sondern aus der geistigen Welt – denn Satan ist ein geistiges Wesen –, der Mensch könne »sein wie Gott und wissen, was gut und böse ist«. Der bekräftigende Wille wurde erst dann böse, als er eine Macht zu usurpieren suchte, zu der er nicht befugt war. Aber es war nicht allein die Schuld Adams. Eva tat den ersten Schritt, indem sie den Köder »annahm«, den ihr die Schlange bot. Der männliche und der weibliche Wille wurden befleckt – das ist die Erbsünde.

Selbstverständlich ist der empfangende Wille ebenso wenig an sich böse. Eva war so rein wie Adam. Das wird in der christlichen Religion durch die Figur der Jungfrau Maria betont, die reiner empfangender Wille ist, unbefleckt von jeder Sünde. Diese überaus wichtige Doktrin löst viele Probleme. Zum Beispiel diskutierten Philosophen kürzlich die Frage, ob es ein logischer Widerspruch wäre, wenn Gott ein freies Wesen schaffte, das niemals sündigen würde – weil üblicherweise gesagt wird, Sünde sei die unvermeidliche Konsequenz der Freiheit. Die Frage ist für Christen einfach zu beantworten, denn die Jungfrau Maria ist eben solch ein Wesen; durch ihre freie Einwilligung in die Verkündigung hat sie die Inkarnation möglich gemacht.

Bleibt die Frage, ob Anstrengung für die Vervollkommnung der Seele notwendig ist, oder ob sie allein durch Hingabe und Fügung erreicht werden kann. Ich glaube, dass Hingabe notwendig, Anstrengung aber obligatorisch ist. Das lehrt die Parabel des Haushalters, der tausend Talente schuldete und dem vergeben wurde, der aber, weil er eine kleine Schuld selbst nicht vergab, in der äußeren Dunkelheit endete. Was wir durch Anstrengung erreichen können, ist wenig, aber weil es in unserer Macht liegt, sind wir dazu verpflichtet. Hingabe ist etwas anderes. Wir können nicht auf eine Kraft einwirken, die größer ist als unsere eigene. Im Menschen gibt es nichts, das den Egoismus überwinden könnte. Das hieße, den Teufel mit dem Beelzebub auszutreiben. Es gibt keinen anderen Weg, als das Selbst einer höheren geistigen Macht zu unterwerfen. Wir sahen bereits, wie das im Latihan durch den persönlichen Geist – *roh rohani* – geschieht, der durch die verschiedenen Ebenen des Selbsts hindurch wirkt.

Meine Erfahrung hat mir allerdings gezeigt, dass nichts gewonnen ist, wenn wir das, was wir im Latihan empfangen, nicht umsetzen und unsere Pflicht zum *Handeln* erfüllen. Tun wir das nicht, so können wir schlechter dran sein als vorher. In den Gleichnissen von Jesus wird mehrmals die Situation beschrieben, in der einem Menschen die Möglichkeit der Reinigung frei gewährt wird, der aber versagt, die ihm zufallende Rolle zu erfüllen. So etwa in den Gleichnissen vom Hochzeitskleid, dem undankbaren Haushalter und der Teufelsaustreibung. Jedes zeigt einen Aspekt der Gegenseitigkeit von Empfangen und Bekräftigung.

Frage: Es kommt ein Punkt in der eigenen Arbeit, wo man fühlt, was möglich ist, aber weiß, dass man nicht die nötige Kraft hat. Das ist für mich der Augenblick für Gebet, und es scheint, dass einem Kraft gegeben wird.

Bennett: Ich glaube, das wirkliche Rätsel des »Ich« ist das Geheimnis von Trennung und Vereinigung. Das können wir nicht mit dem Verstand begreifen. »Ich bin ich«, deswegen bin ich allein. Und doch bin ich nicht allein, weil Gott »Ich« ist; und Gott ist groß genug, dass ich in Seiner Macht stehe. Daher bin ich ich und bin doch nicht allein. Ein geheimnisvoller Akt transformiert diesen Zustand der Trennung, ohne ihn zu zerstören. Das ist es, was wir »Gebet« nennen. Gebet ist in seinem Wesen ein Akt des »Ich«, die Tat, die den Widerspruch von Trennung und Einssein löst. Offensichtlich leben wir im Zustand der Trennung. Jedes »Ich« muss zu dem Punkt kommen, wo es die Erfahrung der Isolation macht. Selbst Jesus am Kreuz blieb es nicht erspart. Und doch sind wir im »Ich« Gottes aufgehoben.

Frage: Das »Ich« in jedem von uns ist eine Schöpfung Gottes. Gibt die schöpferische Kraft, mit der wir im Latihan in Kontakt kommen, dem »Ich« mehr Möglichkeiten?

Bennett: Das ist eine theologische Frage, die ich nicht beantworten kann. Es scheint mir, dass das »Ich« nicht in derselben Weise geschaffen ist, wie Geist und Materie. Es wird uns eher *gegeben,* als dass es geschaffen wurde. Im »Ich« wohnt eine Kraft, die wir Gott zuschreiben – die Kraft zu *tun.* Aber das »Ich« kann nur tun, wenn es durch *Gnade* dazu befähigt wird. Gnade allein ermöglicht dem »Ich«, jene Taten zu vollbringen, die uns in die Welt der Wirklichkeit führen.

Jeder von uns hat eine »Ich«-Natur. Sie ist weder geistig noch materiell, sondern auf Tun ausgerichtet. Ihre Kraft liegt im Wählen und Wollen. Sie ist nicht für »besondere Menschen« reserviert. Wenn wir anfangen, uns darüber Gedanken zu machen, ob wir eine bestimmte Ebene erreichen können, »kann ich ein Mensch Nr. 4, 5 oder gar 6 werden«, gehen wir am Wesentlichen vorbei. Wir wissen nicht, warum wir auf diese Erde gebracht wurden. Aber es liegt in unserer Macht, wirklich zu werden, und darin sind alle gleich. Daran ändert sich auch nichts, wenn unser Schicksal keinerlei Bedeutung zu haben scheint und wir nur am Rande der Welt zuzusehen scheinen. Das geht uns nichts an. Unsere Sorge muss sein, wirklich zu werden und unser eigenes »Ich« zu erwerben. Wir alle kennen ganz bescheidene Menschen, deren Wirklichkeit wir fühlen können.

Frage: Der heilige Franziskus sagte: »Herr, was bist Du, und was bin ich?« Bisher verstand ich das etwa in dem Sinn: »Herr, im Angesicht Deiner Herrlichkeit bin ich nichts«. Aber jetzt frage ich mich, ob er nicht vielmehr meinte: »Herr, da Du bist, wie ist es möglich, dass ich sein darf?«

Bennett: Man kann es auch so verstehen. »Warum darf ich sein? Wozu? Warum soll es mich überhaupt geben? Es kann keine Notwendigkeit für mich geben. Und warum ich, warum ausgerechnet ich?« Warum sollte Gott ein anderes »Ich« außer Seinem eigenen »Ich« brauchen? Diese Frage zielt ins Herz unseres Themas. Nur Gott selbst kann die Antwort offenbaren; und wenn Er es je getan hat, hat kein Mensch sie anderen je weitergeben können. Hier bleibt uns nichts als Hinnehmen.

Frage: Würden Sie also sagen, dass das Latihan eine rein geistige Aktion ist, in welcher der Wille keine Rolle spielt?

Bennett: Ich denke, es ist jedermann klar, dass das Latihan ein In-uns-Herabsteigen einer geistigen, in uns allen gegenwärtigen Kraft ist. Wenn wir uns ins Latihan begeben, so tun wir das, weil wir überzeugt sind, dass diese geistige Macht gut ist und eine reinigende und stärkende Wirkung auf unseren Körper und unsere Psyche hat. Bapak Subuh hat unmissverständlich gesagt, dass diese Kraft nicht Gott – das heißt der Heilige Geist – ist, sondern »eine Kraft, die von Gott kommt«. Alle guten Gaben kommen von Gott, und ich glaube, dass Subud tatsächlich »eine gute Gabe« ist und dass es deshalb richtig ist zu sagen, Subud komme von Gott. Aber dies ist nicht gleichbedeutend mit der Aussage: »Gott wirkt in uns durch das Latihan.« Bapak Subuh hat das nie gesagt. Wie ich gestern bemerkte, hat er gesagt, dass die unmittelbare Tat durch die geistige Macht der fünften Ebene geschieht, die *roh rohani*. In einem weiteren Sinne spricht er von der Grossen Lebenskraft, der *daja hidup besar*. Wir können die verschiedenen Phasen des Latihan an unserem Symbol verfolgen. Jede der Linien repräsentiert eine der sieben Bedingungen oder Stadien der Seele.

Frage: Wo gehört die Große Lebenskraft in unserem Symbol hin, von der Bapak Subuh spricht?

Bennett: Diese Frage wurde Bapak von einer Gruppe Benediktinermönche gestellt, die an Subud interessiert waren. Sie wollten wissen, ob er damit dasselbe meine, wie den Heiligen Geist im christlichen Glauben. Bapak antwortete sehr klar, dass die Große Lebenskraft gewiss nicht Gott sei, sondern eine geschaffene Kraft, die von Gott komme. Er sagte, sie sei universal und könne in alles eindringen. Sie kann der sechsten Ebene unseres Symbols zugeordnet werden, der universalen geistigen Kraft. In unserem westlichen Denken existiert die Idee universaler natürlicher Kräfte oder Energien nicht, außer auf der groben materiellen Ebene, wie Schwerkraft und Elektrizität. Meine Ansicht ist, dass alle Energien, über die ich in diesen Vorträgen gesprochen habe, ebenso universal sind wie die Schwerkraft – aber natürlich in ihrem Wesen und ihrer Wirkung ganz verschieden. Die Wirkung der Großen Lebenskraft erfahren wir im Latihan. Bapak Subuh hat nie einen Anhaltspunkt dafür gegeben, dass sie nicht ein Teil der natürlichen Ordnung wäre. Es kann also nicht Gott, der Heilige Geist sein, der im Latihan auf unsere Seele wirkt. In einer mehr theologischen Sprache kann man sagen, die Wirkung des Latihan sei natürlich, nicht übernatürlich.

Wir können uns nicht darauf verlassen, dass uns eine natürliche Kraft vom Egoismus befreit. Wenn der Egoismus des Menschen die Konsequenz der Erbsünde ist, dann kann uns nur Gott davon befreien. Als Christen glauben wir, dass Gott, eingeboren in Jesus Christus und für die Menschen am Kreuz gestorben, die Menschen von den sonst unvermeidlichen Konsequenzen des Sündenfalls erlöst hat. Wenn das richtig ist, so folgt daraus, dass das Latihan uns einen Teil des Weges tragen kann, aber uns nicht zum Ziel bringen wird. Was immer wir zu unserer Vorbereitung tun mögen, und es ist viel, das wir tun können und müssen, letztlich kann uns nur Gott befreien, direkt und ohne Vermittlung einer geschaffenen Kraft, sei sie materiell oder geistig. Das bedeutet keine Abwertung des Latihans oder des Subud, die ich für immens wichtig halte. Ich weiß, was ich dadurch gewonnen habe und Hunderte andere auch. Wenn es aufrichtig praktiziert wird, öffnet es einen Kanal, durch den geistige Einflüsse die verschiedenen Ebenen unseres Selbst durchdringen können. Es wird unseren körperlichen Zustand, unsere Sensitivität, unser Bewusstsein und unser Verstehen transformieren. Aber ich glaube, dass jeder, der von Egoismus frei sein möchte, sich früher oder später Dem zuwenden muss, Der allein diese höchste Tat in der Seele des Menschen vollbringen kann.

Wieder fürchte ich, dass ein flacher Eindruck entstehen könnte. Ich glaube, es ist möglich, ein Christ zu sein, ohne es zu wissen. Ich kenne Menschen, die erklären: »Ich kann mich nicht zum Christentum bekennen, aber ich glaube an Gott und weiß, dass ich nur durch Unterwerfung unter den Willen Gottes aus meiner Lage erlöst werden kann.« Solche Menschen haben Angst vor Worten. Sie wollen sich nicht Christen nennen, aber sie leben wie Christen, das heißt, dass sie demütig sind, ihre Mitmenschen lieben und mehr als alles andere den Willen Gottes erkennen und danach handeln wollen. In solchen Menschen erkennen wir die Bereitschaft des Willens, sowohl zu empfangen als auch zu bekräftigen. Alles Übrige hängt vom versöhnenden Willen Gottes ab, Der allein omnipotent ist.

Bevor wir zum Ende kommen, muss ich noch über Tod und Wiederauferstehung sprechen, obwohl ich mich schon zu weit auf Theologie eingelassen habe. In ihrem Wesen ist jede Transformation ein Tod und eine Wiederauferstehung. Die Errettung von materiellen Kräften heißt, im materiellen Selbst zu sterben und im Reagierenden Selbst wieder aufzuerstehen. Wenn das getan ist, haben die materiellen Kräfte keine Macht mehr über die Seele. Um zur nächsten Stufe zu gelangen, müssen wir im Hinblick auf unsere Zu- und Abneigungen sterben und in Bezug auf die Versklavung an unsere Reaktionen. Dann werden wir auf der Ebene des Bewusstseins und Verstehens wiedergeboren. Aber wir sind noch nicht frei von unseren Begierden. Um zum Wahren Selbst zu kommen und ein wirklicher Mensch zu werden, müssen wir gegenüber allen Begierden sterben, so dass nur noch das Bestreben in uns ist zu sein. Der Tod einer jeden Stufe mag hart und bitter sein, aber er ist verschwindend gegenüber dem endgültigen Tod des Egoismus. Dann teilen wir das Leiden Christi. Wenn Sie noch einmal unser Symbol betrachten, dann sehen Sie das selbst am Kreuz. Dort muss der Egoismus sterben. Aber das Sterben ist unser eigener Tod; es ist nicht der Tod eines niedrigen Selbsts, der automatischen Manifestationen, der sensitiven Reaktionen, der Begierden, sondern der Tod unseres eigenen Selbsts. Das ist der einzige Weg, wie der Egoismus von uns genommen werden kann. Aber wie wir in Christus sterben, so stehen wir durch Christus wieder auf. Die Seele, in der der Egoismus gestorben ist, erhebt sich als Braut Christi. Die höchste Begegnung zwischen Braut und Bräutigam ereignet sich im Zentrum der Seele. Hier wird das wahre »Ich« geboren – das »Ich«, das mit Christus eins ist –, und eins sein mit Christus heißt, Sohn Gottes sein.

Ich glaube, damit habe ich Ihre Frage nach Subud und Gurdjieff beantwortet. Sie repräsentieren die zwei Aspekte des Willens. Der eine ist notwendig, der andere eine Verpflichtung. Beide müssen entwickelt und praktiziert werden. Weder einzeln noch zusammen machen sie das Ganze aus. Die Krönung der spirituellen Psychologie ist die Begegnung der Seele mit Christus. Für den empfangenden Willen ist die Jungfrau Maria das Vorbild: »Siehe, ich bin des Herrn Magd, mir geschah, wie du gesagt hast.« Das Vorbild des bekräftigenden Willens ist Christus: »Denn ich bin gekommen, nicht damit ich meinen Willen tue, sondern den Willen Dessen, Der mich gesandt hat.« Diese beiden Vorbilder werden unser »Ich« bereit machen, Christus im innersten Heiligtum zu begegnen, das heißt in der gereinigten menschlichen Seele. Dann und nur dann werden wir die Antwort auf die Frage finden: »Wer bin Ich?« Wir können die Antwort raten und wir werden sicherlich falsch raten, denn nur wenn ich Gott begegne, »werde ich erkennen, so wie ich erkannt bin«.

⁂

Epilog

Arbeit und Nicht-Arbeit

IM RÜCKBLICK AUF DIE EREIGNISSE MEINES LEBENS, SEIT ICH
Witness[47] schrieb, und auf die Erfahrungen aus dem Sommerkurs des Instituts im Jahre 1962 wird mir klarer denn je, dass das Problem der Wirklichkeit den Angelpunkt unseres Verständnisses des Menschen darstellt. Wenn das Ziel der Existenz Selbst-Verwirklichung ist und wenn es mit Gott-Verwirklichung identisch ist, dann ist das Verbindungsglied, das sie zu ein und demselben macht, in der Bedeutung des Wortes »Wirklichkeit« zu finden. Wenn alles gleichermaßen wirklich wäre, hätte der Begriff »Verwirklichung« keinen Sinn. Wenn nicht alles gleichermaßen wirklich ist, meint »Verwirklichung« den Prozess der Transformation, der von der Unwirklichkeit oder unvollkommenen Wirklichkeit zur Wirklichkeit im vollsten Sinne führt.

Das Thema dieses Buches sind die Grade und unterschiedlichen Seinsweisen der Wirklichkeit und der Prozess, der vom Unwirklichen zum Wirklichen führt. Das setzt voraus, dass es ein Mittel zur Bewirkung der Transformation gibt. Diesem ›Mittel‹ haben wir den Namen »Arbeit« gegeben. In diesem Buch sind nur wenige Hinweise auf die Arbeit zu finden, weder im absoluten Sinn als Prozess der universalen Verwirklichung noch im relativen Sinn der persönlichen Transformation. Das liegt daran, dass die Diskussionsteilnehmer von der Prämisse ausgingen, dass Arbeit sowohl im absoluten als auch im relativen Sinn eine Realität ist. Es ging uns nicht darum, die Authentizität des Transformationsprozesses zu diskutieren, sondern ihn besser zu verstehen.

Die Verpflichtung, für die Wirklichkeit zu arbeiten, ist der *kategorische Imperativ,* aus dem das Leben seinen Sinn bezieht. Sie ist – wie Kant in den Grundlagen zur *Kritik der reinen Vernunft* gezeigt hat – die letzte, nicht reduzierbare moralische Gewissheit, von der wir unsere Begriffe von Gott, Unsterblichkeit und Ethik ableiten. Ich war nie ganz befriedigt, noch glaube ich, dass Kant selbst es

---

47. Die Autobiografie von John G. Bennett, auf Deutsch erschienen als *Das Durchqueren des großen Wassers,* Ahorn Verlag, Oberbrunn 1984.

war, mit der *Kritik der praktischen Vernunft*. Sie vermittelt nicht das Gefühl der Dringlichkeit, das wir erfahren, wenn wir uns das Leben auf Arbeit gegründet und das Leben ohne Arbeit vor Augen führen.

Zu diesem Epilog veranlasst mich eine Vision eines lebhaften Traums, der mich kürzlich aus dem Schlaf aufweckte. Ich befand mich an einem Ort am Ende der Welt, wo die Menschen ihr normales Leben lebten. Ich erkannte eine ganze Reihe von ihnen und stellte mehr mit Verwunderung als mit Überraschung fest, dass einige noch lebten und andere tot waren. Ihnen fiel dieser Unterschied nicht auf, denn sie waren alle Gespenster. Aber sie wussten, dass sie Geister waren, und wollten zu wirklichen Menschen werden. Von Zeit zu Zeit landete ein Flugzeug und brachte Neuankömmlinge, die sich ihnen anschlossen, teils lebende, teils tote Gespenster. Mir wurde deutlich, dass mit diesen Menschen alles in Ordnung war, denn sie waren auf dem Weg, ihre Geisterexistenz zu überwinden und wirklich zu werden.

Danach fand ich mich wieder näher zuhause; aber diesmal wurde ich zu einem unterirdischen Ort gebracht. Auch hier waren die Menschen mehr oder minder glücklich mit ihrem täglichen Leben beschäftigt, teilweise tot und teilweise lebendig. Auch sie waren Geister, aber im Unterschied zu den ersten, war es ihnen nicht bewusst.

Ich wusste, dass ich sie über ihren Zustand aufklären und ihnen von dem anderen Ort erzählen musste, wo Geister in wirkliche Wesen transformiert wurden. Als ich ihnen sagte, dass es Flugzeuge gebe, die sie dorthin bringen könnten, antworteten sie, dass sie sich nur aufmachen würden, wenn ein Flugzeug zurückkäme und ihnen versicherte, dass dort für sie Platz sei.

Ich erinnere mich sehr deutlich, dass ich versuchte, ihnen zu erklären, dass die Flugzeuge nicht zurückkehren würden, wenn sie einmal dort angekommen seien. Das erschien ihnen unlogisch und unvernünftig, und sie beachteten nicht länger, was ich sagte.

Dann befand ich mich in einer Art Lift, der mich wieder zur Oberfläche brachte. Ich betrachtete den Liftboy und dachte mir: »Wenn ich nicht farbenblind wäre, würde ich sehen, dass sein Gesicht grau ist.« Diese Beobachtung weckte in mir die Empfindung für den Schrecken, den es bedeutet, ein Gespenst zu sein, und ungeheures Mitleid überkam mich mit den Menschen, die die Möglichkeit verloren hatten, wirklich zu werden.

Noch im Halbschlaf fragte ich mich: »Ist es nicht eigentlich egal, dass sie nur Geister sind? Sie sind gute, anständige Leute, die ihr gutes, anständiges Leben führen. Wenn sie mit der Unwirklichkeit zufrieden sind, warum sollten sie gestört werden? Auch ihre Geisterexistenz ist notwendig.«

In diesem Moment erwachte ich vollständig und begriff blitzartig die unendliche Bedeutung der Arbeit. Sie ist der Imperativ aller Imperative, die Quelle, aus der alles Leben seinen Sinn erhält, der Weg zur Wirklichkeit und sogar die Wirklichkeit selber. Die Arbeit hat viele Formen, aber alle haben eines gemeinsam: den »Willen zur Wirklichkeit«. Ob aktiv oder passiv, ob in Einsamkeit oder in Gemeinschaft, Arbeit ist immer ein und dasselbe. Sie ist die Hingabe des Willens an die Verwirklichung der Wirklichkeit. Damit geht die Verpflichtung einher, Verstehen mit anderen zu teilen und der Arbeit in ihrer universalen Bedeutung zu dienen. Deswegen sind jene, die den Unterschied zwischen Geister-Leben und wirklichem Leben gesehen haben, gezwungen, darüber zu sprechen – selbst zu jenen, die es nicht hören wollen.

Mehr denn je erkenne ich die Unvollkommenheit und sogar die Fehler, in dem, was ich geschrieben habe. Lassen Sie es als einen Essay gelten, einen Versuch, Verstehen zu teilen, das sich noch im Geburtsprozess befindet.

JOHN G. BENNETT
Januar 1964

Register

Bildnachweis

Alois Alexander (Seiten 2, 168, 267, 281), The Estate of J.G.
Bennett (6, 41, 58, 67, 132), Susie Needham (98: *Wysteria 1*)

Bibliografie von John G. Bennett

Deutsche Übersetzungen

Subud, Remagen 1958
Gurdjieff – Der Aufbau einer neuen Welt, Freiburg 1976
Sex, Frankfurt Main 1976
Transformation, Pittenhardt 1978
Ein neues Bild Gottes, Südergellersen 1980
Gurdjieff entschlüsselt, Frankfurt Main 1981
Energien, Salzhausen 1982
Harmonische Entwicklung, Salzhausen 1982
Das Durchqueren des Großen Wassers – Autobiografie,
  Oberbrunn 1984
Die inneren Welten des Menschen, Südergellersen 1984
Eine lange Pilgerreise, Südergellersen 1985
Die Meister der Weisheit, Südergellersen 1993
Der grüne Drache, Südergellersen 1993
Risko und Freiheit, Zürich 2004
Eine spirituelle Psychologie, Zürich 2007

*Eine Auswahl der nicht
ins Deutsche übersetzten Werke*

The Way to be Free, New York 1980
Enneagram Studies, York Beach 1983
The Dramatic Universe, vier Bände, neu veröffentlicht,
  Charles Town 1987
Sacred Influences: Spiritual Action in Human Life,
  Santa Fe 1989
Elementary Systematics, Santa Fe 1993
Making a Soul, Santa Fe 1995
Creative Thinking, Santa Fe 1998
Journeys to Islamic Countries, Santa Fe 2000
Sunday Talks at Coombe Springs, Santa Fe 2004

Der Chalice Verlag widmet sich
der Publikation des Werkes von Reshad Feild
und wertvollen Texten aus verschiedenen
spirituellen Traditionen

Unser Verlagsprogramm und weitere Informationen
finden Sie auf unserer Website
www.chalice.ch